SEXUS DIABOLICUS

Christophe Dubois
Marie-Christine Tabet

SEXUS DIABOLICUS

La revanche des femmes ?

Albin Michel

Sommaire

III. DON JUAN EST FATIGUÉ

Avant-propos

En 2006, un ouvrage paru chez Albin Michel racontait les charmes discrets de la vie électorale, levant le voile pudique qui couvrait alors ces choses-là. Le sceau de la vie privée cadenassait tout. Cet opus (écrit par Christophe Dubois et Christophe Deloire*) n'était ni un essai historique ni un ouvrage philosophique mais une enquête journalistique sérieuse sur des sujets légers. En apparence seulement. Quel aurait été le destin de Jacques Chirac si, contre l'avis de ses conseillers Marie-France Garaud et Pierre Juillet, il avait quitté sa femme Bernadette pour cette jeune et jolie journaliste du *Figaro* qu'il visitait en secret rue Montaigne ? Quelles furent les conséquences des tourments des couples de Nicolas Sarkozy et de François Hollande sur la gestion du pouvoir ? *Sexus politicus* évoquait aussi ces faiblesses de la chair, arme politique susceptible de déstabiliser un pouvoir.

Quinze ans plus tard, la libération de la parole et l'apparition du hashtag terrorisent la classe politique. Elles remettent en cause des pratiques ancestrales. Gare aux imprudents qui continuent à user de leur pouvoir comme arme de séduction ou pour affirmer leur

---

* Christophe Deloire, secrétaire général de Reporters sans frontières (RSF).

emprise ! Signe de ces temps d'adversité pour *Sexus politicus*, le flirt admis, voire encouragé entre journalistes (femmes) et politiques (hommes) est désormais un jeu dangereux. L'époque a changé, les exigences éthiques aussi... Il fut un temps où des journaux, comme *L'Express* codirigé par Françoise Giroud, encourageaient le rapprochement entre les reporters et leurs sources, gage d'articles bien informés.

Mais *Sexus diabolicus* hante désormais les cercles du pouvoir ! Les partis ont créé des cellules de veille pour traquer les dérapages et les écarts de conduite. Un organisme officiel imagine une sorte de haute autorité des bonnes mœurs pour écarter du jeu politique les prédateurs en germe avant qu'ils ne sévissent. La séparation entre vie privée et vie publique a disparu. Les hommes politiques sont désormais tenus à une exemplarité de tous les instants. La séduction ? Elle est devenue suspecte. Le sexe ? Le voilà désormais diabolisé.

La frontière entre la morale et le délit véritable est parfois allègrement franchie. La cause justifie les moyens. La justice dépassée doit suivre. Elle a tellement fauté au quotidien par manque de budget et parfois de volonté à protéger les femmes qu'elle court derrière les dénonciations publiques. Moins de 10 % des victimes de violences sexuelles en France portent plainte et 80 % des plaintes sont classées sans suite. Les statistiques officielles font apparaître que moins de 1 % des viols en France sont jugés par une cour d'assises. En dépit des beaux discours, la France ne réussit pas à vaincre les vieux réflexes d'une société machiste. Cette impuissance justifie-t-elle la condamnation à vie, le mépris de la présomption d'innocence, la mise en place de tribunaux privés ? De Gérald Darmanin à Damien Abad, mais aussi de Julien Bayou à Adrien Quatennens, les auteurs ont enquêté sur les coulisses des affaires les plus emblématiques sans s'interdire d'évoquer des dossiers qui, malgré les années, restent parfois d'actualité. Ils sont allés à la rencontre de ces femmes qui traquent les prédateurs, ces collectifs néoféministes, en boucle sur WhatsApp et Telegram, et les figures de proue du mouvement. Plus d'une centaine de personnes, des magistrats, des hommes et des femmes politiques, des plaignantes et des auteurs présumés ont été interviewées. Avec le désir de donner la parole autant à ceux qui sont accusés qu'à ceux ou celles qui les accusent. Sur les traces de *Sexus diabolicus*…

I.

LA REVANCHE

Dans le sillage de #MeToo, les collectifs féministes mènent une guérilla contre le patriarcat. Une grande lessiveuse. Quitte à assumer les dégâts collatéraux. Où l'on navigue dans un univers de hashtag et de boucles WhatsApp.

1.

Un tribunal pas comme les autres

Après deux heures d'entretien dans un café parisien, la remarque fuse : « N'oubliez pas que mon nom s'écrit De avec une majuscule, je ne suis pas noble. » Notre interlocutrice est attentive aux détails. Laisser penser qu'elle serait d'ascendance aristocratique est un *casus belli*. Caroline De Haas, 42 ans, est ce que l'on appelle un personnage clivant. Héroïne du féminisme moderne pour les un(e)s, commissaire politique pour les autres. Cheveux courts, regard bleu, elle a un côté chef de bande. On l'imagine animatrice de colo, voir cheffe scoute. Mais son mouvement de jeunesse, c'est l'UNEF, Union nationale des étudiants de France, syndicat étudiant dont elle a été la secrétaire générale de 2006 à 2009, à son époque l'antichambre du Parti socialiste.

Elle y a acquis un réseau solide, sa matrice politique et un goût prononcé pour l'organisation et la discipline. À l'époque où le syndicat avait encore un poids important, elle n'avait pas son pareil pour remplir des bus et monter une manifestation. Les militants avaient intérêt à exécuter les consignes. Si un bastion local n'avait pas atteint son quota d'adhésions, ça bardait. Pour saluer son management de fer, les jeunes troupes lui avaient composé une chanson sur l'air d'un tube de l'époque, « Moi… Lolita » de la chanteuse Alizée, mais en modifiant les paroles originelles en refrain moqueur. « Moi, je m'appelle... Caroline, avant j'étais de droite, maintenant je suis Staline. »

C'est là qu'elle a rencontré son mari, l'économiste Michaël Zemmour, chercheur à Paris I-Panthéon, opposant farouche et médiatique à la réforme des retraites dont elle tweete consciencieusement toutes les analyses. Caroline De Haas est une cible privilégiée de la droite et de l'extrême droite. *Le Figaro* et *Le Point* ou encore *Valeurs actuelles* adorent la détester. Ce qui n'est pas pour lui déplaire.

Une certitude : elle occupe une place centrale dans l'échiquier du féminisme militant. Tout passe par elle. Une gare de triage. Elle le confirme avec un rien de lassitude : « C'est certes valorisant, je suis une porte d'entrée, incontournable. Tout le monde se dit "Caro va avoir la solution". En même temps, c'est lourd à porter sur le plan psychologique. Ça génère beaucoup d'émotions et parfois un sentiment d'impuissance totale[1]. » Au fil des affaires politico-sexuelles de ces dernières années, son nom apparaît régulièrement. Son influence est réelle, parfois déterminante. Sophie Patterson, une ancienne escort-girl qui accuse Gérald Darmanin, ministre de l'Intérieur (l'affaire s'est conclue par un non-lieu), l'a confessé sur procès-verbal : « J'ai considéré avoir été victime d'un viol à la lumière des positions de la militante féministe Caroline De Haas. » Cette dernière confirme avoir discuté « une fois » avec la plaignante après que son mari est venu la voir à la fin d'une émission en 2017 pour lui donner son dossier dans lequel elle racontait ses déboires avec le ministre de l'Intérieur.

Un document dont plusieurs journaux ont été destinataires. Caroline De Haas l'assume : elle travaille main dans la main avec quelques titres choisis. « Je suis seule dans ce combat et n'entre pas dans le cadre légal de protection des sources », souligne-t-elle. Mediapart, site d'actualité indépendant, qui compte plusieurs journalistes spécialisés dans le traitement des violences sexistes et sexuelles, a sa préférence. Elle y tient un blog où sa biographie se résume en trois mots : « Féministe, féministe, féministe » (une centaine de billets édités début 2023). « Quand le papier sort, on organise une campagne activiste », reprend Caroline De Haas. La boucle est bouclée. Un témoignage, un relais médiatique, une action. Pour les un(e)s, un combat gagné contre le patriarcat. Pour les autres, plutôt un système de dénonciation unilatéral où les hommes seraient coupables de tout, même de ce qu'ils n'ont pas (encore) commis, tout ça sur fond de catéchisme puritain.

Au moment de l'affaire Damien Abad, l'ex-ministre des Solidarités, de l'Autonomie et des Personnes handicapées, en mai 2022, Caroline De Haas se trouve une nouvelle fois au cœur du réacteur médiatico-politique. L'une des victimes présumées, Chloé*, qui accuse le député de viol – ce dernier proteste de son innocence –, la contacte pour prendre des conseils de « com de crise » : « C'est un truc d'utilité, mais très dur psychologiquement. » Le témoignage de Chloé sera également publié sur le site de Mediapart. Lorsqu'elle n'est pas directement à l'origine des affaires, les affaires semblent venir à elle. Le 30 juin 2022, dans la soirée, Caroline De Haas est en discussion sur WhatsApp avec une autre militante féministe, Fatima Benomar. Les deux activistes parlent d'Éric Coquerel, député La France insoumise (LFI), qui vient d'être élu président de la commission des finances de l'Assemblée nationale. Elles le soupçonnent de harcèlement sexuel sur

* Chloé a témoigné dans le cadre d'une enquête ouverte en juin 2022.

une militante commis quelques années plus tôt. L'information commence à circuler. Les deux femmes sont en désaccord sur la stratégie à suivre : faut-il lancer une campagne médiatique immédiatement ou recueillir d'abord l'accord de la victime présumée ? Fatima Benomar reçoit alors un appel de l'ex-compagne de Julien Bayou, secrétaire général des Verts. Sans transition, les voilà embarquées dans une autre histoire qui fera elle aussi la une des médias deux mois plus tard.

L'ex-amie de Julien Bayou, qui accuse ce dernier de « violences psychologiques », a avalé une boîte d'antidépresseurs. Pendant que Fatima Benomar prévient les pompiers, Caroline De Haas rappelle l'ex-compagne. Heureux hasard : elle la connaît bien. Elles se sont rencontrées lors d'une formation… aux violences sexistes et sexuelles ! « Je l'ai gardée au téléphone jusqu'à l'arrivée des pompiers. » Avant d'attenter à ses jours, l'ex-compagne a envoyé un mail à plusieurs personnes pour expliquer son geste, notamment à Sandrine Rousseau, députée écoféministe, autre rouage de la mécanique militante à l'œuvre. Un petit monde qui se serre les coudes.

Caroline De Haas est ainsi de toutes les affaires, ou presque. Lorsque le journal *Ebdo* révèle en février 2018 que Nicolas Hulot, ministre de la Transition écologique et solidaire, fait l'objet d'une plainte pour viol (classée sans suite), elle laisse entendre au micro de France Info qu'il y aurait d'autres cas : « J'ai eu des amies qui m'ont dit qu'elles avaient entendu des victimes parler de faits de harcèlement. J'ai plusieurs éléments qui sont remontés, au moins deux ou trois[2]. » À l'époque, la presse lui reproche des accusations approximatives, non vérifiées. Il faut dire que ces « amies qui m'ont dit… » n'ont rien de rassurant ! Néanmoins, elle avait peut-être raison trop tôt : mis en cause par plusieurs autres femmes, Nicolas Hulot va bien quitter la vie publique en novembre 2021. Au moment d'une autre affaire, celle de Taha Bouhafs, reporter des « gilets jaunes » candidat aux législatives de 2022 sous les couleurs de La France insoumise, débranché in extremis pour cause d'accusations de viol, elle est également destinataire d'un témoignage. Ni elle ni les autres protagonistes ne saisissent le procureur : « À partir du moment où l'affaire est dans la presse, je considère que le signalement a eu lieu et que le parquet peut s'autosaisir. Si la victime ne veut pas porter plainte, je ne peux rien faire de plus*. »

Lorsqu'elle ne relaie pas des témoignages, l'activiste prodigue des conseils : « J'en ai donné quelques-uns gratuitement à La France insoumise au moment de l'affaire Quatennens, glisse-t-elle. J'ai fait une note à Mélenchon en lui expliquant qu'il devrait faire une émission à la télévision sur le droit des femmes, mais qu'il devait faire une formation avant car il n'a pas vraiment le logiciel féministe. Il ne l'a pas lue. » Avec sa société Egaé, créée en juillet 2013, il se trouve qu'elle a justement une double activité : les formations et les enquêtes. Son entreprise (une trentaine de salariés) est l'une de celles qui ont donné le plus de formations spécialisées dans la « prévention du traitement des violences sexistes et sexuelles » dans la sphère politique, associative, médiatique. Pour les enquêtes, le bilan est plus mitigé. Leur coût est élevé : jusqu'à 12 000 euros, selon un membre de la cellule d'écoute des Verts pour traiter un signalement. Le résultat est aléatoire. Egaé en a fait les frais sur deux dossiers : à *Télérama* et au Conservatoire national de musique, où les deux mis en cause ont vigoureusement contesté ses conclusions et

* Nicolas Hulot et Taha Bouhafs contestent formellement les accusations portées contre eux.

saisi les prud'hommes. Une foi féministe chevillée au corps et son sens avisé du marketing la rendent cependant incontournable. Déjà à l'UNEF, elle avait la conviction qu'il fallait éduquer les masses et pas seulement les cadres. Elle veut diffuser son modèle le plus largement possible. Son portefeuille de clients est impressionnant. Les partis (Les Verts, La France insoumise), les médias (*Le Monde*, *L'Obs*, *Télérama*...), les institutions (Conseil d'État, Cour des comptes, mairie de Paris...), les ministères (Intérieur, Affaires étrangères, Économie, services du Premier ministre...), les grandes écoles (HEC)... Peu de secteurs de la société lui échappent. Sans compter qu'il vaut mieux l'avoir avec soi que contre soi et s'exposer à une dénonciation publique.

Les scandales successifs provoquent une forte demande... de conseils ! Tout le monde veut son brevet de féminisme. Ainsi, depuis l'affaire Christophe Girard (qui a fait l'objet d'une campagne venant de militantes féministes, notamment d'Alice Coffin, proche de Caroline De Haas), les formations aux violences sexistes et sexuelles sont obligatoires pour les collaborateurs de la mairie de Paris et « recommandées » pour les élus. Tous les écologistes l'ont suivie : « Les services de la mairie ont recensé qui l'avait faite ou pas et sont allés chercher les retardataires », raconte Hélène Bracon, directrice de cabinet d'un adjoint. Sa société, Egaé, est chargée aussi de la formation de la cellule interne des Verts consacrée à ces violences. Ce n'est pas Caroline De Haas qui s'en charge, car elle a été candidate en 2017 aux législatives à Paris (XVIIIe arrondissement) pour... Europe Écologie-Les Verts (elle a été éliminée au premier tour), mais l'une de ses adjointes. Au total, huit mille sessions depuis la création de la société, vingt mille personnes formées pour la seule année 2022. Ce monde des partis ne représente qu'une petite part de ce volume mais il est très prescripteur. Une machine de guerre à (bien) penser.

Des milliers d'élus, collaborateurs ou collaboratrices militant(e)s (mais aussi des employés, chefs d'entreprise, syndicalistes, fonctionnaires...) ont ainsi suivi ces formations de une heure trente à deux jours. Des sessions où sont rappelés les chiffres clés (une femme sur deux victime de violences sexuelles en France, harcèlement, agression ou viol), où est professé ce qui est « OK » et surtout ce qui ne l'est pas (du sexisme ordinaire en passant par l'outrage et la discrimination sexiste). Il est martelé que l'on part du principe que la « personne » (le harcèlement peut aussi venir d'une femme) « dit la vérité ». Voilà qui simplifie les formalités administratives ! Sur son site, Egaé vante les mérites de sa méthode à travers des témoignages de participant(e)s : « La formation est très pragmatique et directement applicable au quotidien, ce qui est très appréciable », écrit l'une d'elles.

Pour Sabine Prokhoris, psychanalyste, farouche opposante au mouvement #MeToo, l'analyse est radicalement différente. Selon elle, ces formations tendent à formater un public et à infuser une logique de « culture du viol » culpabilisante pour les hommes : « C'est le principe du continuum des violences sexistes et sexuelles. Une blague sexiste ou un viol sont des actes différents mais l'intention prédatrice est la même. Avec cette grille, tout le monde peut être coupable[3]. » Au fil des années, un « système pervers » se serait ainsi mis en place : « Une formation permet en principe d'avancer dans une carrière, là c'est une entreprise de réarmement moral et de rééducation sexuelle. Ça fonctionne comme un appel à la délation qui permet ensuite d'effectuer des enquêtes souvent à charge. C'est une privatisation de la justice. » Caroline De Haas dément tout conflit d'intérêts et se défend d'avoir ainsi monté un « business » très lucratif : « En 2022, nous avons été en déficit. L'année précédente, nous avons fait 1 000 euros de bénéfices. » Si ce n'est pas l'argent, qu'est-ce qui fait courir Caroline De Haas ?

À l'UNEF, la jeune femme n'est pas particulièrement féministe. L'organisation non plus. Caroline De Haas entame sa conversion « par hasard », suite à une rencontre, selon elle déterminante, avec Maya Surduts, figure emblématique du mouvement associatif pour les droits des femmes (décédée le 13 avril 2016) : « Elle gérait des réunions du Conseil national du droit des femmes de l'UNEF. J'ai été amenée à y participer. J'ai basculé à ce moment-là. Je suis un bébé Maya. Il me manquait une grille de lecture de la société. » Trois ans plus tard, elle vit une seconde bascule : « Deux personnes de mon entourage ont été victimes de violences sexuelles. Je me rends compte qu'il y en a beaucoup. C'est devenu un sujet viscéral. »

À l'occasion de coupes budgétaires pour le planning familial, Caroline De Haas lance une pétition qui rencontre un certain succès. L'aventure féministe commence. Avec une dizaine de copines, elle crée Osez le féminisme !, dont la devise, « On ne naît pas féministe, on le devient », s'inspire de Simone de Beauvoir dans *Le Deuxième Sexe.* Elle y insuffle son savoir-faire, notamment en matière de militantisme et de formation. Elle a la bougeotte. Au bout de deux ans, elle rejoint le cabinet de Najat Vallaud-Belkacem, ministre socialiste des Droits des femmes (2012-2013), où elle est chargée des associations et de la lutte contre les violences faites aux femmes. Elle met en place une session (déjà) de sensibilisation au sexisme auprès des membres du gouvernement. En 2013, elle quitte le ministère et crée dans la foulée sa société. Un enchaînement qui lui vaut des accusations de mélange des genres qu'elle récuse. Elle a cependant participé à un ministère qui a rendu obligatoires ces formations qui seront plus tard le fonds de commerce de son entreprise.

En 2017, Emmanuel Macron, élu président de la République, fait de la lutte contre les violences faites aux femmes une « grande cause du quinquennat ». L'occasion pour cette habile militante de revenir au premier plan médiatique. Elle lance une pétition adressée au chef de l'État afin de « décréter un plan d'urgence contre les violences sexuelles » qui recueille plus de 130 000 signataires. Avec un petit groupe de féministes, elle revendique l'octroi de 1 milliard d'euros pour l'égalité femmes-hommes. Le 25 novembre 2017, elle se rend à l'Élysée à l'occasion du lancement de la « grande cause ». La militante a appris que le médecin urgentiste Patrick Pelloux est invité pour parler de violences sexistes. Elle le soupçonne de ne pas être irréprochable en la matière. Lorsqu'il prend la parole, elle se met à tousser, suivie par quelques autres « copines ». Quinte de toux généralisée. Marlène Schiappa, secrétaire d'État chargée de l'égalité femmes-hommes, tente de déminer ce moment gênant : « S'il y a des personnes qui ont des maux de gorge, il y a des verres d'eau dans la salle d'à côté. » Caroline De Haas : « Tout le monde a compris. » Depuis, elle est « blacklistée » à l'Élysée.

L'égérie, qui a pris du galon, estime qu'il ne « sert à rien » de parler au gouvernement et que seule l'action permet de faire avancer la cause. Elle fonde le Groupe F, une « *task force* » [*sic*] pour « en finir avec les violences sexistes et sexuelles contre les femmes ». « C'était un peu comme des réunions Tupperware du féminisme, raconte une participante. Chaque femme organise un dîner pour former des militantes qui à leur tour en forment d'autres… L'idée est de sensibiliser le plus de monde possible. » En 2018, elle crée un nouveau collectif, #NousToutes. Caroline De Haas revendique avoir formé « 100 000 personnes en cinq ans ».

Au fil des années, des militantes quittent cependant ce navire féministe, comme Fatima Benomar : « La démocratie interne n'était pas respectée, souligne-t-elle. Caroline est très autoritaire. » Cette dernière soupçonne Fatima d'avoir utilisé son fichier à son insu. Ça n'aura aucune suite mais cela montre que la solidarité féminine a des limites. « Ce n'était pas assez qualitatif, souligne une autre. On se contentait de lire des rapports, il n'y avait pas de travail de fond. » Une troisième relève les ambiguïtés de Caroline De Haas qui navigue entre politique (à gauche) et féminisme : « Lorsqu'un article sur les violences sexuelles au sein des Jeunesses communistes est sorti, je lui ai dit : "Il faut retweeter sur le compte #NousToutes." Elle m'a appelée et m'a engueulée : "Il se murmure que ce sont des *fake news*." Je lui ai répondu : "Cet article de presse me paraît intéressant." Après cela, je suis partie de #NousToutes. » En 2021, Caroline De Haas revient sur le terrain politique et apporte son soutien à Jean-Luc Mélenchon pour l'élection présidentielle de 2022. Ce rapprochement va la décevoir. Depuis, l'activiste dit avoir pris du recul et recueillir « beaucoup moins de témoignages qu'avant ». La militante est fatiguée.

2.

Chasse à l'homme !

Place Saint-Augustin à Paris (VIIIe arrondissement), le 24 mai 2022. Au pied de l'église du même nom, à quelques centaines de mètres de l'Élysée et du ministère de l'Intérieur, environ trois cents manifestant(e)s, pour la plupart jeunes, une vingtaine d'années en moyenne, brandissent des pancartes : « Nous refusons d'être gouvernées par des violeurs. » Quelques cars de policiers sont positionnés à proximité. Gérald Darmanin, ministre de l'Intérieur, vient d'être renouvelé à son poste malgré deux plaintes contre lui pour viol et abus de faiblesse ayant conduit à des classements sans suite ; Éric Dupond-Moretti, ministre de la Justice, est accusé d'avoir tenu à plusieurs reprises des propos sexistes. La manifestation est organisée par l'Observatoire des violences sexistes et sexuelles en politique, un organisme militant créé juste avant les élections législatives et présidentielle de 2022 pour « interpeller les dirigeant.es des partis politiques sur cette question. Il a rendu public deux témoignages de femmes accusant de viol Damien Abad, tout juste nommé ministre des Solidarités, de l'Autonomie et des Personnes handicapées.

Parmi les manifestant(e)s, Alice Coffin, auteure du *Génie lesbien*, conseillère de Paris pour le groupe écologiste, cofondatrice de l'Observatoire, Annie Lahmer, l'une des premières femmes à avoir témoigné en accusant de harcèlement sexuel Denis Baupin, l'ex-vice-président de l'Assemblée nationale : « À partir du moment où nous avons parlé, des femmes sont venues nous voir. Nous sommes une courroie de transmission », souligne cette dernière. Également présente, Fiona Texeire, autre fondatrice de l'Observatoire et ex-secrétaire générale du groupe écologiste au Sénat et ancienne conseillère de Jean-Vincent Placé au secrétariat d'État à la réforme de l'État : « C'est de la folie, nous sommes débordées[1]. »

Depuis quelques semaines, une machine de guerre s'est mise en place, une chasse aux prédateurs sexuels inédite sous la Ve République. Nom de l'opération : « Gouvernement de la honte ». Ces militantes féministes venues de la gauche et des écologistes ont fait leurs armes en lançant le #MeTooPolitique en France en novembre 2021[2]. Parmi elles, Mathilde Viot, membre du groupe La France insoumise, dont elle était conseillère aux affaires sociales à l'Assemblée nationale jusqu'en avril 2021, à l'origine de la création du collectif Chair collaboratrice en 2016 : « Avec des collègues, lors d'un déjeuner à la cantine, nous nous sommes raconté les remarques et mains au cul dans les couloirs, dans les bureaux[3]. »

Le collectif recense alors de nombreux témoignages allant dans ce sens et organise un sondage trois ans plus tard : une collaboratrice parlementaire sur deux assure avoir été victime de blagues sexistes ou sexuelles, une sur trois dit avoir été victime d'injures et une sur cinq assure avoir été victime d'agression sexuelle. Fiona Texeire : « Dix ans après l'affaire DSK, cinq ans après l'émergence du mouvement #MeToo, le #MeTooPolitique est arrivé un peu plus tardivement car la politique reste un bastion très masculin. »

En ligne de mire, la campagne présidentielle et les législatives 2022. Alice Coffin entre deux banderoles et des slogans : « Nous voulons faire en sorte que les personnes mises en cause pour violences sexuelles ne soient pas investies. Nous avons aussi des témoignages d'élues locales [qui] sont moins médiatisés. Les effets du sexisme en politique, ce n'est pas seulement les agressions ou le harcèlement, mais aussi une question de pouvoir. Qui peut accéder à la représentation politique ? Le système est fait pour dégoûter les femmes. » Mathilde Viot évoque les « signaux faibles », les vexations, humiliations, comportements sexistes du quotidien : « Nous avons le témoignage d'une jeune femme qui était dans un binôme pour coanimer un accès aux médias au sein de LFI. On lui a enlevé son compte Twitter. C'est comme ça aussi que le sexisme se manifeste. Les femmes sont totalement disqualifiées ! » Le message : créer un « terrain neutre » pour « soulager ces femmes », recueillir leur parole, face à des partis qui « mettent en place un système de résistance ». En vérité, ce discours correspondait à une certaine réalité il y a quelques années, mais il est aujourd'hui caricatural.

Que pensent d'ailleurs les féministes « historiques » de ce nouveau courant radical ? « Une nouvelle période s'est ouverte avec #MeToo », estime Laurence Rossignol, vice-présidente du Sénat, ancienne ministre du Droit des femmes sous François Hollande, féministe engagée depuis les années 70. « Nous avons remporté bon nombre de victoires, sur les droits sexuels, reproductifs, etc. Mais le patriarcat a une capacité de résilience énorme que seul le capitalisme peut lui envier ! Personne n'ose contester aujourd'hui l'égalité hommes-femmes, pour autant le système continue à prospérer. Chaque génération apporte de nouveaux combats. Au-delà des questions législatives, le problème est la domination sexuelle qui perdure. » Comment jugent-elles ces méthodes sans concession de ce nouveau front ? « Le féminisme est toujours radical, il a une dimension avant-gardiste indispensable pour toutes les femmes. »

Pour Emmanuel Todd, qui a consacré un ouvrage à la « révolution anthropologique » que constitue le mouvement #MeToo[4], ce néoféminisme (appelée aussi écoféminisme) s'apparenterait à une révolution bourgeoise dont les effets ne seraient pas aussi vertueux qu'il y paraît. Il le distingue de la première vague féministe, « portée par des femmes des classes moyennes » et qui « a revendiqué le suffrage féminin pour toutes », puis de la deuxième vague, « celle de l'émancipation sexuelle, venue aussi des classes moyennes mais qui a revendiqué pour toutes les femmes la liberté du corps ». Pour Todd, la troisième révolution féministe se caractérise par sa dimension « antimasculine », « sans discussion possible » : « Elle est portée au départ par un groupe plus large que les deux premières vagues, une petite bourgeoisie matridominée. Mais elle ne peut avoir d'effets pour toutes les femmes. Dans les classes populaires, où les rapports de couple sont déjà déstabilisés par le chômage et un reste d'aspiration hypergamique, le modèle antagoniste est désastreux dans ses effets psychologiques. »

On comprend que l'intellectuel ne goûte guère les méthodes d'Alice Coffin et ses amies et prône un « féminisme de réconciliation ». Pour Laurence Rossignol, l'historien est dépassé par l'Histoire : « Le problème des hommes de cet âge-là, c'est qu'ils sont déstabilisés par cette évolution du féminisme. Tous les postulats sont remis en cause, il y avait des hommes pour dire que les suffragettes étaient un phénomène bourgeois, la même chose pour le MLF. Ces critiques reviennent tout le temps. » Sans doute néglige-t-il l'effet traînée de poudre des réseaux sociaux. Au début de l'année 2023, la parole se libère aussi chez les stars de la téléréalité et les influenceuses aux millions de followers qui s'adressent justement aux classes populaires dans les périphéries urbaines et rurales.

Après son lancement officiel, le fameux Observatoire multiplie les « actions ponctuelles » pour « demander aux partis de ne pas investir des hommes mis en cause pour agressions sexuelles ». Le dispositif est rodé, on l'a vu à l'œuvre : l'Observatoire, relayé par les médias, cible un élu mis en cause pour harcèlement ou agressions sexuelles. La technique est volontairement agressive : sur Twitter (où l'Observatoire est suivi par 7 000 abonnés), s'affiche la tête de l'élu ou du ministre mis en cause sur fond rouge, barré d'un bandeau façon « Wanted ». Aucune récompense à l'appui, aucune mention de « mort ou vif », mais il s'agit bien de chasser ces malfaisants présumés machos, abuseurs et surtout présumés coupables ! Le tableau est éclectique. On y croise : « Gérald Darmanin visé par une enquête pour viol » avec une photo du ministre, mais aussi « Gilles Legendre, signalé à la justice pour harcèlement sexuel », « Bruno Bilde, député RN, accusé de harcèlement sexuel par plusieurs anciens collaborateurs parlementaires » ou encore « Éric Zemmour dénoncé par huit femmes pour avoir commis des violences sexuelles ».

Dans les faits, l'opération « gouvernement de la honte » montre dans un premier temps une efficacité relative : sur la dizaine d'élus ciblés, un seul décide de se retirer de la course aux législatives. Pierre Cabaré, député (LREM) de Haute-Garonne, accusé de harcèlement moral et d'agression sexuelle en 2019 par sa suppléante et collaboratrice parlementaire*, n'est pas réinvesti par son parti (qui lui a préféré Pierre Baudis, le fils de Dominique). D'autres choisissent de contourner la difficulté et de mener campagne sans étiquette : Benoît Simian, député (LREM) de la Gironde, mis en cause pour harcèlement envers son épouse (condamné le 23 juin 2022 à huit mois de prison), fait dissidence

* Quatre ans après la plainte, l'enquête préliminaire est toujours en cours.

du parti présidentiel. Tout comme Stéphane Trompille, candidat (LREM) à sa réélection dans l'Ain, condamné en 2020 pour harcèlement sexuel envers son ancienne collaboratrice chargée de la communication et des relations avec la presse aux prud'hommes à 2 700 euros de dommages et intérêts*. Non réinvesti par le parti présidentiel, il fait cavalier seul.

Selon une logique difficile à décrypter – à moins qu'elle ne soit celle du fait du prince –, Jérôme Peyrat, ancien conseiller de l'Élysée, condamné pour violences conjugales à 3 000 euros d'amende avec sursis** en 2020, reste investi par Ensemble ! (coalition qui regroupe la majorité présidentielle d'Emmanuel Macron) dans la quatrième circonscription de Dordogne. Contesté par les militants locaux, il est soutenu par la direction du parti, Stanislas Guerini en tête, qui le qualifie d'« honnête homme ». Sa formule choque. Le baiser de la mort. Peyrat retire sa candidature trois semaines avant le premier tour des élections législatives. D'autres députés traînant des casseroles similaires reçoivent la bénédiction de leur formation politique. Yves Blein, député sortant LREM du Rhône, visé par une enquête préliminaire pour « harcèlement sexuel » (toujours en cours), se présente sous l'étiquette Ensemble ! en vue d'un troisième mandat. Après avoir franchi le premier tour, il est battu au second.

Ironie du sort, le candidat élu, Idir Boumertit (Nupes), avait remplacé au pied levé Taha Bouhafs, lui-même accusé de violences sexuelles au sein de son parti, La France insoumise, et qui a dû renoncer à la course aux législatives***. Farid Faryssy (LFI), mis en cause

---

* Stéphane Trompille a fait appel de cette décision

** L'ex-compagne de Jérôme Peyrat a été condamnée à 3 000 euros d'amende avec sursis pour appel et SMS malveillants.

*** En mars 2023, l'une des femmes qui accusait Taha Bouhafs a retiré son témoignage.

pour son comportement dans une pétition par une demi-douzaine de femmes, a pu lui se présenter dans le Vaucluse*. Au sein des partis, la règle en matière de violences sexuelles semble être… qu'il n'y en a pas. Thierry Robert, candidat (Modem) à La Réunion, condamné pour harcèlement sexuel sur une assistante parlementaire (des faits qu'il récuse), a pu également faire campagne sous l'étiquette du mouvement de François Bayrou.

Les électeurs sont-ils sensibles à ces accusations d'abus sexuels ? Dans l'ensemble, ces candidats ont été éliminés (Benoît Simian et Stéphane Trompille au premier tour, Farid Faryssy et Thierry Robert au second). Certains hommes ciblés par l'Observatoire ont en revanche été réélus haut la main comme Gérald Darmanin (Ensemble !), au premier tour dans sa circonscription de Tourcoing. Moins connu, Yannick Haury, député lui aussi de la majorité présidentielle (Loire-Atlantique), visé par une main courante pour agression sexuelle déposée par une élue municipale**, retrouve son siège à l'Assemblée nationale. Ugo Bernalicis, candidat LFI-NUPES dans le Nord, qui fait l'objet d'un rapport interne de La France insoumise pour des comportements « problématiques » avec les femmes, rejoint lui aussi les troupes de Jean-Luc Mélenchon à l'Assemblée nationale***.

Dans son rapport 2023 sur l'état des lieux du sexisme en France, le Haut Conseil à l'égalité entre les femmes

---

* Farid Faryssy a dénoncé un « tissu de propos diffamatoires et racistes »

** Yannick Haury, qui conteste formellement ces accusations, a porté plainte pour dénonciation calomnieuse en juin 2022

*** Ugo Bernalicis explique n'avoir jamais été informé de cette alerte (Mediapart, 25 mai 2022) et les hommes (HCE), « instance indépendante créée en 2013 placée auprès du Premier ministre », salue l'investissement « mené par l'Observatoire qui a permis d'écarter partiellement candidats ou élus faisant l'objet de dénonciations ». Reprenant l'une de ses propositions, il recommande la création d'une haute autorité indépendante pour lutter contre les violences sexistes en politique. Une sorte de police de la vie sexuelle : « L'impunité reste de mise et la lutte contre les violences sexistes et sexuelles n'est pas assez coordonnée, systématisée, suffisante. » Les victimes potentielles pourraient saisir cette instance indépendante « sans risque de représailles » (ce qui peut être un frein avec les cellules internes des partis... lorsqu'ils en ont). Un organisme sur le modèle de la Haute Autorité pour la transparence de la vie publique (HATVP) qui contrôle le patrimoine et la situation fiscale des « membres du gouvernement, membres de cabinet ou responsables public ». Il aurait aussi le pouvoir de cribler les antécédents pénaux « au sens large ». Au sens même très large puisqu'il ne s'agit pas seulement de vérifier si le responsable politique est mis en examen ou a été condamné pour des faits à caractère sexuel mais aussi de mettre en place « une procédure ad hoc [...] permettant un vaste accès à des éléments qui permettront de vérifier le respect de l'éthique par la personne concernée (plaintes déposées à l'encontre de la personne dont la nomination est envisagée, mais sans mise en cause pénale ultérieure ; mains courantes ; cas de relaxe...)[5] ». Cette transmission d'information serait « obligatoire ». En clair, même innocenté ou jamais poursuivi par la justice, un futur membre du gouvernement pourrait être disqualifié sur le fondement de l'« éthique ».

Est-il vraiment urgent de créer un nouvel organisme pour éviter ces dérives ? Avec des principes aussi flous ? Sylvie Pierre-Brossolette, journaliste pendant trente-cinq ans, ex-conseillère de Françoise Giroud au secrétariat d'État à la Condition féminine, a rencontré Emmanuel Macron en février 2023 pour défendre son bilan, notamment cette étrange idée de « haute autorité de la vie sexuelle en politique » : « Cet organisme pourrait recueillir les plaintes des femmes avant que cela ne soit public pour qu'elles n'avancent pas sans arguments solides. Une enquête discrète pourrait les aider à se lancer. Les cellules internes des partis ne protègent pas suffisamment leur parole, elles sont considérées comme des emmerdeuses[6]. » Le président n'a – semble-t-il – pas relevé la recommandation. « Des parlementaires ont repris l'idée, mais pour l'instant pas le gouvernement », souffle Sylvie Pierre-Brossolette. Une manière polie de dire que l'initiative est – pour l'instant – enterrée.

3.

Règlement de comptes à l'Hôtel de Ville

« Mairie de Paris, bienvenue à Pédoland ». Le slogan injurieux claque comme une gifle. À l'occasion d'une réunion du Conseil de Paris le 21 juillet 2020, des élu(e)s écologistes associé(e)s à des féministes manifestent sur le parvis de l'Hôtel de Ville. Dans son bureau, Anne Hidalgo fulmine. Alors qu'elle vient d'être élue maire de Paris pour un deuxième mandat, elle ne pouvait imaginer pire scénario. L'attaque vise un de ses proches, Christophe Girard, adjoint à la culture, soupçonné d'avoir entretenu des liens étroits avec Gabriel Matzneff, un écrivain qui n'a jamais caché pendant vingt ans ses penchants pédophiles.

La banderole brandie par une poignée de militantes laisse aussi entendre que le majestueux Hôtel de Ville serait un refuge pour les pervers en tous genres. La violence de l'attaque, menée par deux nouvelles élues à la mairie de Paris, Alice Coffin et Raphaëlle Rémy-Leleu, membres d'Europe Écologie-Les Verts (EELV), est à la hauteur de la colère sourde d'Anne Hidalgo. Entre les deux tours des municipales, les listes écolos emmenées par David Belliard et celles de la maire sortante (PS) ont fusionné. L'arrivée dans la majorité de ces militantes féministes radicales est tonitruante. Elles n'ont pas que des amies. Certains les surnomment « les talibanes ». D'autres slogans sans équivoque sont relayés sur les réseaux sociaux : « Pas d'adjoint à la culture du viol », « Démissionnons le soutien de pédocriminels Christophe Girard ».

La polémique a démarré quelques mois plus tôt. En janvier 2020, l'éditrice Vanessa Springora publie *Le Consentement* dans lequel elle décrit la liaison qu'elle a entretenue dans les années 80 lorsqu'elle avait 14 ans avec l'écrivain Gabriel Matzneff (qui apparaît dans l'ouvrage sous la lettre G.). Elle y décrit l'emprise de l'auteur (la majorité sexuelle est fixée par la loi à 15 ans) et l'aveuglement du monde de l'édition. Gabriel Matzneff a publié – chez Gallimard, le temple de la littérature – de nombreux livres dans lesquels il fait l'apologie de la pédophilie. Sans susciter alors la moindre réaction. L'ouvrage fait scandale. Qui savait ? Qui a protégé ? Matzneff a eu son heure de gloire dans les années 80 : reçu dans tous les salons et à toutes les tables, y compris dans des émissions de télévision très populaires comme « Apostrophes » où il était accueilli avec bonhomie par l'excellent Bernard Pivot.

Vingt ans ont passé et chacun tente désormais de faire oublier qu'il l'a même croisé. La foudre et l'opprobre tombent sur Christophe Girard. Trois mois après la publication de l'ouvrage, son nom apparaît dans une enquête du *New York Times*[1]. Le quotidien américain révèle que Gabriel Matzneff aurait été hébergé de 1986 à 1988 aux frais d'Yves Saint Laurent, dont Girard était le secrétaire général, pendant deux ans dans un hôtel de Saint-Germain-des-Prés. À l'époque, l'écrivain savait que sa liaison avec une adolescente avait été dénoncée à la police et il redoutait que son domicile ne fasse l'objet d'une surveillance particulière. Il avait donc besoin de se mettre à l'ombre. Après les révélations de la presse américaine, Christophe Girard nie avoir réglé la moindre facture pour le compte de la maison de couture. Il affirme avoir agi à la demande de Pierre Bergé, le compagnon d'Yves Saint Laurent, mort en 2017, qui aurait financé la clandestinité sur ses fonds propres.

Christophe Girard se doutait-il que cette chambre abritait une idylle entre un homme de 50 ans et une mineure ? A-t-il eu de la bienveillance pour ces liaisons dangereuses ? Bon nombre de personnalités françaises tentent de faire oublier la signature d'une tribune dans *Le Monde* en 1977 pour demander la libération de trois pédophiles. En se replongeant dans les archives du journal, on découvre en bas du texte les plus grands noms : Jean-Paul Sartre, Simone de Beauvoir, Gilles Deleuze, Roland Barthes, Patrice Chéreau, Félix Guattari, Michel Leiris, Philippe Sollers, André Glucksmann, Jack Lang, Bernard Kouchner et Louis Aragon… Tous ne sont pas morts. Héritage de Mai 1968, certains d'entre eux défendaient le droit de l'enfant au plaisir dès le plus jeune âge, la libération du carcan familial, d'autres plus à droite un goût de la provocation et de la licence. Une autre époque.

L'ancien adjoint à la Culture de la mairie de Paris prétend n'avoir rien su des penchants de Matzneff mais les féministes de la mairie de Paris n'en croient pas un mot ! Elles ont dans leur dossier trois éléments à charge dont elles ont informé Anne Hidalgo et son entourage. Matzneff a dédicacé à Christophe Girard son journal *La Prunelle de mes yeux* (Gallimard, 1993), dans lequel il décrit sans détour sa relation avec Vanessa Springora. L'élu serait intervenu pour que le romancier puisse bénéficier d'une allocation à vie du Centre national du livre (à partir de 2002). Enfin, le 4 mars 2020, Christophe Girard a été entendu comme témoin par l'Office central pour la répression des violences aux personnes dans le cadre d'une enquête pour « viols sur mineurs de moins de 15 ans » visant Gabriel Matzneff.

L'élu est alors en pleine campagne pour les élections municipales à Paris sur la liste d'Anne Hidalgo. Créateur des Nuits Blanches en 2002 (sous la mandature de Bertrand Delanoë), grand rendez-vous artistique et nocturne de la capitale, le « monsieur culture » de la ville est un homme influent. Passé d'Yves Saint Laurent à LVMH, il a raté de peu le poste de ministre de la Culture au moment de l'élection de François Hollande en 2012. Cofondateur du magazine *Têtu*, référence de la presse magazine à l'attention du lectorat homosexuel, il s'est toujours engagé pour la communauté LGBT. D'abord membre des Verts, il a rejoint le Parti socialiste (en 2005). Lors des discussions pour la constitution de l'exécutif parisien (élection des adjoints), les écologistes font clairement savoir qu'ils ne veulent pas de Christophe Girard. Il est l'ami d'Anne Hidalgo. Un ami qui compte et dont elle ne veut pas se séparer. « C'est un choix politique, souligne Alice Coffin. Dès qu'il a été présent sur les listes aux municipales, nous avons dit aux conseillers d'Anne Hidalgo que ce n'était pas possible, qu'ils allaient perdre le mouvement féministe. J'ai croisé personnellement Anne Hidalgo le 1er mars [2020] alors qu'elle était en campagne sur le marché d'Aligre et le lui ai répété. Elle n'a pas vu l'ampleur du mouvement. » « Christophe Girard a un réseau long comme les deux bras, il connaît tout le monde et c'est un potentiel pourvoyeur de fonds important lors des élections, souligne une écologiste de la mairie. Se séparer de lui aurait un coût politique. »

Début juillet 2020, Christophe Girard est confirmé à son poste d'adjoint à la culture. La nomination ne passe pas. La crise devient politique et Hidalgo entame un premier bras de fer avec ses alliés. Avec toute l'amabilité dont il est capable, le groupe écologiste demande, sur un ton solennel, sa « suspension immédiate » :

« Il n'a pas sa place au sein de notre exécutif. Il y a un effet de sens extrêmement fort à nommer un homme dont les liens avec Gabriel Matzneff [...] ont été exposés ». Anne Hidalgo tient bon, s'abrite derrière la procédure judiciaire dans laquelle l'intéressé n'est pas mis en cause. Elle ne voit rien qui l'oblige à l'écarter "sur le plan éthique et moral". » Son entêtement montre à quel point elle ne voit pas la force des réseaux féministes au sein même de l'Hôtel de Ville, de son équipe.

Deux jours plus tard, Christophe Girard démissionne néanmoins de son poste d'adjoint à la culture : « Dans le climat délétère général de nouveaux maccarthysmes avec la montée de la cancel culture, la première de mes priorités est qu'Anne Hidalgo [...] puisse exercer son mandat sereinement. J'ai 64 ans [...] et n'ai nullement envie de pourrir ma vie plus longtemps et de m'emmerder à me justifier en permanence pour quelque chose qui n'existe pas. » Anne Hidalgo soutient jusqu'au bout l'élu : « Je suis écœurée. Dans quelle démocratie vivons-nous où le droit est piétiné par la rumeur, les amalgames et les soupçons ? Tout mon soutien à mon ami Christophe Girard », écrit-elle sur Twitter. Le préfet de police, Didier Lallement, prend également parti publiquement pour l'adjoint lors d'un conseil de Paris au cours duquel il lui adresse un « salut républicain ».

Applaudissements nourris et standing ovation de toute l'assemblée (y compris d'Anne Hidalgo), à l'exception d'Alice Coffin, qui explose : « La honte, la honte, la honte ! » Le son de la séquence – visible en replay – est alors coupé. Selon Alice Coffin, certains hurlent : « Dehors, il faut l'interner[2]. » Une scène d'une tension inouïe qui n'est pas sans rappeler le coup de colère de l'actrice Adèle Haenel lors de la cérémonie des Césars qui récompensait le film *J'accuse* de Roman Polanski en dépit des accusations de viol qui planent sur lui depuis quarante ans. Ironie du sort : Christophe Girard, qui se présente comme le défenseur pionnier de la communauté homosexuelle, est la cible de celles qui incarnent le nouveau combat LGBT ! Question de génération et de méthode. Le préfet Lallement, ennemi revendiqué des « gilets jaunes », et Anne Hidalgo dans le même camp, on aura tout vu ! Deux jours plus tard, la maire doit s'incliner de mauvaise grâce, prend acte de la démission de Girard et bannit Coffin et Rémy-Leleu de la majorité municipale.

À la suite de cette manifestation, Christophe Girard dépose plainte en diffamation contre les banderoles et les messages relayés sur les réseaux sociaux. Lors de son audition devant les policiers dans une autre affaire, il déclare avoir vécu ce moment comme « très violent » : « C'est juste inconcevable et insoutenable. [...] Je vis très mal ces images. » Une information judiciaire est ouverte. Six militantes féministes sont mises en examen pour « diffamation » et « injures publiques envers un citoyen chargé d'un mandat public », dont Alice Coffin, Raphaëlle Rémy-Leleu, mais aussi Alix Béranger, ancienne compagne d'Alice Coffin et membre du collectif féministe La Barbe, et Céline Piques, présidente d'Osez le féminisme ! (jusqu'en juin 2021). Alice Coffin – qui a joué au chat et à la souris avec les services d'enquête (la procédure en diffamation ne peut être enclenchée que si le mis en cause est joint personnellement) – n'a pu être localisée qu'en mobilisant les... services fiscaux. Un réflexe d'activiste pas très élégant pour une élue. Lors de son audition devant le juge d'instruction, elle a d'abord démenti être à l'origine des messages litigieux avant de reconnaître les avoir « retweetés ».

Céline Piques a pour sa part adressé un courrier à la juge d'instruction dans lequel elle assume ses prises de position : « M. Girard refuse de reconnaître toute erreur de jugement, tout soutien inapproprié ; tandis que la société, elle, a évolué depuis #MeToo et comprend mieux les mécanismes déployés par Matzneff pour assurer son impunité à commettre des crimes sexuels, dont en particulier sa notoriété d'écrivain et ses soutiens puissants comme M. Girard. [...] On demande à un élu d'avoir un casier judiciaire vierge certes, mais aussi d'avoir une éthique personnelle en ligne avec les valeurs défendues par son champ politique. Le débat actuel n'est pas judiciaire, mais politique. » En janvier 2021, le 28 exactement, Christophe Girard a finalement été exclu du groupe politique d'Anne Hidalgo. En toute discrétion.

Le 4 janvier 2021, la sortie du livre de Camille Kouchner *La Familia grande* a compliqué les choses. La fille de l'ancien ministre y dénonce l'inceste dont fut victime son frère de la part de son beau-père Olivier Duhamel. L'ouvrage a provoqué l'effet d'une bombe à fragmentation. Un politologue de renom, de gauche, président de la Fondation nationale des sciences politiques impliqué dans une affaire de mœurs, l'omerta d'une bonne partie de l'intelligentsia parisienne, la difficile libération de la parole des victimes, sont autant de sujets qui ont bouleversé la société française. Soutenir Girard dans ce contexte aurait été suicidaire. D'autant plus que dans le courant du mois d'août une deuxième « affaire » avait éclaté une nouvelle fois en une du *New York Times.* Un de ses anciens employés de maison a donné une interview au quotidien américain pour l'accuser de viol. Aniss Hmaïd qui avait participé à la manifestation des féministes au début du mois de juillet a lui aussi décidé de libérer sa parole. Une vingtaine d'années après, les faits allégués provoquent l'ouverture d'une enquête préliminaire à Paris qui sera rapidement classée sans suite pour cause de prescription. Selon l'expression de l'un des célèbres prédécesseurs d'Anne Hidalgo à la mairie, Jacques Chirac, les « emmerdes volent en escadrilles ».

Simple conseiller de la ville de Paris, Christophe Girard compte désormais ses amis sur les doigts de la main. Malgré l'absence de toute poursuite judiciaire, et un démenti formel aux accusations, il dégage une odeur de scandale qui a créé le vide autour de lui. Le procès pour diffamation devrait se tenir en mars 2024. Obtiendra-t-il réparation auprès des tribunaux ? Y a-t-il un risque que le procès en diffamation se retourne contre celui qui l'intente comme cela a été le cas avec Denis Baupin ? Fort d'un classement sans suite, l'élu vert accusé d'agressions sexuelles avait attaqué ses accusatrices en diffamation. Double peine. Il avait été débouté de ses demandes et l'audience avait été l'occasion d'un grand déballage tant les témoignages sur son comportement déplacé envers les femmes de son parti se sont multipliés et recoupés. « Le préjudice réputationnel est énorme, pour lui et ses enfants, plaide Maître Delphine Meillet, avocate de Christophe Girard. Ce n'est pas seulement un homme que l'on attaque, mais un univers. Il faut qu'il puisse se défendre[3]. » Mais le risque existe : Nicolas Hulot, lui, s'est désisté discrètement fin 2018 – entre Noël et Nouvel An – d'une plainte en diffamation qu'il avait engagée contre le journal *Ebdo* qui avait révélé une procédure pour viol déposée contre lui en 2008 (qui avait été classée sans suite). Probablement a-t-il senti que les débats pouvaient tourner à son désavantage.

La vérité n'est pas toujours bonne à entendre… surtout dans l'enceinte d'un tribunal.

4.

Condamnés au soupçon

Le diable se cache – paraît-il – dans les détails. La justice lui offre sur ce plan mille occasion pour s'y épanouir. Sur la feuille à en-tête du tribunal de Paris, datée du 23 novembre 2020, le magistrat qui doit statuer sur une accusation de viol visant un élu parisien a coché une seule case, « prescription ». Mais pas « absence d'infraction ». Un subtil jeu judiciaire aux conséquences lourdes. En clair, le substitut estime que les faits ne peuvent être poursuivis car trop anciens… mais qu'ils l'auraient été s'ils n'avaient été prescrits. CQFD. Ni innocent ni coupable. Une position conforme à une directive du ministère de la Justice de février 2021. Une circulaire adressée aux procureurs stipule que « le motif de la prescription doit être coché uniquement [...] lorsque les faits révélés ou dénoncés dans la procédure constituent bien une infraction mais que le délai fixé par la loi pour pouvoir les juger est dépassé[1] ».

Un classement sans suite qui a tout de même un petit inconvénient : il laisse planer le doute. Et crée une nouvelle catégorie de suspects : condamnés au soupçon. Ils ne seront jamais jugés, ni sanctionnés, mais leur culpabilité reste en suspens, en pointillé. Ni blanchi ni poursuivi. « C'est une forme de judiciarisation du soupçon, relève Marie Dosé, avocate auteure du livre

Éloge de la prescription[2]. La personne mise en cause ne peut pas se défendre, ne verra jamais de juge d'instruction, ni demander de supplément d'information. C'est une condamnation publique[3]. » L'homme qui est mis en cause sur ce document ? On retrouve Christophe Girard. Le voilà cette fois accusé de viols sur un garçon mineur dans les années 90 qu'il avait recruté pour faire du baby-sitting. L'adolescent de 16 ans devenu adulte s'est manifesté au moment de #BalanceTonPorc et a fini par témoigner devant la brigade des mineurs. Il a décrit en détail ce qu'il aurait subi pendant plusieurs années. Christophe Girard dément avec vigueur. Là où la justice classait sans suite sans même ouvrir le dossier, elle prend maintenant le temps d'enquêter longuement. « C'est une escroquerie intellectuelle, commente Delphine Meillet, avocate de Christophe Girard. On sait dans ces dossiers que la prescription est acquise, on connaît l'issue, mais on veut manifester son soutien à la libération de la parole. C'est une condamnation à perpétuité, un opprobre à vie. »

Cette nouvelle politique pénale fait suite à de récentes affaires politico-médiatiques (Nicolas Hulot, Olivier Duhamel…) qui ont donné l'impression d'une justice impuissante pour traiter des faits anciens avec des victimes mineures. Désormais, la chancellerie impose l'ouverture systématique d'une enquête préliminaire dès qu'il y a soupçon de viols ou agressions sexuelles présumés, même si les faits sont manifestement prescrits. L'objectif est « de découvrir le cas échéant l'existence d'autres victimes pour lesquelles les faits ne seraient pas prescrits ». « Depuis quand les magistrats sont-ils là pour chercher des infractions qui ne sont pas dans le dossier ? s'étrangle Marie Dosé. On caresse les victimes dans le sens du poil. En partant du principe "on les croit", on les déresponsabilise ! » Le ministère de la Justice argue également du fait que l'enquête préliminaire permettrait au mis en cause de « s'expliquer sur les accusations portées à son encontre » et de « garantir le respect de la présomption d'innocence ».

Le procureur général près la Cour de cassation (jusqu'en 2023) François Molins n'a pas attendu le mouvement #MeToo pour appliquer une politique identique lorsqu'il était procureur de la République à Paris, notamment dans l'affaire Denis Baupin, ce député écologiste accusé par quatre femmes de son parti d'agressions sexuelles. Un an plus tard, le 6 mars 2017, François Molins décide de classer le dossier sans suite pour « prescription » mais il précise qu'il « apparaît que les faits dénoncés, au terme de déclarations mesurées, constantes et corroborées par des témoignages, sont pour certains d'entre eux susceptibles d'être qualifiés pénalement ». Au cours de l'enquête, les policiers ont recueilli d'autres récits incriminant l'élu. « Il y avait même un témoignage non prescrit, mais la victime n'a pas voulu déposer plainte », se souvient un magistrat. La décision constitue un tournant dans l'appréciation de ces affaires d'abus sexuels prescrites.

Dans un communiqué surréaliste, le parti écologiste se félicite de cette décision : « Il y a eu un avant affaire Baupin et il y aura surtout un après. Si les faits ne sont pas poursuivis, la société, elle, a compris : la honte change de camp. » François Molins explique son choix, précurseur quelques mois avant le début du mouvement #MeToo : « Dans cette affaire, les faits étaient prescrits. Mais les éléments de l'enquête nous permettaient de penser qu'ils paraissaient constitués à l'égard de certaines victimes. C'est quelque chose qui n'est pas neutre. Par ce communiqué, nous avons souhaité le dire avant d'annoncer le classement pour prescription. Il s'agissait pour nous de donner un signal sur la parole des femmes pour dire qu'elle était effectivement prise en compte.

Ça n'a pas plu aux avocats de Denis Baupin. » Qui ont eu l'étrange idée de poursuivre en diffamation les accusatrices. Baupin a perdu son procès. Le procureur général met en avant une conviction personnelle : « Je considère qu'un élu doit être exemplaire. Raison de plus pour aller au bout des investigations. »

Le débat sur la prescription ne peut faire oublier que la défiance à l'égard de la justice en matière de violences sexuelles reste énorme. Elle en est même sans doute à l'origine. Selon un sondage recueilli par le Haut Conseil à l'égalité entre les femmes et les hommes, 37 % des personnes interrogées seulement font confiance à l'institution judiciaire pour prévenir et lutter contre les actes et propos sexistes. 80 % estiment que l'arsenal juridique existant est « mal appliqué », voire « insuffisant ». Les collectifs féministes dénoncent, eux, le manque de moyens de la justice et son inefficacité pour traiter les affaires d'abus sexuels : 70 % des plaintes pour violences sexuelles sont classées sans suite, 0,6 % des viols déclarés par des majeurs ont fait l'objet d'une condamnation en 2020.

En 2019, l'actrice Adèle Haenel, qui accusait le réalisateur Christophe Ruggia d'« attouchements » et de « harcèlement sexuel » lorsqu'elle était âgée de 12 à 15 ans, avait expliqué ne pas vouloir porter l'affaire devant une justice qui, selon elle, « condamne si peu les agresseurs »*. « Je n'ai jamais pensé à la justice parce qu'il y a une violence systémique qui est faite aux femmes dans le système judiciaire. Et c'est aussi ça dont il faut parler », avait-elle déclaré à Mediapart. François Molins avait tenté d'inverser la tendance : « J'avais participé à une tribune pour dire au contraire "Venez !

* Mis en examen en janvier 2020 pour agressions sexuelles sur mineur de 15 ans par personne ayant autorité, Christophe Ruggia a obtenu le 30 septembre 2021 l'annulation de son interpellation et de sa garde à vue.

Tournez-vous vers la justice !" L'institution judiciaire, malgré les efforts et les importants progrès réalisés, n'est pas toujours à la hauteur quand il s'agit de violences sexuelles. Nous ne sommes pas bons sur les dossiers de viols qui constituent les dossiers les plus difficiles. C'est souvent parole contre parole, nous disposons souvent de peu d'éléments pour savoir qui a fait quoi. Il y a une véritable difficulté à apporter les preuves des faits dénoncés. Cela ne veut pas dire que l'on n'accorde pas de crédit à la parole de la victime, mais le doute profite nécessairement à l'accusé. Quand j'étais à la tête du parquet de Paris, j'ai justement fait adapter le courrier de classement sans suite pour expliquer aux victimes que ce classement ne signifie pas nécessairement que nous considérons qu'elles n'ont pas subi ce qu'elles dénoncent mais que nous ne disposons pas des preuves suffisantes pour poursuivre la personne qu'elles mettent en cause. »

Depuis, les décisions de classement sans suite sur le modèle Baupin se sont multipliées. Le dossier impliquant Jean-Michel Baylet, 76 ans, ancien ministre, patron de *La Dépêche du Midi*, sénateur, a ainsi été classé pour prescription, sans mentionner que les faits ne sont pas établis. Nathalie Collin, fille de l'ancien sénateur du Tarn-et-Garonne Yvon Collin, accusait Jean-Michel Baylet de viols et d'agressions sexuelles lorsqu'elle avait entre 12 et 14 ans au début des années 80. Ils auraient débuté lors de vacances en Grèce avec ses parents dans la villa de Jean-Michel Baylet puis se seraient poursuivis (ce que ce dernier conteste). Après un an et demi d'enquête, la plainte a été classée sans suite en janvier 2022 : « Ce qui est important, c'est que le parquet ne dit pas qu'il a classé parce que les faits ne sont pas suffisamment caractérisés », a réagi maître Zoé Royaux, avocate de Nathalie Collin. Le conseil de Jean-Michel Baylet, maître Thierry Carrère, a livré l'analyse inverse : « Une communication minimale consistant à dire qu'il est classé pour prescription ne reflète pas la réalité d'une enquête ayant démontré les invraisemblances d'une accusation portée quarante et un an après, par la fille d'un opposant politique, condamné récemment pour trafic d'influence[4]. »

Idem pour l'affaire Nicolas Hulot. Le parquet de Paris a décidé de classer sans suite en septembre 2022 la plainte pour viol et agression sexuelle sur mineure qui visait l'ancien ministre et animateur de télévision. Une enquête avait été ouverte suite à la diffusion d'un reportage d'« Envoyé spécial » dans lequel témoignent six femmes, dont une mineure à l'époque des faits, prénommée Sylvia. Les faits se seraient déroulés dans la voiture de l'ex-animateur qui l'avait invitée à assister à son émission. « Ce classement sans suite ne fait pas disparaître les faits clairement décrits par Sylvia qui avait 16 ans en 1989, a réagi son avocate maître Maud Sobel. Il intervient pour des raisons de prescription dont ma cliente était parfaitement consciente[5]. » L'ancien ministre nie catégoriquement les faits et a quitté définitivement la vie publique. « C'est une petite mort sociale à chaque fois, reconnaît Christophe Bigot, avocat spécialiste du droit de la presse*. Faut-il pour cela décréter une omerta ? Il y a des débats de société que l'on doit ouvrir, même cinquante après. » L'application de cette nouvelle doctrine judiciaire a été encore plus clairement énoncée à l'occasion du classement sans suite de l'affaire Olivier Duhamel, accusé d'avoir agressé sexuellement son beau-fils « Victor » Kouchner dans les années 80, soit il y a près de quarante ans. Le parquet a considéré que les faits étaient prescrits, mais le procureur de Paris, Rémy Heitz, a pris soin de préciser dans un communiqué : « Ce motif de classement est retenu lorsque les faits révélés ou dénoncés dans la

* Christophe Bigot est l'un des avocats des éditions Albin Michel.

procédure constituent une infraction qui aurait donné lieu à poursuites de la part du parquet si le délai fixé par la loi n'était pas dépassé[6]. » Depuis, Olivier Duhamel, qui aurait reconnu « difficilement » des faits d'inceste, a démissionné de l'ensemble de ses fonctions, présidence de la Fondation nationale des sciences politiques, club Le Siècle, émissions sur LCI, Europe 1... Une mort sociale faute d'une condamnation judiciaire.

Faut-il aller plus loin, abolir toute prescription ? Élisabeth Badinter, philosophe et historienne, féministe de la première heure, dénonce ce jusqu'au-boutisme judiciaire : « Ce que reprochent les féministes de #MeToo à la justice, et je peux le comprendre, c'est la question de la prescription. Je vais vous dire, si on en finissait avec la prescription, cela voudrait dire qu'on assimile les violences sexistes à la loi contre les nazis, qui est le crime contre l'humanité [imprescriptible], ce n'est pas possible. Il faut être logique : les violences faites aux femmes sont punies, mais enfin est-ce que ce sont des crimes de l'humanité, il ne faut pas exagérer, c'est même indécent. » Pour elle, point de débat sérieux en dehors de l'enceinte judiciaire : « On livre des hommes en particulier à la vindicte publique sans passer par un minimum de justice [...]. Je respecte une nouvelle approche tant qu'elle ne va pas contre les principes fondamentaux, j'appartiens à un féminisme qui est très, très, respectueux de la loi[7]. » À l'opposé du spectre, Christophe Bigot : « Quand j'ai entendu Mme Badinter, je suis tombé de ma chaise. Entendre une femme dire que "ce qui n'est pas pénal, ce n'est rien...", cela gomme l'enjeu de société. C'est de la manipulation. » Pour l'avocat, auteur d'une tribune remarquée intitulée « #MeToo la justice doit avoir le monopole de la sanction pas de la vérité[8] », le débat doit pouvoir avoir lieu hors champ judiciaire : « Le problème, c'est la pratique politique, pas le pénal. Il est bon de savoir ce qu'il s'est passé, même en cas de prescription[9]. » Lors de l'annonce en mars 2023 d'une centaine de mesures pour le plan « égalité femmes-hommes » par le gouvernement, prolongeant ainsi la « grande cause du quinquennat », il a été décidé d'expérimenter la « prescription glissante » pour les majeurs (elle existe déjà pour les mineurs) victimes d'abus sexuels. Une mesure qui permettrait d'allonger encore la prescription (elle a doublé en 2017, passant à vingt ans pour les crimes). Schématiquement, au deuxième crime commis sur un majeur par un même agresseur, le délai de prescription du premier serait interrompu et tous les faits pourraient ainsi être jugés. Une mesure qui revient de fait à rendre quasi imprescriptibles les violences sexuelles. La société ne veut plus oublier, qu'on le regrette ou qu'on s'en félicite.

5.

Le tweet, arme fatale

Rien n'aurait été possible sans lui : le #. De fait, la nouvelle arme des féministes a un nom : hashtag. Une arme de destruction massive qui permet une diffusion virale, immédiate, sans limites. Un champ de liberté infini – parfois salutaire – avec son corollaire, un risque de dérapages illégitimes. C'est une journaliste qui a lancé l'un de ces mouvements en 2017 depuis les États-Unis. Le 13 octobre, Sandra Muller, directrice d'une lettre professionnelle consacrée aux médias, écrit sur Twitter : « Tu as de gros seins. Tu es mon type de femme. Je vais te faire jouir toute la nuit. Éric Brion ex-patron de Equidia #BalanceTonPorc. » La cible : Éric Brion, ancien directeur d'une chaîne de télévision dédiée aux courses hippiques. Trois mots qui enflamment les réseaux. S'ensuivent près d'un million de messages transformant ce père de famille, au look BCBG, en incarnation du Mal (mâle blanc harceleur). Un raz-de-marée numérique deux jours avant la popularisation du hashtag #MeToo par l'actrice Alyssa Milano. Il a été crée en 2007 par Tamara Burke, une militante américaine engagée contre les violences sexuelles visant les minorités. Un phénomène de masse. Le premier du genre.

Les historiens retiendront peut-être que l'évolution du féminisme moderne dans une société qui n'oublie rien s'est jouée ces jours-là, entre Paris, New York et le reste du monde. « J'ai décidé de donner le nom de mon agresseur verbal sur mon réseau afin de montrer l'exemple, revendique Sandra Muller. Il fallait d'urgence arrêter ce genre de comportement[1]. » Une urgence relative, les faits remontant à cinq ans plus tôt. Elle poursuit : « Il m'a fallu des années pour verbaliser. Le jour où j'ai réussi, j'ai créé un tsunami. Personne ne peut juger de l'impact psychologique d'une agression. Je me suis sentie doublement rabaissée : d'abord au rang de femme-objet, ensuite dans mon intégrité professionnelle[2]. »

Blazer strict, cheveux gris, Éric Brion, 56 ans, deux filles, avait tout oublié de cet épisode qui s'est rappelé à son souvenir le matin du vendredi 13 octobre 2017 : « J'étais en train de gonfler des ballons pour l'anniversaire de ma fille. J'ai vu qu'un de mes amis essayait de m'appeler sans arrêt. Je me suis demandé ce qu'il se passait. » À 6 000 kilomètres de là, dans le quartier de Manhattan, Sandra Muller raconte une autre scène. Elle se déroule « dans un café new-yorkais aux allures de bistrot français, sur le coin d'une table près de Central Park : cet après-midi-là, il me faut moins de cinq minutes pour lancer un phénomène international ». La presse américaine multiplie alors les révélations sur Harvey Weinstein, producteur de cinéma, accusé de dix viols et d'une cinquantaine d'agressions sexuelles. En discutant avec une amie, Sandra Muller commente une double page du *Parisien* titrée : « À Cannes, on l'appelait The Pig (le porc). » Le « porc » fait explicitement référence à Harvey Weinstein. La journaliste raconte s'être sentie « humiliée » et « agressée » : « Nous ne devons plus nous taire, il faut balancer les porcs, les balancer une fois pour toutes. » C'est ainsi qu'est né le hashtag #BalanceTonPorc. « Le tweet parfait, le crime parfait », soupire Éric Brion.

Depuis, ce dernier estime que sa vie a été détruite

sur l'autel de la libération de la parole des femmes. « Je suis un dégât collatéral[3] », explique-t-il mi-fataliste, mi-désespéré. Le tout suivi, selon lui, d'une mort sociale et d'une célébrité malgré lui. Son histoire ressemble à s'y méprendre à celle d'Oscar, l'un des personnages du best-seller de Virginie Despentes, *Cher connard*, paru en août 2022. Un éditeur fait une cour assidue à une chargée de presse, puis se retrouve ciblé sur les réseaux sociaux. Il se terre et perd tous ses amis. Éric Brion a décidé de poursuivre en diffamation Sandra Muller pour « retrouver [son] honneur ». En première instance, la justice lui a donné raison. Sandra Muller a été condamnée le 25 septembre 2019 à lui verser 15 000 euros en « réparation du préjudice moral » ainsi que 5 000 euros de frais de procédure. La 17e chambre correctionnelle de Paris avait jugé que « quel qu'ait pu être le ressenti subjectif de Sandra Muller à la suite de paroles d'Éric Brion, [...] la base factuelle dont elle disposait était insuffisante pour tenir les propos litigieux accusant publiquement le demandeur d'un fait aussi grave que celui de harcèlement sexuel et elle a manqué de prudence dans son tweet, notamment en employant des termes virulents tels que "porc" pour qualifier le demandeur, l'assimilant dans ce contexte à Harvey Weinstein [...] elle a dépassé les limites admissibles de la liberté d'expression, ses propos dégénérant en attaque personnelle ».

Dans un premier tweet publié quatre heures plus tôt, le même jour, Sandra Muller avait, en effet, écrit : « #BalanceTonPorc !! Toi aussi raconte en donnant le nom et les détails d'un harcèlement que tu as connu dans ton boulot. Je vous attends », transformant ainsi implicitement Éric Brion en harceleur au travail. Ce que le tribunal a jugé infondé. La décision est interprétée par de nombreux collectifs féministes comme un « bâillon » posé sur la bouche des femmes qui veulent dénoncer des harceleurs. L'Association européenne contre les violences faites aux femmes au travail (AFVT), qui « examine et dénonce le risque de représailles judiciaires à l'encontre de celles qui dénoncent publiquement des violences sexuelles », réécrit et publie sur son site un jugement… de relaxe de Sandra Muller en argumentant qu'elle est une « lanceuse d'alerte ».

Le 27 janvier 2021, l'affaire se plaide en appel à Paris. Éric Brion commence son témoignage : « Ma vie a été brisée, réduite en miettes après des tweets qui relataient en les déformant des paroles que j'aurais prononcées en octobre 2012 tard dans la nuit à Cannes. » Des messages diffusés cinq ans plus tard. « À partir de là, cela a été une déflagration dans ma vie, poursuit-il. J'ai perdu des missions de ma société de conseil, ma compagne, ma réputation et le principal, c'est ce que tout ça a infligé à ma famille, mes parents, ma sœur. Il a fallu que j'explique à mes deux filles ce qu'il s'était vraiment passé. Toutes les portes se sont fermées. » Éric Brion assure alors avoir dû endosser le costume de prédateur sexuel qu'il n'est pas : « Ce tweet a fait office de vérité. Je me suis senti pestiféré, un paria, la personne qu'il ne fallait pas connaître. Il y a eu un acharnement systématique de Sandra Muller à mon égard pour prouver que j'étais un harceleur sexuel au travail. Tout ce que j'ai essayé de dire était inaudible. Je suis tombé dans une profonde dépression, j'ai pris vingt kilos. J'ai reçu des messages de haine totale. Je veux juste retrouver une vie normale. »

Sandra Muller, qui exerce son métier depuis New York, ne s'est pas déplacée (elle était présente en première instance). Son avocate, Jade Dousselin, prend la parole : « Cent quarante caractères, ça va vite. Il n'y a pas de stratégie dans tout ça. Cela a été fait de manière éruptive. Sandra Muller serait coupable en appelant les femmes de France à se libérer ? Coupable d'avoir lancé #BalanceTonPorc alors que c'est l'œuvre de celui qui a cru pouvoir nier l'intégrité d'une femme ? » Francis Szpiner, autre conseil de Sandra Muller, reprend : « Des milliers de femmes ont commencé à parler grâce à Sandra Muller. Si vous la condamnez, les femmes diront "Taisez-vous !" » Depuis New York, la journaliste confirme : « Beaucoup de gens m'écrivent pour dire : "Grâce à vous, j'ai déposé plainte[4]." » La cause est entendue et populaire. Sandra Muller est désignée comme l'une des « femmes de l'année » par l'hebdomadaire américain *Time* au sein d'une liste de « briseuses de silence ». En France, elle est soutenue par Brigitte Macron (« Je n'ai que quelques mots à vous dire, ça suffit. Tout ça doit s'arrêter très vite », déclare-t-elle à la sortie d'une pièce de théâtre sur les violences sexuelles), puis par Marlène Schiappa, alors secrétaire d'État chargée de l'Égalité femmes-hommes qui la reçoit. Enfin, elle est présente à l'Élysée en décembre 2017 à l'occasion d'une cérémonie pour les Français(e)s méritant(e)s. Seuls quelques éditorialistes (Raphaël Enthoven, Élisabeth Lévy, Natacha Polony...) s'expriment à contre-courant et dénoncent un « tribunal médiatique ».

L'avocate d'Éric Brion, Marie Burguburu, s'avance à son tour. « Où est l'intérêt général si ce qui est écrit est faux ? C'est un paravent pour dire tout et n'importe quoi ! Où est l'intérêt général lorsqu'on est une balance et une menteuse ? Quel est l'intérêt légitime à humilier quelqu'un ? Le sujet de ce tweet, c'est la vengeance. » Éric Brion a refusé de s'abonner à la lettre professionnelle éditée par Sandra Muller. Selon la défense, elle ne l'aurait jamais digéré. Marie Burguburu : « Sandra Muller se cache derrière la bannière "Nous les femmes", on vous prend en otage, "les femmes ne parleront plus", le sujet c'est Sandra Muller, pas les femmes. » L'arrêt rendu deux mois plus tard prend le contre-pied du premier jugement et rejette la poursuite en diffamation. Les magistrats ont cette fois-ci retenu la « bonne foi » de Sandra Muller, une « base factuelle suffisante » et l'intérêt général de ses propos « dès lors qu'ils visent à dénoncer des comportements à connotation sexuelle et non consentis de certains hommes vis-à-vis des femmes, afin que ces agressions physiques ou verbales trop longtemps tolérées ou passées sous silence soient largement connues et ne puissent ainsi se perpétuer ». Ils suivent la plaidoirie de Jade Dousselin, l'avocate de Sandra Muller, dont le raisonnement est très politique. Elle déclare en substance : « Éric Brion a bien prononcé cette phrase que Sandra Muller a ressentie comme une agression. Si vous la condamnez, vous condamnez toutes les femmes au silence. Le progrès vous oblige. » #MeToo est passé par là. Entre libération de la parole des femmes et atteinte à la dignité d'un homme, la cour a tranché : « Le prononcé d'une condamnation porterait une atteinte disproportionnée à la liberté d'expression et serait de nature à emporter un effet dissuasif pour l'exercice de cette liberté. »

Alors, qui croire ? À quel saint judiciaire se vouer ? L'affaire a été tranchée au plus haut niveau. La Cour de cassation saisie par Éric Brion a rejeté son pourvoi. Elle confirme que si les termes « balance » et « porc » étaient « outranciers », ils étaient « suffisamment prudents ». « Une décision politique, fulmine Éric Brion. C'est la porte ouverte à la délation. » Pour Christophe Bigot, avocat spécialiste du droit de la presse, cet arrêt entérine une sorte de « droit à l'approximation, pro-victime : cela acte la possibilité du dégât collatéral[5] ». Les réseaux sociaux ont amené ceci de vertigineux : rien n'est plus privé. Le plus « liké » a raison. Le rapport à la vérité en pâtit. « Il y a des mythes qui circulent sur mon histoire, détaille Éric Brion. Je n'ai jamais envoyé des messages par textos, je n'ai jamais été le patron de

Sandra Muller. Tout cela a pourtant circulé et pour beaucoup, c'est vrai. »

L'ancien patron d'Equidia se dit poursuivi par cette affaire comme une tache sur son blazer sombre : « Il n'y a aucune nuance. Récemment, je me suis retrouvé dans un article de presse au milieu de Harvey Weinstein, PPDA, Tariq Ramadan... qu'est-ce que je fais là ? Il n'y a plus d'échelle entre "être lourd" et violer quelqu'un. » En public, il dit « respecter » la décision de justice, mais craindre le *backlash,* le retour de bâton : « Le ras-le-bol des hommes peut déboucher un jour sur des réactions violentes. Il y a une immense colère masculine, c'est dangereux. Je refuse de devenir l'étendard de cela. » Lors d'un événement mondain, Éric Brion a ainsi croisé PPDA qui lui aurait glissé : « Redonne-moi ton numéro, il faut que l'on se serre les coudes. » Il a tourné les talons.

Par un curieux hasard du calendrier, lorsque Éric Brion s'est exprimé à la barre de la cour d'appel, il succédait à une femme, qui dénonçait elle aussi un agresseur sexuel présumé. En l'occurrence, Pierre Joxe. L'accusée est présente mais pas le plaignant. Autre fait, autres protagonistes, mais même sujet : jusqu'où la liberté de parole ? Peut-on dénoncer sans diffamer ? La femme qui s'avance s'appelle Alexandra Besson, 31 ans, diplômée de Normale sup, agrégée d'allemand, dite Ariane Fornia. Elle est la fille d'Éric Besson, ancien député et ministre sous le gouvernement de François Fillon, présent dans la salle. Alexandra Besson raconte s'être retrouvée assise un soir à l'Opéra à côté de Pierre Joxe, ancien ministre, ancien président de la Cour des comptes, ex-membre du Conseil constitutionnel, figure tutélaire de la gauche socialiste, qui lui aurait glissé la main à l'intérieur des cuisses. Le 18 octobre 2017, cinq jours après le lancement du hashtag #BalanceTonPorc, elle raconte sur son blog d'« écrivain-voyageur » ce qui s'apparente à une agression sexuelle sous le titre : « #Moiaussi : pour que la honte change de camp » : « J'ai l'espoir que ce soit le grand soir de la cause féministe, dit-elle en préambule, le séisme qui ébranlera enfin le vieux monde misogyne. » Elle relate une série d'agressions, dont la troisième « par un ancien ministre ». Selon elle, la scène se déroule lors d'une représentation d'un opéra de Richard Wagner, alors qu'elle est assise au premier rang du premier balcon. La rangée VIP, les meilleures places, face à la scène. Son père est alors ministre et bénéficie de ce privilège. Il est en retard, assure-t-elle. Il doit la rejoindre à l'entracte. Un « vieux monsieur à l'air éminemment respectable » s'assied à sa droite, avec son épouse à ses côtés : « La représentation commence. Et au bout de dix minutes, le vieux monsieur a sa main sur ma cuisse. Je me dis qu'il doit être très âgé, perturbé. Je le repousse gentiment. Il recommence. Rebelote. Une troisième fois. Il commence à remonter ma jupe. Il glisse sa main à l'intérieur de ma cuisse, remonte vers mon entrejambe. J'enlève sa main plus fermement et je pousse un cri d'indignation étouffé, bouche fermée. Tout le monde me regarde. Il arrête. Dix minutes plus tard, il recommence. Je lui plante mes ongles dans la main. C'est un combat silencieux, grotesque, en plein Opéra Bastille[6]. » À l'entracte, son père arrive. Elle ne dit rien sur le coup, mais se renseigne sur l'identité de l'homme à la main baladeuse. L'officier de sécurité de son père identifie Pierre Joxe. Dans la voiture, au retour de l'Opéra, elle se confie à son père et décide alors… de ne rien dire. Pour ne pas nuire à Éric Besson qui est déjà un ministre (ex-socialiste) très exposé (après avoir rejoint Nicolas Sarkozy, il est considéré comme un « traître »).

Huit ans plus tard, elle décide – « elle aussi » – de

balancer son porc. Pierre Joxe n'est pas cité mais il est décrit avec suffisamment de détails (« un ancien ministre de Mitterrand, membre de plusieurs gouvernements, qui a occupé des fonctions régaliennes, qui est une grande figure de gauche », etc.) pour qu'il se reconnaisse et soit reconnu. Le lendemain, elle révèle son nom à une journaliste de *L'Express*[7]. Pierre Joxe conteste, attaque en diffamation et gagne son procès en première instance. Comme Éric Brion. « Quand j'ai reçu la décision, cela m'a été insupportable, raconte à la barre Alexandra Besson. Il y a une forme de complaisance avec Pierre Joxe. » Son récit comporte des erreurs factuelles qui ont fait douter les magistrats : « J'ai rédigé ce témoignage en octobre 2017, en trente minutes, sept ans après les faits », se défend-elle. Après avoir retrouvé les billets via le service du protocole de l'Opéra Bastille, la représentation à laquelle elle aurait assisté en compagnie de Pierre Joxe le 25 mars 2010 était *L'Or du Rhin* de Richard Wagner qui est toujours exécuté… sans entracte. Or, Alexandra Besson a raconté que son père était arrivé à ce moment-là et qu'elle avait changé de place. « Je n'ai effectué aucune vérification, reconnaît la jeune femme. J'étais en état de sidération, incapable de me souvenir des détails. »

Si elle concède avoir pu commettre des erreurs, elle se dit « choquée » que sa « bonne foi » ait été remise en cause : « Plusieurs personnes [auxquelles elle s'était confiée, NDA] ont confirmé avoir reçu mon témoignage. » L'avocat de Pierre Joxe, Jean-Yves Dupeux, prend à son tour la parole : « Il est totalement dévasté par cette affaire. Il est en position d'accusé médiatique, sans respect de la présomption d'innocence. » Il qualifie le récit d'Alexandra Besson d'« invraisemblable ». Face à une « romancière », le conseil de Pierre Joxe oppose son âge vénérable (86 ans), sa « pudeur extrême », ses fonctions à la tête de la Fondation protestante (« quand on est protestant, on est vigoureux ») et son métier d'avocat repris à l'âge de 70 ans (« il ne fait que défendre des mineurs en danger à Bobigny »).

Comme dans l'affaire Brion, il est reproché à Alexandra Besson par ses mensonges de « porter atteinte au discours sincère de beaucoup de femmes ». La cour d'appel a finalement donné raison à la fille d'Éric Besson : « Si les propos litigieux portaient atteinte à l'honneur ou à la considération de M. Joxe, ils s'inscrivaient dans un débat d'intérêt général consécutif à la libération de la parole des femmes à la suite de l'affaire Weinstein. » La cour d'appel souligne également que « si Mme Besson a commis des erreurs de faits dans son récit notamment quant à l'Opéra représenté et à l'existence d'un entracte, ces erreurs, qu'elle avait reconnues, n'étaient pas de nature à discréditer l'ensemble de ses propos ». Sa bonne foi a été retenue, comme celle de Sandra Muller. Pierre Joxe s'est pourvu en cassation, mais l'arrêt a été là aussi confirmé. Alexandra Besson exprime sa « joie » et son « soulagement » : « Au-delà de mon cas, la décision de la Cour de cassation fait expressément référence à la contribution à l'intérêt général du mouvement #MeToo. [...] Puisque la justice a tranché en ma faveur, vous ne m'entendrez plus parler de ce sujet. » Elle continue à chroniquer ses voyages sous son nom d'écrivain.

Dans ces deux affaires, l'avocate générale près la Cour de cassation, Blandine Mallet-Bricout, a rendu des avis opposés. La magistrate a pointé le risque d'un « tribunal médiatique » qui « ne saurait se substituer à la justice étatique, même dans l'hypothèse où les propos s'inscrivent dans un mouvement d'intérêt général ». Elle fustige « l'émergence d'une justice privée par l'inévitable sanction immédiate de l'opinion publique » qui « peut heurter les fondements mêmes de la démocratie par sa brutalité et son irréversibilité ». La magistrate relève enfin que ces nouveaux modes de « diffusion et sans limites de l'information » doivent entraîner « corrélativement une responsabilité à l'égard des propos tenus ». En clair, plus l'outil est performant, plus la prudence devrait s'imposer. « Les remparts que le législateur a érigés doivent être simplement maintenus, conclut-elle, afin que les valeurs d'une société démocratique, dans toutes leurs dimensions, puissent être préservées. » Elle n'a pas été entendue, la justice donnant l'impression de se mettre dans la roue sociétale du mouvement de libération de la parole des femmes. Quitte à s'écarter du droit ? François Molins, procureur général près la Cour de cassation reconnaît que l'équilibre est difficile à trouver sur ce débat porté par une bonne partie de l'opinion publique : « Il s'agit de conjuguer l'importance à accorder à la parole des femmes – qui a longtemps fait défaut – à la nécessité de protéger la réputation d'autrui. Les réseaux sociaux peuvent mettre à mal celle-ci en sacralisant de façon presque incontestable la parole des femmes[8]. »

6.

« Nous sommes en guerre les filles, et on va la gagner »

L'événement s'apparente à une cérémonie des Césars revue et corrigée. En vérité, il est emblématique d'une époque, la nôtre. Ce soir-là, il n'est question ni de septième art ni de tapis rouge. Mais de croisade justement dirigée contre les prédateurs sexuels. Parmi les nominés, du beau monde. Un président de la République, deux ministres du gouvernement, deux chefs de parti, un ancien candidat à l'élection présidentielle... Ce 25 novembre 2022, la soirée n'a pas pour cadre l'Olympia ou un théâtre à l'italienne mais la mairie du XXe arrondissement de Paris. Comme lors des récompenses annuelles du cinéma français, on y ouvre des enveloppes, on récite par catégories la liste des artistes qui se sont illustrés au cours des derniers mois avant de faire applaudir le lauréat. Tous sont des hommes politiques, sélectionnés – non sans ironie – pour leur mauvais comportement présumé avec les femmes. En maîtresse de cérémonie, Audrey Pulvar, ex-journaliste, adjointe (écologiste) à la maire de Paris. La soirée est intitulée « Ça va bien se passer », clin d'œil non feint à la phrase de Gérald Darmanin prononcée devant la journaliste Apolline de Malherbe sur BFMTV le 8 février 2022 qui lui posait des questions trop pressantes sur son bilan en matière de sécurité.

Le public est majoritairement féminin et militant, c'est

un euphémisme ! Quelques élus écologistes sont venus apporter leur soutien. L'événement est organisé par qui ? Par le fameux Observatoire des violences sexistes et sexuelles qu'on a déjà vu à l'œuvre. Ce lobby, car c'en est un désormais, a été créé juste avant les élections présidentielles de 2022, et a pour objectif d'exclure de la vie politique les dragueurs qui se croient encore dans les années 60, condamnés ou pas, poursuivis ou pas. À la manœuvre, Alice Coffin, cofondatrice de cet Observatoire. La jeune femme, ancienne journaliste, activiste lesbienne, maîtrise les codes de l'agit-prop qu'elle a mise en œuvre depuis plusieurs années avec son groupe La Barbe, spécialisé dans les happenings contre le pouvoir « viriliste ». Le principe est ici de « nommer et désigner sans trembler » les supposés prédateurs. « Je me concentre sur les gens qu'on a peur d'attaquer, souligne Alice Coffin. Ce n'est pas très agréable à faire, mais c'est nécessaire. Le sexisme en politique s'exerce en interne, au sein des partis, qui font obstruction à toute parole publique des femmes. Le traitement est totalement inégalitaire. Débattre de tout cela publiquement, c'est la transgression ultime[1]. »

Peu importe si la plupart des hommes cités pendant la soirée ne font l'objet d'aucune condamnation judiciaire : « Nous voulons avoir une parole plus entendue, presque menaçante et troublante », poursuit Alice Coffin. La puissance invitante : Emmanuelle Pierre-Marie, maire écologiste dont l'arrondissement (XIIe) est un laboratoire à ciel ouvert d'un féminisme du réel. Cette sociologue de formation, « née féministe et écologiste », garde dans son bureau les plaques de nouvelles rues qui fleurissent dans l'arrondissement en hommage aux figures connues du mouvement de libération des femmes (passerelle André-Léo, romancière féministe du XIXe siècle, rue Anna-Jaclard, révolutionnaire féministe russe, etc.). Amie d'Alice Coffin, Emmanuelle Pierre-

Marie n'a pas hésité lorsqu'elle lui a demandé d'accueillir cet événement hors norme : « Je n'ai pas réfléchi plus que cela, j'étais consciente des conséquences, mais je me sens suffisamment courageuse pour porter ces questions. Je savais que j'allais prendre cher, mais pas à ce point. Les coups sont venus de partout[2]. » Au conseil de la mairie du XIIe arrondissement, l'opposition s'empare du sujet et dénonce l'utilisation des fonds publics à des fins partisanes : « Nous avons simplement prêté la salle, répond Emmanuelle Pierre-Marie. Tout ce qui coûte cher – la diffusion de l'événement, la sécurité, le pot à la fin – a été pris en charge par l'Observatoire. Quant au contenu, ce n'est pas notre responsabilité. »

De nombreuses personnalités politiques ont décliné l'invitation à la soirée, y compris des sympathisantes de la cause féministe : « Rachida Dati avait un événement ce soir-là, détaille Alice Coffin. Marlène Schiappa aussi, Élisabeth Borne a décliné, tout comme Isabelle Rome (ministre chargée de l'Égalité femmes-hommes), Anne Hidalgo, maire de Paris... Les députés de La France insoumise m'ont dit "Ça va pas !", des élus verts ont également refusé, poursuit Alice Coffin. Ça permet de voir les rapports de force, qui vient ou pas. » Emmanuelle Pierre-Marie ouvre le bal et donne le ton : « Cette soirée va nous faire du bien et leur faire du bien là où ça fait mal ! » Applaudissements. Parmi les personnalités présentes, les figures du mouvement féministe : Sandrine Rousseau, députée Europe Écologie-Les Verts, « notre écoféministe préférée », salue Audrey Pulvar, Fatima Benomar, l'une des fondatrices du mouvement Relève féministe, Mathilde Viot, qui a créé Chair collaboratrice et auteure du livre *L'homme politique, moi j'en fais du compost*... Audrey Pulvar enchaîne : « Cette soirée est dédiée aux victimes des violences sexistes et sexuelles. » Certaines sont dans la salle. Discrètes. « Faites du bruit », renchérit-elle. L'assemblée, environ deux cents personnes, crie, hurle, tape des mains : « Nous n'avons pas peur ! » Les hommes présents se jaugent. Ils sont si peu nombreux.

La remise des prix cible tous les partis. Le trophée « toutes des hystériques » pour Éric Dupond-Moretti, « ténor du patriarcat », celui du « parrain » pour Emmanuel Macron et Jean-Luc Mélenchon, le « meilleur espoir » pour Gérald Darmanin, le prix du « petit ange parti trop tôt » pour Damien Abad, ancien ministre du gouvernement Macron qui a dû démissionner après une plainte pour tentative de viol. Isabelle Attard, ex-députée écologiste, qui avait témoigné contre l'élu vert Denis Baupin accusé par quatorze femmes de son parti d'agression en 2017, est chargée de remettre le prix des « carrières brisées » : son enveloppe est… vide. Si Damien Abad a quitté le gouvernement, il est toujours – comme d'autres – député et siège à l'Assemblée nationale : « J'ai une pensée pour toutes celles qui ont témoigné contre Denis Baupin, poursuit Isabelle Attard. Il n'y a pas besoin de libérer la parole des femmes, toutes les femmes parlent, mais elles ne sont pas forcément entendues. »

Julien Bayou et Adrien Quatennens reçoivent conjointement le prix « J'accuse ». Parmi les personnalités invitées à remettre une récompense, la secrétaire d'État belge à l'Égalité des chances et à la Diversité, Sarah Schlitz, qui se surnomme elle-même avec humour la « ministre en charge du wokistan » (son cabinet n'est quasiment exclusivement composé que de femmes, elle a désigné une musulmane voilée comme commissaire du gouvernement, etc.). En septembre 2021, elle a suscité la polémique en Belgique pour avoir participé à Liège à une réunion « en non-mixité choisie ». Chargée de décerner le trophée de la « liberté d'importuner », elle a dans sa liste de nominés Éric Dupond-Moretti, ministre de la Justice. Une ministre belge susceptible de remettre une telle distinction à un homologue français n'est pas très... diplomatique. Quelques jours avant la tenue de cette cérémonie, Sarah Schlitz a reçu un appel du cabinet d'Isabelle Rome, ministre déléguée chargée de l'Égalité entre les femmes et les hommes, curieuse d'en savoir plus sur cette démarche. Sarah Schlitz confirme l'appel mais dément toute polémique : « Nous l'avons tenue au courant, elle était d'ailleurs invitée, elle a très bien compris pourquoi j'étais là. » Sarah Schlitz précise cependant qu'elle « n'a pas remis de prix ». Ce qui est à moitié vrai (ou faux, c'est selon). Elle se tenait aux côtés de Fatima Ouassak, porte-parole de #frontdemères, qui a finalement attribué le prix de la « liberté d'importuner » à Éric Zemmour, « théoricien de l'antiféminisme ».

Corinne Masiero, « Capitaine Marleau » héroïne du petit écran, conclut fiévreusement avec des accents révolutionnaires : « C'est la Commune contre les Versaillais. Nous sommes en guerre les filles, et on va la gagner ! » Sandrine Rousseau, star de la soirée, fait l'objet d'une ovation particulière et ne cache pas son émotion : « C'est la première fois qu'un événement comme cela se fait dans le monde, s'enthousiasme-t-elle. Cela permet de confronter les hommes à ce qu'ils disent dans la sphère publique. Ça donne de la force. » Marie Coquille-Chambel, membre de #MetooTheatre et de #RelèveFéministe : « C'était chouette, ça m'a fait pleurer. Ça fait du bien de voir des figures féministes diverses. » Madeline Da Silva, cofondatrice de l'Observatoire, dresse le bilan : « Les partis politiques n'ont que faire des violences sexuelles. Un consensus traverse tous les rangs pour dire “ce n'est pas si grave”. Des femmes quittent la vie politique pour cela. Il faut instaurer un rapport de force. » Sur son compte Twitter, Emmanuelle Pierre-Marie salue la « force de la sororité qui [lui] donne le courage de lutter contre le sexisme en politique ». La plupart des commentaires qui suivent montrent le fossé entre ce combat et une partie de l'opinion publique : « La harpie sexiste et hétérophobe @alicecoffin et ses demoiselles d'honneur ont donné une fête interdite aux hommes » ; « Uniquement des intervenantes : autrement dit, les pires sexistes » ; « Masculinophobie intolérable pour une élue ». Les hommes n'étaient pas interdits.

Tout cela pour quelles retombées ? La cérémonie, retransmise en direct sur YouTube, a été peu reprise par les médias en dehors de ceux acquis à la cause. Néanmoins, pour la maire du XIIe arrondissement, l'opération est réussie : « En l'organisant dans la mairie, j'ai protégé l'événement. Certains se sont interdit de commenter publiquement. Si nous ne sommes pas là pour nommer, dénoncer ceux qui salissent la politique, qui va le faire ? C'est une pierre de plus qui vient perturber l'emprise systématique de certains en politique. C'est aussi une manière de dire que je suis capable de ça, de m'attaquer au système. »

7.

« Femme, je te crois ! »

Elles sont jeunes, affranchies et décidées à refaire le monde ! En marge des partis politiques, elles tentent d'imposer leur tempo et leur radicalité. Une nébuleuse de collectifs très actifs sur les réseaux sociaux a entrepris de prendre le pouvoir. S'agit-il d'un mouvement à part entière ? Que représente-t-il ? Principalement issues des Verts et des « insoumis », mais aussi du monde syndical ou tout simplement électrons libres, ces militantes ne se reconnaissent pas (plus) dans les structures traditionnelles. Ces jeunes intrépides, porte-drapeaux d'une génération, ont réussi là où leurs aînées ont échoué : mettre les violences au cœur du débat politique. Elles utilisent des méthodes nouvelles, sans filtres. L'ère du clic et du tweet. Pas de hiérarchie, pas d'organisation. Il s'agit de petits noyaux qui se font et se défont au fil des affinités, des mésententes, des alliances. Elles passent d'une structure à l'autre. Si elles se reconnaissent dans quelques figures médiatiques (Sandrine Rousseau, Caroline De Haas, Alice Coffin), elles revendiquent leur liberté d'action et de penser. Quitte à bafouer les règles de la présomption d'innocence lorsqu'il s'agit de « nommer » un prédateur sexuel présumé. Un combat assumé, revendiqué. Une soif de justice sans (la) justice. Une soif de revanche inextinguible.

La plupart ont entre 20 et 40 ans. Elles ne sont pas nées féministes. Toutes décrivent un déclic, une prise de conscience. Pauline Baron, 36 ans, porte-parole de #NousToutes, l'un des principaux collectifs féministes, évoque sa « déconstruction » : « Pendant mes études de journalisme entre 2008 et 2010, on nous a quelquefois mises en garde sur le fait d'éviter de nous retrouver seules pendant une interview avec certains hommes politiques et des médias, dont Dominique Strauss-Kahn et Nicolas Hulot, avec l'argument "qu'ils étaient des gros dragueurs et sautaient sur tout ce qui bouge". Je n'étais à l'époque pas du tout déconstruite sur ces questions, j'étais fan de ces deux hommes et je me suis dit un truc du genre "Oui bon ils draguent lourdement, mais il suffit de leur dire non. C'est normal et pas grave"[1]. » Pauline Baron raconte avoir cheminé progressivement : « Plusieurs informations, plusieurs faits ont infusé en moi et m'ont permis de me déconstruire petit à petit. L'affaire DSK en 2011, les remarques sexistes dans les rédactions quand j'ai commencé à travailler, le fait de lire puis de travailler à *Causette* (magazine féminin) qui m'ont amenée à m'intéresser de plus en plus au féminisme, à fréquenter des féministes qui parlaient de violences sexistes, d'hommes problématiques. » Aujourd'hui, elle croit à l'existence de « violences sexuelles structurelles au sein du monde politique ». Le mouvement #MeToo est passé par là : « Je suis d'une génération où l'on disait que filles et garçons étaient égaux, mais quand on se confronte à la société, ce n'est pas ça[2]. »

Très active sur les réseaux sociaux, Alice Coffin, auteure du *Génie lesbien*, confirme ce temps de « déconstruction » nécessaire : « Cela consiste à lutter contre les préjugés, surtout les siens. Il ne faut pas se contenter de ce que l'on nous donne à penser. Cette déconstruction est rattachée à l'exercice d'une pensée politique, qui va de Kant et son mouvement des Lumières[3] à Jacques Derrida[4]. Il faut rester humble. Je suis moi-même encore pleine de sexisme[5]. » Fatima Benomar, autre militante féministe, a connu elle aussi sa période de « déconstruction ». Née au Maroc il y a quarante ans, dans un pays où l'égalité femmes-hommes n'est pas la norme, au sein d'une famille d'intellectuels progressistes, elle refait le film de son adolescence : « Je ne comprenais pas ces histoires d'héritage où tout revenait aux frères et pas aux sœurs. Pendant le ramadan, les garçons avaient le droit d'aller à la plage, pas les filles. Vers 15 ans, j'étais très cinéphile et j'avalais de grosses salves masculinistes. Les films de Pialat, Blier… Cela a pourri mon cerveau, ces représentations étaient très misogynes. Il y avait un côté distingué des violences sexistes et sexuelles. Pas un film de Pialat où une femme ne prend pas une baffe dans la figure ! Ça ne me choquait pas. Il y avait une glamourisation du patriarcat[6]. »

Arrivée en France, Fatima Benomar milite dans les milieux étudiants, notamment à l'UNEF. Au sein de ce syndicat proche de la gauche socialiste, elle est confrontée à un univers très viril. Elle y rencontre Caroline De Haas, personnage emblématique d'un féminisme sans concession, comme nous l'avons raconté au début de ce livre, qui fonde en 2009 l'association Osez le féminisme !

Les réseaux se croisent et s'entrecroisent. En 2012, Fatima Benomar crée sa propre structure, Les Effrontées. Avec le Groupe F (nouvelle structure fondée par Caroline De Haas), elle fait irruption dans les locaux de l'Ordre des médecins pour protester contre un appel à la grève des IVG : « Après être passée par le

Parti de gauche (PG), j'ai eu besoin de recréer un environnement militant. Beaucoup de camarades du PG sont venues avec moi. » Le Groupe F finit par disparaître façon 2.0 (il ferme sa page Facebook). Selon le principe des vases communicants, les militantes du Groupe F basculent vers un nouveau collectif créé par Caroline De Haas en juillet 2018, #NousToutes. Changement de nom, mais même combat ! Le collectif est reconnaissable à son fond violet, « la couleur de la lutte féministe ». L'ambition est de créer cette fois-ci un vrai « mouvement de masse » quitte à éviter curieusement les sujets qui fâchent. « Elle ne voulait pas aller sur des terrains glissants comme la prostitution, le féminisme pro-sexe ou le voile », raconte une militante. « Tout est très décentralisé[7] », expose Pauline Baron, l'une des porte-parole. Le collectif #NousToutes qui se dit « a-partisan » est soutenu par quatre-vingts associations, organisations syndicales et politiques (principalement de gauche).

Dans le sillage du mouvement #MeToo, des milliers de femmes, souvent jeunes, séduites par le caractère hors-système du collectif, se joignent aux marches organisées une fois par an. Parmi les slogans : « Ras le viol », « Je te crois, tu n'y es pour rien », « Non, c'est non »... Yuna Miralles, enseignante, rejoint ce mouvement lors d'une manifestation en 2018 : « Je ne m'étais jusqu'alors jamais sentie légitime pour rejoindre un groupe. En tant que personne qui subissait le sexisme, je ne me reconnaissais pas dans les partis ou les syndicats. Là j'ai trouvé un cadre flexible, sans la rigidité qui peut effrayer, avec la possibilité d'agir tout de suite et en ayant un projet politique : monter le niveau de conscience féministe[8]. » Comme beaucoup de ces néomilitantes, Yuna Miralles trouve une communauté qui partage ses opinions, où domination de classe et société patriarcale vont de pair. Âgée de 36 ans, elle est tombée dans la marmite féministe lorsqu'elle était petite. Ses parents étaient militants syndicaux : « Ma mère et ma tante étaient féministes, mon père un allié dans cette émancipation. J'ai d'abord vécu le féminisme de manière intime et personnelle avant de le vivre comme un mouvement politique. » Elle intègre l'état-major de #NousToutes et participe à l'organisation de la « grande marche » du 23 novembre 2019. Le mouvement revendique d'avoir mis dans la rue plus de 150 000 personnes avec en tête de cortège Muriel Robin, Julie Gayet, Clémentine Autain et Najat Vallaud-Belkacem. Deux ans avant, elles étaient un petit millier à piétiner dans Paris.

En novembre 2021, Caroline De Haas quitte le mouvement « afin de laisser la place à une nouvelle génération de femmes ». La nature (féministe) a horreur du vide. Telles des poupées gigognes, un nouveau collectif naît en septembre 2022 dans le giron de #NousToutes : #RelèveFéministe. « Au départ une simple boucle sur la messagerie Telegram de 130 personnes, raconte Fatima Benomar, essentiellement des militantes encartées à gauche qui ont envie de parler du sexisme en politique. » Dans une tribune, publiée dans *Libération* le 20 septembre 2022, ces féministes énoncent leur profession de foi : « Aux masculinistes et à leurs allié·e·s, aux complices et ceux qui se taisent, nous disons que l'heure de l'impunité et de la toute-puissance est révolue. »

L'une des raisons d'être de l'association est la gestion du cas du député de La France insoumise (LFI) Adrien Quatennens, condamné à quatre mois de prison avec sursis pour violence conjugale. Suspendu pendant quatre mois par LFI, il est revenu dès janvier 2023 à l'Assemblée nationale (comme non inscrit) avec la bénédiction de Jean-Luc Mélenchon. Un crime de lèse-féminisme. Pour les militantes des « insoumis » – elles sont nombreuses à avoir rejoint le mouvement ! – la pilule est amère. Beaucoup trouvent dans ce nouvel engagement le moyen de dire tout haut ce qu'elles ne peuvent (veulent) pas dire au sein du parti : elles demandent l'exclusion du député du Nord. « Agresseurs hors de nos rangs. #Quatennensdémission[9] », annonce l'un des messages postés sur leur compte. Le même collectif a revendiqué le collage de plusieurs banderoles au siège de LFI : « Quatennens prends tes cliques et ta claque. » Ces militantes donnent parfois l'impression de vivre en zone de guerre et prônent l'autodéfense pour « survivre en milieu militant » : « La force sororale est là, [...] on s'alerte entre nous sur l'identité des agresseurs et de leurs allié·e·s jusque dans nos rangs[10]. »

#RelèveFéministe est également à l'origine de l'affaire Julien Bayou. Le député écologiste est accusé de « violences psychologiques » par son ex-compagne : « On a décidé de faire une action sur les réseaux sociaux, poursuit Yuna Miralles. Un outil que l'on utilise contre nous mais qui est aussi un espace pour s'exprimer. » Le collectif a organisé une campagne de collage sur le siège des Verts à Paris pendant le congrès qui a désigné Marine Tondelier à la tête du mouvement. « Le privé est politique » ou encore « Bayou imposture féministe ». La direction a déposé une main courante. Liberticide selon les auteurs ! Pour ne pas perdre la main ni le contact avec sa base, Sandrine Rousseau s'est fendue d'un tweet pour condamner la réaction de son parti qui a lui-même dû expliquer qu'il s'agissait du seul moyen d'obtenir une prise en charge par l'assurance des travaux nécessaires en raison des dégâts occasionnés.

Les « insoumis » et les Verts sont-ils débordés par les ultras ? « La politique marche avec des symboles, commente Clémentine Autain, députée “insoumise”. Je sens une radicalité qui pousse. J’essaye de défendre une gradation des sanctions mais ce n’est pas compris. C’est très générationnel[11]. » Une vingtaine de groupes de jeunes « insoumis » ont décrété une grève militante pour protester contre le retour d’Adrien Quatennens à l’Assemblée. « Trahison » et « amertume » écrivent les jeunes insoumis·es de Poitiers. « On nous a promis un monde meilleur où les femmes victimes de violence entendraient un “Je te crois” », poursuivent les « insoumis » de Valenciennes. « À la place, nous sommes de retour à l’ancienne méthode, celle qui protège les agresseurs[12]. » Une implosion du parti de Jean-Luc Mélenchon qui s’était pourtant organisé à l’origine pour avoir une forte légitimité sur la question féministe est-elle à venir ?

Au sein de cette mouvance, la communauté lesbienne joue un rôle non négligeable. La figure la plus connue, Alice Coffin, qui a pour modèle Gisèle Halimi, avocate engagée, est devenue conseillère municipale verte mais reste fondamentalement une activiste. « Elle aime le coup de force, la seule différence avec sa vie d’avant c’est que désormais Alice est payée, sourit une de ses amies proches, elle n’est pas intéressée par le fric ou les honneurs, mais il faut bien vivre. »

« Si elle n’était pas lesbienne, elle ne porterait pas les mêmes combats », souligne une militante. Mathilde Viot, engagée contre les violences sexuelles, confirme le rôle d’aiguillon de la communauté lesbienne dans ce combat « contre le patriarcat » : « On a moins peur que les autres, on a déjà perdu beaucoup, parfois notre propre famille. Nous avons une tradition d’activisme. Toute une génération a été formée à Act Up[13]. » Historiquement, le Mouvement de libération des femmes (MLF) comptait dans ses rangs beaucoup de lesbiennes (notamment à travers le mouvement des « Gouines rouges »). Yuna Miralles : « Dans nos relations intimes, nous nous détachons du regard masculin, cela permet de critiquer en toute liberté, de voir les défauts, de contester ce qui est la norme. On ne relationne [*sic*] plus avec les hommes, on ne leur doit plus rien. Nous nous réunissons en communauté. Nous nous sommes libérées d'un attachement aux hommes, cela nous donne une force pour soutenir les femmes qui doivent encore vivre cela. Nous n'avons d'autre choix que celui de la radicalité car en tant que femmes et lesbiennes, nous vivons doublement l'oppression. » Emmanuelle Pierre-Marie, maire écologiste du XIIe arrondissement de Paris et féministe, nuance : « Chacun apporte sa pierre. Ça fait partie d'une même planète. Peut-être les lesbiennes ont-elles un besoin d'exprimer ce combat plus fortement, pour elles c'est une question de survie. »

Cette nouvelle génération jusqu'au-boutiste ne fait pas l'unanimité, c'est un euphémisme, au sein même des féministes les plus convaincues : « Où va #RelèveFéministe ? demande Rosalie Salaün-Gourlaouen, ex-membre de la commission féminisme des Verts. Elles sont dans la dénonciation et uniquement cela. Ce n'est pas la société dans laquelle j'ai envie de vivre. Il faut rentrer dans des discussions stratégiques avec les partis[14]. » Pour compléter le tableau très mouvant des collectifs, il faut ajouter #BalanceTonElu créé en juillet 2020 qui présente sur Instagram une série de « portraits » et un « décryptage des mécanismes de la violence sexiste et sexuelle en politique ». On y retrouve Julien Bayou, Jean-Michel Baylet, Nicolas Hulot, Gérald Darmanin… Quel est l'impact de ces collectifs ? « On sent beaucoup d'enthousiasme chez les jeunes, mais il y a aussi une population qui ne se sent pas concernée », relève Pauline Baron. Pour Marie Dosé, avocate (notamment de Julien Bayou), ces collectifs représentent « un petit microcosme » : « Ils sont sur le registre de l'émotion, utilisent plus vite et plus fort les outils de communication. C'est outrancier et fascisant. Cela nourrit la bêtise et la souffrance[15]. »

Au sein de cette nébuleuse, nombre de militantes ne se reconnaissent dans aucune structure, ni même aucun collectif. Comme Anaïg, féministe qui a milité chez les Verts avant de s'éloigner du parti : « Trop de politique politicienne, de supposée loyauté envers les uns ou les autres[16]. » Sa « déconstruction » a commencé très tôt : « Je suis un bébé Virginie Despentes. J'ai volé *Baise-moi* dans la bibliothèque de ma mère alors que j'avais 11 ans. Elle était féministe et indépendante. J'ai été influencée très tôt, j'ai participé à des groupes informels pour exprimer mon rapport au sexe libre, au féminisme pro-sexe et intersectionnel. Osez le féminisme !, c'est vieux jeu et abolitionniste, représentatif du féminisme blanc. Je veux garder ma liberté. » Anaïg assure se remettre en question « grâce à Twitter et aux livres » : « Je comble tous les vides que j'ai dans ma pensée, les biais sexistes ou grossophobes par exemple, les préjugés. C'est comme la gymnastique, plus on fait d'exercice, plus on devient souple. Je n'ai pas d'idoles. Elles finissent toutes par nous décevoir. »

Une poignée de militantes derrière un téléphone portable est aujourd'hui plus puissante qu'une organisation politique. Elles peuvent en 280 signes signer l'arrêt de mort d'un homme politique. Vertigineux. Voire dangereux. Le principe aussi simple qu'un slogan : « Je te crois [...] tu n'y es pour rien, c'est lui le coupable[17]. » La victime devient sacralisée. Un principe assumé par les néoféministes. Des hommes otages de l'histoire et des réseaux sociaux. « Dire qu'un élu doit démissionner, ça ne veut pas dire que l'on ne respecte pas la présomption d'innocence, ose Pauline Baron. On parle de responsabilité politique. Un homme accusé de violences sexuelles, surtout dans un parti qui prétend être féministe, ne peut pas rester. Ce sont des hommes qui occupent des postes stratégiques, qui votent des lois. Il y a une question d'exemplarité. On ne se substitue pas à la justice. Notre combat, ce sont les violences structurelles et systémiques. Notre credo, c'est que l'on croit les femmes. »

II.

LES RÉSISTANCES DU VIEUX MONDE

Comment le système « patriarcal » se piège lui-même. La classe politique peine à se mettre en phase avec la « libération de la parole ». L'hypocrisie des partis. Par bonne conscience et calculs électoraux, ils embrassent la cause des femmes qui les embarrasse.

8.

Les Chandelles, liaisons dangereuses ?

Dans le monde de la nuit parisienne, on a une idée assez vague de ce qu'est MeToo. Pourtant ceux qui l'animent doivent eux aussi s'adapter. En ce moment justement, une page va se tourner. Valérie Hervo, fondatrice et patronne des Chandelles, club libertin « chic » situé dans le quartier de l'Opéra (Paris Ier arrondissement), s'apprête à passer la main. Trente ans de bons et soyeux services. Son établissement est devenu un passage obligé pour une élite qui aime s'encanailler, vibrer, déshabiller (du regard et pas seulement). Parmi les VIP, des intellectuels, des artistes, des journalistes, des magnats de la finance, des magistrats, des avocats, des sportifs, des vedettes de la télévision et des hommes politiques « de tout bord ». Rien d'étonnant. L'endroit est propice aux rituels de la séduction et de la frivolité ; *Sexus politicus* n'est pas insensible aux plaisirs charnels. Avec l'érotisme en plus et une part de transgression.

En mai 2021, l'ineffable Jean Lassalle, député du Béarn, se plaît à rappeler à l'Assemblée nationale que les clubs libertins constituent un terrain de jeu prisé par ses collègues (il intervenait lors d'un débat sur la réouverture des discothèques pendant le confinement) : « Les plus anciens d'entre nous savent que les lieux d'échangisme, de libre-échangisme sont restés ouverts durant tout le confinement, hasarde-t-il. Nombre de nos collègues y avaient leurs habitudes dans des mandats précédents. » Il ajoute : « Et je ne compte même pas les ministres ! » À la suite de cette intervention, Jean Lassalle assure avoir été invité à plusieurs reprises par des patrons du club libertin où il dit n'avoir jamais mis les pieds : « L'un des gérants m'a confirmé qu'il voyait régulièrement des ministres s'en donner à cœur joie et que ce que je disais était en dessous de la vérité[1]. » Les frissons de l'amour multiple. Fin 2020, un eurodéputé conservateur hongrois a été interpellé alors qu'il s'enfuyait d'une fête à l'étage d'un bar à Bruxelles où vingt-cinq hommes nus ont été découverts. Facteur aggravant : cette soirée libertine gay était organisée pendant le confinement. L'intéressé a démissionné. Après trois décennies au service du plaisir, Valérie Hervo se voit couler des jours paisibles en Sologne où elle a ouvert un cabinet de thérapeute pour couples et adultes : « Il est temps que je vive ma vie avant de penser au plaisir des autres[2]. »

L'établissement se targue de perpétuer depuis les années 90 « le libertinage du siècle des Lumières ». Une longue tradition. Au XVIIIe siècle, à la faveur de la Régence, en rupture avec les contraintes religieuses, les aristocrates s'étaient arrogé le droit de se placer au-dessus de la règle commune et de contrevenir à l'ordre moral. Le libertin ne désignait pas seulement Philippe d'Orléans, adepte de parties fines, ou le duc de Richelieu, amateur d'amours multiples. Mais aussi celui et celle qui « cherchent le bonheur et un espace de liberté[3] ». Selon la volonté de sa patronne, point de femme-objet ni d'esclave sexuelle aux Chandelles. Une séduction d'égal(e) à égal(e). L'établissement se vante d'être un lieu sophistiqué où « cul et QI font l'amour ». Aux Chandelles, après avoir franchi le bar et son charme raffiné, la piste de danse et ses miroirs, les habitué(e)s comme les novices apprécient les alcôves « propices aux jeux de séduction comme aux suggestions alanguies[4] ». Une mise à nu, à vue, entre initiés, parfois dissimulés derrière des masques vénitiens. Sur les cinq cents clubs libertins répertoriés en France, les Chandelles occupent une place à part. « J'ai toujours fait en sorte de recevoir des gens élégants, socialement CSP ++, poursuit Valérie Hervo. Des gens qui ont des responsabilités, juges, avocats ou politiques. » L'endroit a connu rapidement le succès. Thierry Ardisson, l'homme en noir des nuits parisiennes, en a fait la publicité dans ses émissions. La réputation des soirées à thèmes (« Eyes wide shut » ou « Emmanuelle ») n'est plus à faire. On s'y connaît et reconnaît.

Valérie Hervo doit aussi son succès à sa discrétion légendaire. Ses confidences sont rares, en particulier en ce qui concerne sa clientèle. Mais un jour il y a eu un incident : la fréquentation des lieux par Dominique Strauss-Kahn a filtré dans la presse. En juillet 2003, *Le Nouvel Observateur* est le premier à l'évoquer à mots à peine couverts. L'hebdomadaire publie un encadré titré « Le ministre est là » dans le cadre d'un dossier sur l'échangisme. Son nom n'est pas cité, mais le Tout-Paris reconnaît le ministre socialiste. L'homme est un digne successeur de Casanova. Le journaliste, en immersion périlleuse, écrit : « Deux femmes l'accompagnent, jeunes, grandes et minces. “Il fait plus gros qu'à la télé, tu ne trouves pas ?” Son sourire est presque électoral. Il entre dans le salon, serre quelques mains, l'habitude sans doute. » L'invité du soir passe rapidement à l'action : « Aussitôt, c'est la ruée. Les énergies trop longtemps prisonnières se libèrent, et ces dames se précipitent. La République va-t-elle être en deuil par étouffement ? Mais non. Le malheureux un temps débordé maîtrise vite la situation. » DSK semble incarner l'adage d'Henry Kissinger, conseiller diplomatique du président américain Richard Nixon : « Le pouvoir est l'aphrodisiaque absolu. » L'ex-patron du FMI faisait apparemment des ravages sur les banquettes des Chandelles et avait ses groupies : « Le pouvoir crée un effet pervers, raconte Valérie Hervo. Pour certains, dire "j'ai fait l'amour avec un tel", ça donne l'impression d'avoir touché le Graal. Les clientes se plaignaient auprès de moi car DSK ne s'était pas occupé d'elles. » L'histoire a montré que l'ex-candidat à la présidentielle avait peut-être manqué de self-(sexe) contrôle et confondu l'empressement des unes et le non-consentement des autres. Une femme de ménage du Sofitel n'est pas une galante d'un boudoir parisien.

La vie des Chandelles ressemble à un long fleuve du désir presque tranquille. Une alerte, une seule, laisse encore aujourd'hui Valérie Hervo très en colère. Fin 2011, huit ans après l'ouverture du club, une enquête pour « proxénétisme en bande organisée » est ouverte par la Brigade de répression du proxénétisme (BRP), autrement appelée la Mondaine. Les enquêteurs soupçonnent qu'un réseau sévit au sein du club. Pour accéder à l'antre de l'échangisme, il faut être obligatoirement accompagné. Pour faciliter la tâche des hommes sans partenaire féminine, le réseau mettrait à disposition des escort-girls moyennant rémunération. Par qui ? Comment ? À quel tarif ? Après plusieurs mois d'enquête, la Mondaine identifie un joueur de football, ex-international algérien, et deux femmes, accusés de faire travailler des prostituées. En novembre 2011, Valérie Hervo est placée en garde à vue. Les policiers la soupçonnent de complicité de proxénétisme : « Une accusation odieuse, à l'opposé de tous mes principes[5] », s'insurge-t-elle. Les policiers savent que l'opération de police peut faire tousser en haut lieu. Ils bousculent donc un peu la patronne : « Bizarre, le standard du

Quai des Orfèvres n'a pas encore explosé. Pourtant, avec les VIP qui fricotent dans votre club, c'est étonnant ! Au fait, comment se comporte DSK chez vous[6] ? » Elle ne bronche pas. À la même époque, un ministre du gouvernement Fillon a lui aussi ses habitudes dans le club libertin. Sur le plan du plaisir coquin, droite et gauche partagent les mêmes valeurs.

Début 2012, la préfecture de police de Paris, constatant l'existence d'une « activité illicite » dans l'établissement, inflige une fermeture administrative d'un mois. Une peine peu sévère eu égard à la gravité des faits reprochés. Les policiers de la BRP sont surpris. Ils estiment avoir démontré l'existence d'un réseau et ne comprennent pas cette apparente clémence : « Des filles venaient plusieurs fois par semaine avec des hommes différents. C'était assez clair. » Ils imaginent difficilement que la patronne des lieux – malgré ses dénégations – n'ait rien vu. « Même les employés ont reconnu qu'ils savaient », se souvient l'un des policiers. À la lumière de précédents dossiers concernant d'autres établissements, ils s'attendaient à six mois de fermeture, renouvelables une fois. « C'est le tarif pour des faits aussi graves », poursuit un ancien du service. Un autre club libertin parisien, Le 2plus2, a été fermé un an en 2009 pour des faits similaires.

Que s'est-il dit lors de la réunion à la préfecture de police entre Valérie Hervo et le cabinet du préfet ? Dans les couloirs de la PJ parisienne, la rumeur court que la patronne des Chandelles aurait mis en avant des « appuis politiques ». Le nom d'un élu de l'UMP est cité. Ce qu'elle dément vigoureusement : « Quelle honte ! On a subodoré que j'avais le bras très long, mais j'ai été convoquée illico presto par le préfet. Je n'étais pas concernée par ce problème de proxénétisme. J'ai trouvé la sanction extrêmement lourde. » La gérante des

Chandelles ne sera finalement pas poursuivie. Valérie Hervo reconnaît qu'elle a pu se faire « abuser » par des professionnelles mais elle plaide la bonne foi : « Ce n'est pas marqué sur le visage des filles. » Elle ajoute : « Un jour, un haut responsable politique ne s'est pas gêné pour venir avec une call-girl ! Je l'ai mis dehors. Lorsque vous représentez les électeurs, au moins vous respectez la loi ! »

Une bonne fée veille-t-elle sur l'établissement parisien ? Une chose est sûre : Valérie Hervo a un solide carnet d'adresses, toutes professions confondues. Des hommes politiques ont descendu les marches qui mènent aux Chandelles, même si cette clientèle semble se faire plus rare : « Avec les réseaux sociaux, ça devient compliqué. Les gens n'osent plus sortir », commente la patronne des lieux.

Après le confinement, en juin 2021, Valérie Hervo est inquiète. Elle peine à récupérer son autorisation d'ouverture de nuit (de 2 heures à 5 heures du matin). La décision est du ressort de la préfecture de police de Paris. Elle s'impatiente. Qui appeler ? Valérie Hervo saisit son téléphone et contacte le cabinet du ministre de l'Intérieur. À son interlocuteur, elle explique l'objet de son appel et n'aurait pas caché connaître le ministre. Le conseiller avec qui elle discute comprend que cette démarche est délicate. Dans le contexte du dossier judiciaire visant Gérald Darmanin – accusé de viol par une ancienne escort-girl après une soirée commencée aux Chandelles en 2009 –, cela ferait mauvais genre. « Ils étaient très embêtés à Beauvau, sourit un observateur. Ce coup de fil tombait très mal. » Valérie Hervo confirme avoir appelé le cabinet du ministre de l'Intérieur, mais assure l'avoir fait au nom de l'ensemble des établissements de nuit : « Le préfet avait décidé de ne pas permettre la réouverture. Il avait peur d'une remontée du Covid. J'ai remué tout ce que je pouvais remuer.

Quand j'ai contacté le cabinet, je n'ai pas agi pour moi, j'ai agi pour l'ensemble des exploitants », assure-t-elle. Avec quel résultat ? « Ils ont fait le nécessaire, répond-elle. Le cabinet de Darmanin s'en est inquiété et a essayé de comprendre pourquoi c'était bloqué sur le bureau du préfet. » L'autorisation d'ouverture nocturne a finalement été accordée aux Chandelles. « En réalité, il s'agissait d'un simple retard administratif, explique un cadre. Il n'était pas utile de s'agiter autant. » Le cabinet du ministre ne fait, lui, sur le sujet aucun commentaire.

Valérie Hervo précise qu'elle considère Gérald Darmanin comme un « ami » : « J'ai eu l'occasion de parler avec lui après ce coup de fil pour lui expliquer le bordel que cela avait été », souligne-t-elle. Leur amitié est ancienne : « Lorsqu'il était plus jeune, nous habitions le même quartier. On se voyait, on prenait un café… nous avions le même coiffeur. » Valérie Hervo raconte également que le ministre de l'Intérieur est l'une de ses rares relations à lui avoir donné un conseil intelligent : « "Va déposer plainte contre ton mari !" car celui-ci me maltraitait. » Gérald Darmanin était alors simple militant de l'UMP et conseiller municipal de Tourcoing. »

Il y a des amies plus embarrassantes que d'autres.

9.

Kompromat à la française

L'événement a attiré un groupe d'amateurs d'art alternatif. Le 11 octobre 2022, à Londres, dans le quartier populaire de Kennington, au sud de la capitale anglaise, les visiteurs se retrouvent à la galerie d'art Bacon Factory pour le vernissage de l'exposition intitulée *Pornopolitics and other precedents*. L'événement est sponsorisé par une chaîne de télévision pornographique. Son auteur : Piotr Pavlenski, artiste russe, réfugié politique en France. Sur l'un des murs blanc immaculé, un tableau retient l'attention. Un plan serré d'un sexe en érection, aux couleurs vives, sur lequel l'auteur a plaqué des effets « artistiques ». Cette « œuvre » est extraite d'une vidéo qui a créé le scandale deux ans plus tôt. La bande-annonce de l'exposition, visible sur Twitter, fait clairement référence au « *Paris mayoral candidate* » (candidat à la mairie de Paris). Un lien direct avec l'affaire qui a stoppé dans son élan Benjamin Griveaux, candidat aux élections municipales à Paris.

Piotr Pavlenski avait revendiqué à l'époque la publication de cette vidéo, celle où l'on aperçoit un homme qui se filme avec un téléphone en train de se masturber. Bien que son visage n'apparaisse pas, il avait désigné Benjamin Griveaux. Dans le catalogue de l'exposition, un historien de l'art, Julian Stallabrass, justifie l'acte de Piotr Pavlenski : « La violation du droit à la vie privée de Griveaux est une mise à nu de ce qui est généralement caché, exposant le lien entre toute hiérarchie politique et les bénéfices du sexe. » Et de faire le parallèle entre l'affaire Griveaux et la mise en cause de ministres britanniques conservateurs sous l'ère de John Major, soupçonnés d'avoir eu des relations sexuelles hors mariage : « Il a joué le rôle de révélateur comme un tabloïd. » L'événement a duré près de trois mois. Des centaines de visiteurs ont déambulé – probablement sans le savoir – devant un tableau représentant la partie intime d'un ancien ministre français. Le fruit d'un remake digne des *Diaboliques*. Au cœur de l'opération, un réfugié russe à l'oreille coupée, une étudiante séduisante et un avocat exalté.

Paradoxalement, l'abandon du candidat, annoncé lors d'une déclaration à l'AFP le 14 février 2020, donnera un retentissement encore plus fort à la *sextape*. La presse, informée rapidement de son existence, avait plutôt pris le parti de ne pas en faire état. Sur ce sujet, elle est plus prude que les tabloïds britanniques. Derrière cette diffusion, qu'y a-t-il vraiment ? Une version numérique des kompromat, ces pièges visant à éliminer des opposants dont le KGB, s'était fait une spécialité ? Le pouvoir russe qui avait déjà été accusé d'avoir piraté des mails du candidat Macron serait-il à la manœuvre ? La diffusion massive d'une vidéo à caractère sexuel a un nom : *revenge porn*. Il touche très majoritairement des femmes qui retrouvent sans leur consentement des images intimes sur les réseaux sociaux. Certaines, poussées à bout, se sont suicidées. Pour la première fois, le phénomène vise un homme politique, de surcroît connu. Une radicalité inédite. Le nouveau monde confronté à un vieux mode de déstabilisation avec des armes inédites.

Benjamin Griveaux dépose plainte. Il déclare aux

enquêteurs qu'il ne connaît pas l'artiste russe mais qu'il a entretenu une relation avec sa compagne, Alexandra de Taddeo. Il l'a rencontrée sur Instagram en mai 2018, alors qu'il était porte-parole du gouvernement, puis ils ont échangé sur Messenger et Facebook. Ils ne se sont vus qu'une seule fois. Au cours de ces échanges, il a envoyé « cinq ou six vidéos » dont deux qui ont été diffusées.

Lors de son audition en garde à vue, Alexandra de Taddeo a du mal à expliquer pourquoi elle a conservé ces images pendant un an et demi, date de sa rencontre avec l'ex-porte-parole du gouvernement : « Je les ai stockées car principalement je n'identifiais pas Benjamin Griveaux comme quelqu'un de courageux et sincère et je voulais garder les preuves de sa sollicitation. [...] Malgré toute cette affaire, je ne regrette rien. » Elle assure avoir informé Piotr Pavlenski de sa liaison avec Benjamin Griveaux mais conteste toute implication dans la diffusion des vidéos.

Les enquêteurs ont tenté de remonter le fil de ce piège sexuel et de son financement. Grâce à une étude minutieuse de l'arrière-plan de l'une des vidéos diffusées sur le site Pornopolitics, ils pensent savoir où et par qui les images ont été montées. Ils ont repéré un « carrelage beige avec une barre de seuil en aluminium » qui – après déplacement des policiers – correspond au sol d'un amphithéâtre de la Sorbonne. La même analyse permet de les dater du 28 janvier 2020, jour où Juan Branco donnait une conférence... à la Sorbonne en présence de Pavlenski et de Taddeo. Branco, un jeune avocat, défenseur de Julian Assange et ennemi déclaré de la Macronie. Pour les enquêteurs, le crime serait signé. Le trio a refusé de répondre aux questions précises. Une association baptisée Mother a été déclarée comme propriétaire du site Pornopolitics : Alexandra de Taddeo en est la principale donatrice, ainsi qu'un homme d'affaires israélien d'origine russe, un galeriste d'art italien et un universitaire.

Benjamin Griveaux, porte-parole du gouvernement, s'est souvenu qu'il avait refusé que les journalistes de la chaîne Russia Today soient présents dans la salle de presse de l'Élysée. Un règlement de comptes ? Interrogée par la police, Xenia Fedorova, directrice de Russia Today France, a démenti tout lien avec Pavlenski et Juan Branco qu'elle qualifie respectivement de « dérangé » et de « paranoïaque ». Les services de renseignement n'ont pas établi de liens entre Pavlenski et le régime de Poutine, dont il est censé être un opposant farouche. Benjamin Griveaux considère néanmoins avoir été victime d'une « opération de déstabilisation politique à travers la violation de son intimité ». Pavlenski revendique, lui, une opération « artistique » !

« Un kompromat politique reste une lecture possible, avance prudemment Richard Malka, avocat de Benjamin Griveaux. Le parcours de Pavlenski est très étrange. Il est quand même rare qu'un homme qui met le feu au siège de l'ex-KGB, accusé de viol... soit condamné à quelques mois de prison et puisse repartir tranquillement. Mais il n'y a aucun élément objectif pour le dire[1]. » Selon maître Malka, les dégâts sont surtout humains : « Le préjudice est colossal. On peut difficilement faire pire, souligne-t-il. C'est une violation de la vie privée avec potentiellement une destruction de sa vie professionnelle, sociale et d'être humain. » Juan Branco, entendu comme témoin assisté, n'a finalement pas été poursuivi faute de preuve formelle de son implication. L'avocat a toujours affirmé être resté dans un rôle de conseil. Pavlenski et Taddeo, eux, ont été convoqués en juin 2023 devant le tribunal judiciaire de Paris et bénéficient de la présomption d'innocence.

Si cette affaire est la plus retentissante, elle n'est pas la seule. Les maîtres chanteurs se sentent pousser des ailes avec la puissance des réseaux sociaux. Un phénomène contagieux dans le moindre recoin de France. Le maire de Bourg-Charente victime d'un chantage à la vidéo porno, l'ancien député-maire de Limoux qui accuse son ex-maîtresse d'avoir diffusé des vidéos intimes sur YouTube, le maire d'une ville de Seine-Maritime piégé par un escroc qu'il croyait être une femme… les édiles à la libido vigoureuse sont des proies faciles. L'affaire de la *sextape* de Saint-Étienne – où le maire, Gaël Perdriau (LR), son directeur de cabinet Pierre Gautieri et l'adjoint à l'éducation, Samy Kéfi-Jérôme, sont accusés d'avoir fait du chantage à la *sextape* sur le premier adjoint Gilles Artigues – pourrait faire sourire si elle n'était pas un obscur traquenard politico-sexuel à multiples tiroirs. Gilles Artigues – filmé à son insu dans une chambre d'hôtel fin 2014 avec un escort-boy – se trouve être un démocrate-chrétien aux valeurs plutôt conservatrices sur le mariage homosexuel et un rival du maire. Ce kompromat à la sauce stéphanoise a été dénoncé par l'ex-conjoint de Samy Kéfi-Jérôme, Gilles Rossary-Lenglet, qui assure que le but de l'opération était de « tuer politiquement » le premier adjoint. Le maire, Gaël Perdriau, crie au complot : après s'être proclamé candidat à la présidence du parti Les Républicains (ce que les députés locaux LR disent ignorer), il a assuré avoir été victime d'un coup monté par Laurent Wauquiez*.

La vengeance politique (ou non) est un plat qui se mange froid. La vidéo tournée en 2014 a ressurgi huit ans plus tard. Huit ans pendant lesquels elle aurait

* Gaël Perdriau a été mis en examen pour « chantage, soustraction et détournement de fonds publics par un dépositaire de l'autorité publique », le 6 avril 2023.

permis de priver le premier adjoint de toute ambition politique. Cette affaire s'est accompagnée d'une joute judiciaire entre avocats pour empêcher la publication d'un enregistrement audio par Mediapart qui a révélé l'affaire[2]. Sur cette bande, faite dans le bureau du maire en présence de son directeur de cabinet et de son ex-premier adjoint, le maire accuse, sans la moindre preuve, Laurent Wauquiez, président de la Région Auvergne-Rhône-Alpes, d'être un pédocriminel. Christophe Ingrain, avocat du maire, s'est opposé à cette diffusion, invoquant la violation de la vie privée. Un premier juge, statuant de manière unilatérale, lui a donné dans un premier temps raison, avant de revenir sur sa décision sur recours de Mediapart.

Les pièges sexuels sont une tradition française qui existait déjà au XVIIIe siècle où les libelles pornographiques visaient la cour du roi. La comtesse du Barry, maîtresse de Louis XV, a fait l'objet de chansons grivoises et de pamphlets la décrivant comme une femme aux mœurs légères. Les historiens y ont vu la main du clan de Choiseul, secrétaire d'État aux Affaires étrangères, alors en disgrâce royale.

Au début du XXe siècle, *Le Figaro* publia les lettres de Joseph Caillaux, ministre des Finances, échangées avec son épouse alors qu'elle n'était encore que sa maîtresse. L'histoire s'est mal finie. Le directeur du quotidien, qui menait campagne contre la politique du ministre, a été abattu dans son bureau par l'épouse humiliée. Dans les années 60, l'affaire Markovic – du nom d'un voyou yougoslave retrouvé mort – défraya la chronique. Georges Pompidou était en passe de succéder au Général. La rumeur enfla : Mme Pompidou aurait participé à des parties fines, photos à l'appui. Les gaullistes ne firent rien pour la stopper. Pompidou aurait gardé jusqu'à sa mort une liste sur laquelle figuraient les noms de ceux qui s'étaient mal comportés à son égard.

En 1982, l'affaire des ballets bleus du Coral (centre autogéré accueillant enfants et jeunes adultes en difficulté où se seraient déroulés des actes de pédophilie) visa Jack Lang, ministre de la Culture, à partir d'un procès-verbal trafiqué. Pendant la campagne de 1995, les chiraquiens ont fait circuler des rumeurs sur Édouard Balladur, alors Premier ministre, qui « apprécie un peu trop son directeur de cabinet ». En 2002, Jacques Chirac, président de la République, est soupçonné d'avoir un fils caché au Japon. Le tout sur fond de complot ourdi par la DGSE, les services secrets extérieurs français. Un magistrat classé à gauche en poste à la DGSE aurait transmis un rapport à ce sujet au directeur du service, lui aussi orienté à gauche. Un complot, selon l'Élysée.

En 2004, Dominique Ambiel, conseiller de Jean-Pierre Raffarin, Premier ministre, surpris dans sa voiture avec une prostituée roumaine, soupçonne le clan Villepin (alors ministre de l'Intérieur) d'avoir fait fuiter l'information. L'affaire Baudis, ex-député-maire de Toulouse, reste un autre exemple douloureux de manipulation médiatico-judiciaire. Son nom est cité dans des soirées maso, il est mis en cause pour viols sur mineurs avant d'être totalement blanchi. L'affaire est suivie de près par *La Dépêche du Midi*, dirigée par Jean-Michel Baylet, son ennemi politique. Au cours de l'été 2005, sur un mode plus léger, une rumeur vise Lionel Jospin en vacances sur l'île de Ré qui aurait une liaison avec une actrice. L'État a longtemps eu la manie du voyeurisme. Un coffre-fort de la Mondaine à Paris renfermait nombre de notes sur les anecdotes scandaleuses de la vie parisienne. Le patron des Renseignement généraux de 1992 à 2004, Yves Bertrand, notait dans son carnet tous les ragots que lui rapportaient ses informateurs.

Officiellement, cette période est totalement révolue.

10.

Ministres sous (hautes) pressions

Derrière les grilles de la place Beauvau, ministère du mouvement, des crises et de l'urgence, un seul être paraît immuable : l'huissier qui emmène les visiteurs aux rendez-vous pris auprès des conseillers du ministre de l'Intérieur. Depuis vingt ans, il en a connu une bonne dizaine au tempérament bien différent. Le nerveux Sarkozy, l'ombrageux Villepin, l'éphémère Hortefeux, l'impénétrable Guéant, l'ambitieux Valls et… l'énigmatique Gérald Darmanin. Il est le premier ministre de l'Intérieur à avoir été renouvelé à ce poste après une élection présidentielle. Un signe de confiance de l'Élysée. Emmanuel Macron sait se souvenir que Gérald Darmanin (avec Édouard Philippe) a largement contribué à son succès en 2017 en emmenant dans son sillage une centaine de députés LR après avoir « trahi » sa famille politique. Depuis quatre ans, le natif de Valenciennes (Nord) tente d'imprimer sa marque au sein d'un ministère régalien, où il faut de la poigne et du tact, caresser les policiers dans le sens des syndicats et flatter l'opinion en mal d'autorité. On lui reproche d'être une pâle copie de son modèle politique, Nicolas Sarkozy, ses formules un rien naïves (« on est méchant avec les délinquants, mais gentil avec les gentils ») et de courir après l'extrême droite sans (vraiment) le dire. Mais il fait partie des rares ministres identifiés du gouvernement. Selon un sondage de décembre 2022, il ne récolte qu'une cote de popularité de 40 % (contre 56 % pour Bruno Le Maire)[1]. Autrement dit, six Français sur dix le rejettent. Sa popularité est particulièrement faible chez les jeunes internautes et les femmes. Pour celui qui ne rêve pas de l'élection présidentielle en se rasant, mais qui se voit « continuer à faire de la politique à haut niveau[2] », la question du plafond de verre se pose : peut-il aller plus loin ? L'accusation de viol le visant – une plainte a été déposée au printemps 2017 par Sophie Patterson – va-t-elle laisser une tache indélébile* ? Ce rejet des femmes lui barre-t-il l'accession au pouvoir suprême ? Gérald Darmanin a-t-il un rapport problématique à la gent féminine ? Est-ce un élément de vulnérabilité ? Une certitude : le ministre a vécu pendant des mois la peur au ventre. Celle de se voir interpellé dans la rue, lors de manifestations. « Cela a été très dur, confie son entourage. Il a été atteint. » Pendant des mois, il a été un ministre assiégé… de l'Intérieur.

Le 10 juillet 2020, un millier de personnes manifestent à Paris devant l'Hôtel de Ville de Paris contre sa nomination place Beauvau. Mais aussi contre celle d'Éric Dupond-Moretti, comme ministre de la Justice. L'ancien ténor du barreau, qui n'a jamais caché sa réserve à l'égard du mouvement #MeToo (« Il y a aussi des follasses qui racontent des conneries[3] »), est soupçonné de comportements sexistes. Gérald Darmanin vit alors sous pression. Comme l'atteste une vidéo devenue virale où le collectif Ibiza[4], qui se présente comme un « groupe de jeunes militant.e.s écolo », interpelle le ministre de l'Intérieur venu soutenir à Versailles un candidat à une élection partielle. L'un des membres s'approche du ministre afin

* Cette procédure a été classée sans suite.

de le « remercier pour [son] action sur les violences faites aux femmes » : « Moi, je fais comme vous, dit-il avant de lâcher une blague grossière. – C'est diffamant, je vais vous attaquer en justice », répond le ministre, le visage blême, entouré par ses officiers de sécurité. Le même jour, un autre militant se fait prendre en photo avec le ministre en arborant un tee-shirt « Darmanin, ça va bien se passer, l'immunité en marche ». Une référence à une phrase malheureuse prononcée lors de l'interview. Les policiers assistent médusés à l'humiliation publique.

Fébriles, les autorités n'hésitent pas à mobiliser les grands moyens pour tenter d'éviter tout incident. Parfois avec zèle. Lors d'un déplacement à Nice le 9 décembre 2020, la vitrine de la librairie indépendante Les Parleuses est recouverte d'un voile noir pour masquer des slogans déplaisants pour le ministre. Sur une banderole : « Qui sème l'impunité récolte la colère ». Sur l'autre : « Sophie on te croit », allusion à la plainte déposée par Sophie Patterson. La mairie de Nice a démenti être à l'origine de cette opération, renvoyant à une « demande de la police nationale ». Ce qu'un proche du ministre de l'Intérieur infirme : « Nous n'étions pas au courant et on s'en serait bien passé. » S'il affiche en apparence une certaine sérénité, le ministre de l'Intérieur n'aime pas être attaqué sur le terrain des mœurs. Un homme l'a appris à ses dépens en décembre 2020 lorsqu'il l'a traité de « sale violeur » lors d'une cérémonie d'hommage au père Hamel, assassiné en 2016 à Saint-Étienne-du-Rouvray. La cour d'appel de Rouen a condamné le 28 avril 2022 cet ajusteur employé chez Renault à Cléon, près de Rouen, et adhérent à la CGT à une peine de 1 500 euros pour « outrage de nature à porter atteinte à la dignité ou au respect dû à la fonction » du ministre…

Une autre anecdote révèle la véritable guérilla que lui livrent les collectifs féministes. En juillet 2020, le mouvement Pourvoir féministe initie une procédure contre celui qui vient d'être nommé ministre de l'Intérieur. Selon cette association, il y a une possible interférence entre l'enquête visant Gérald Darmanin et sa position de « premier flic de France ». La Haute Autorité pour la transparence de la vie publique (HATVP) est saisie ainsi que le parquet de Lille pour « trafic d'influence ». Katy Vuylsteker, conseillère d'opposition (écologiste), relaie l'information lors d'un conseil municipal à Tourcoing le 13 septembre 2020. Gérald Darmanin, qui siège alors comme maire, réagit très vivement. Il évoque des « accusations bornées et infondées » et menace l'élue de poursuites en diffamation. L'affaire n'ira pas plus loin (la HATVP a répondu qu'elle était incompétente, le parquet de Lille a classé sans suite).

Quelques jours plus tard, Katy Vuylsteker reçoit un appel d'une policière du renseignement territorial (ex-RG). Membre du collectif #NousToutes, elle a participé à plusieurs rassemblements à Lille au cours de l'été 2020 pour protester contre la nomination de Gérald Darmanin place Beauvau. Le soir du conseil municipal, une banderole avait été collée sur le panneau d'affichage électoral, « Darmanin, ministère de la honte ». À la hâte, les services municipaux avaient effacé « la honte » laissant le mot « ministère ». La policière qui l'appelle semble inquiète. Le ministre de l'Intérieur doit se marier le 29 août 2020 à Tourcoing. Les services de renseignement, sur la base d'une « information venant de Paris », croient savoir que ce mariage va être perturbé par des associations féministes. Un coup d'éclat façon Femen avec des militantes qui se déshabillent pendant la cérémonie. Katy Vuylsteker se garde de répondre : « Pour tout dire, on n'y avait pas pensé, sourit-elle. En raccrochant je me suis dit que cela aurait été une bonne idée ! » La policière aurait confié à l'élue : « Tout le monde est à cran. »

Pour la justice, le ministre n'a jamais franchi la ligne rouge. Mais les femmes restent un problème pour Gérald Darmanin. « C'est l'une de ses faiblesses », confie un proche. En 2015, dans une tribune publiée par une quarantaine de reporters politiques qui dénoncent le sexisme qu'elles subissent au quotidien[5], il n'est pas cité nommément mais fait partie des élus visés à travers un passage qui évoque l'envoi de textos « classiques insistants, récurrents » – nous mettant le marché en main : « une info, un apéro ». Trois ans plus tard, dans un portrait qui lui est consacré[6], la journaliste Astrid de Vilaines lui demande s'il est bien l'auteur de ce message : « Je ne me souviens pas de cette phrase mais si je l'ai dite, c'est à une journaliste avec qui je m'entendais très bien. » Un semi-aveu. Astride de Vilaines le relance et lui rappelle qu'il lui a dit un jour lors d'un déjeuner politique : « Ah ! mais tu n'as pas mis tes talons aiguilles ? » Il admet : « Oui, c'est une phrase sexiste. » Dans le même article, des conseillers assurent l'avoir mis en garde pour sa tendance à être un « dragueur lourd ». Le ministre aurait confié : « Le sexisme m'est étranger, mais après, comme tout le monde, je suis marqué par la société et j'ai moi-même dû avoir des réflexions sexistes. » Sans en mesurer, visiblement, le poids politique. Le changement d'époque.

Au sein même de ses propres rangs, il fait face à une fronde, certes minoritaire. Nelly Garnier, 37 ans, conseillère (LR) de Paris (XIe arrondissement), s'est distinguée en signant une tribune assassine dans *Le Monde* après l'interview du ministre face à la journaliste Apolline de Malherbe sur BFM TV[7]. À une question embarrassante, il lui avait rétorqué un méprisant « Ça va bien se passer ».

Elle s'attarde sur cet épisode qui a suscité chez elle un « malaise » : « Cette scène de quelques secondes a fait ressurgir le souvenir de situations que, comme toutes les femmes, j'ai vécues à certains moments de ma vie. Je n'attaque pas personnellement Gérald Darmanin [...] mais le fait qu'un homme avec ce type de comportement soit promu et protégé au plus haut niveau de l'État. » Elle rappelle dans cette tribune un autre échange troublant lorsque le ministre de l'Intérieur avait répondu à Marie-Pierre de La Gontrie, sénatrice (PS) à propos du sort réservé aux migrants à Calais[8] : « Je me ferais un plaisir de passer une soirée, une nuit, une journée avec Mme la Sénatrice à Calais à la rencontre des habitants. » Le tout accompagné d'un « petit sourire satisfait ». Nelly Garnier poursuit : « C'est l'homme en toute-puissance qui, même ou plutôt justement sur le sujet où il se sait scruté, ose tout. » Et de prédire un funeste sort politique au jeune ministre nordiste : « Ces hommes-là peuvent continuer de monter. Quand ils voudront atteindre la fonction suprême, ils se heurteront au plafond de verre que dressera une société qui, majoritairement, n'accepte plus cela. » Quelques heures plus tard, Morgane, l'ancienne épouse de Gérald Darmanin, publie sur son compte Instagram quelques lignes sans équivoque : « Nelly Garnier signe une courageuse tribune sur le comportement inadmissible de G. Darmanin, ceux qui le connaissent savent. J'en fais partie. »

Nelly Garnier connaît bien Gérald Darmanin. Elle l'a rencontré au cabinet de David Douillet, ministre des Sports (septembre 2011-mai 2012), où il était le directeur de cabinet et elle, la « plume » du ministre. Ils ont une relation commune, Michel Bettan, vice-président exécutif d'Havas, qui fut l'un des premiers à repérer Gérald Darmanin (lorsqu'il était le directeur de cabinet de Xavier Bertrand) et qui a beaucoup pesé sur son parcours politique. Nelly Garnier occupe depuis plusieurs années diverses fonctions au sein de Havas, notamment comme directrice de l'Observatoire des crises nouvelles. Lorsqu'elle écrit sa tribune, elle sait qu'elle attaque sa famille politique et son cercle proche. Hasard du calendrier, le lendemain de cette parution, Nelly Garnier est invitée à un débat sur les violences sexistes en politique pour l'enregistrement d'un talkshow qui « donne la parole aux femmes[9] » dans une salle de spectacle. Devant une assemblée très jeune, plutôt à gauche (« je suis la meuf de droite de la soirée »), elle est longuement applaudie. Son téléphone a beaucoup vibré : « J'ai reçu des centaines de messages. La plupart des soutiens sont des militants de gauche, comme Audrey Pulvar, mais aussi des messages de militants de la République en Marche [...]. J'ai même eu des messages de ministres[10]. » En revanche, aucune réaction selon elle de l'intéressé. Sa tribune a d'autant plus porté qu'elle émane d'une femme diplômée, intellectuelle de droite : « Les seules qui parlent sont en général des filles fracassées. Lorsque cela vient de quelqu'un qui a une assise sociale, c'est toujours un cap déterminant. » Dans un article du *Point* consacré au « cas Darmanin », elle avait déjà fustigé « la surconsommation des femmes par les hommes politique[11] ». « Gérald Darmanin l'a mal pris, confie-t-elle. On m'a fait comprendre qu'il ne me le pardonnerait jamais. »

Nelly Garnier est aussi une protégée de Rachida Dati, dont elle s'est occupée de la campagne pour les élections municipales à Paris en 2020. L'éclectique maire du VIIe arrondissement a gagné ses galons de féministe et l'estime des principales figures du militantisme. Alice Coffin, son adversaire politique au conseil de Paris, ne tarit pas d'éloges à son égard : « Elle est courageuse. » « Je l'aime beaucoup[12] », avoue Rachida Dati. L'écologiste Sandrine Rousseau explique qu'elle est une des rares élues à lui avoir téléphoné et témoigné son soutien dans son combat contre Julien Bayou. Un simple calcul politique sur le mode les ennemis de mes ennemis sont mes amis ? « Pendant mon enfance, j'ai vécu dans un univers de femmes fortes, raconte-t-elle, quand les hommes partaient au travail, les mères restaient entre elles et prenaient tout en charge. Elles étaient extrêmement solidaires. Cela a forgé mes convictions féministes. Par ailleurs, je connais le monde politique et je sais qu'il faudra encore se battre en 3022... J'ai la stature nécessaire pour pouvoir dire ce que je pense. Personne ne me fait peur. » Dont acte.

De manière moins surprenante, les féministes de gauche n'épargnent pas le ministre de l'Intérieur qui cumule à leurs yeux les handicaps. Laurence Rossignol, sénatrice (PS), engagée dans le combat féministe depuis les années 70, ministre en charge du Droit des femmes sous François Hollande, estime que le maintien du ministre au gouvernement est un calcul « cynique » : « Ça revient à dire "on n'en a rien à faire de votre histoire". J'ai regardé le dossier[13]. » Pour Nelly Garnier, le sujet n'est pas judiciaire : « On a dépassé le cap du légal-pas légal. C'est une question de comportement. »

Le 17 mai 2017, lorsque la nomination de Gérald Darmanin au gouvernement comme ministre de l'Action et des Comptes publics commence à filtrer, Sophie Patterson, escort-girl jusqu'à l'âge de 25 ans, appelle le standard de l'Élysée. Elle accuse le jeune futur ministre de viol. Les faits se seraient déroulés huit ans plus tôt. Elle avait alors contacté l'UMP pour parler d'un dossier judiciaire ; on lui avait passé Gérald Darmanin, en charge des affaires juridiques du parti. Rendez-vous avait été pris rapidement. Après un dîner, il lui aurait proposé de finir la soirée dans un club libertin, Les Chandelles, connu des initiés et au-delà : on peut aussi en effet se contenter d'un passage au bar qui prolonge le restaurant de l'établissement. Les agapes s'étaient achevées à l'hôtel dans le cadre d'une relation acceptée selon lui, non consentie selon elle. Le contexte : elle attendait de Gérald Darmanin qu'il intervienne dans son dossier et n'aurait accepté de « passer à la casserole » (*sic*) que dans cette perspective. Elle avait envoyé en 2009 un courrier à Jean-François Copé, alors patron de l'UMP, pour se plaindre : il lui avait conseillé de saisir la justice, mais l'affaire en était restée là. Le 7 juin 2017, elle écrit au parquet de Paris mais ne se rend pas aux convocations de la police car elle n'a « plus confiance en les institutions ». Sa plainte est classée sans suite le 11 juillet 2017.

Quelques mois plus tard, l'affaire Weinstein déclenche le mouvement #MeToo. Lien de cause à effet ? En janvier 2018, Sophie Patterson dépose plainte à nouveau, concomitamment à la publication d'un article dans *Le Monde* titré : « Gérald Darmanin visé par une accusation de viol. » Le ministre est entendu en audition libre le 12 février 2018. Quatre jours plus tard, le parquet classe une nouvelle fois pour « absence d'infraction ». À la suite d'une plainte avec constitution de partie civile, le dossier est rouvert mais le juge d'instruction rend un non-lieu le 16 août 2018, expliquant notamment que le « défaut de consentement de la partie civile ne suffit pas à caractériser le viol, encore fallait-il que le mis en cause ait conscience d'imposer, par violence contrainte, menace ou surprise, un acte de pénétration sexuelle ». Autrement dit, le juge confirme que l'intéressé pouvait ne pas avoir consciente que la plaignante n'était pas consentante. Pourvoi en cassation de Sophie Patterson. Les investigations sont une nouvelle fois reprises le 11 juin 2020. Sophie Patterson maintient ses déclarations : « J'ai couché avec lui pour qu'il intervienne. Je n'ai pas eu le choix. » Entendu comme témoin assisté, Gérald

Darmanin réitère toute absence de « contrainte » et souligne qu'elle aurait pu quitter l'hôtel à de nombreuses reprises. « L'objectif de la plaignante est la démission du ministre, relève Maître Mathias Chichportich, l'un des avocats de Gérald Darmanin. Plutôt que la vérité judiciaire, ce qui l'intéresse est le procès médiatique. » Il est indéniable que derrière le sentiment de la plaignante d'avoir été abusée par le jeune militant UMP, il y a la volonté d'arrêter l'ascension vers le pouvoir d'un homme au comportement « problématique ». Les deux avocates de Sophie Patterson sont toutes les deux très engagées dans la cause des femmes. L'une d'elles est d'ailleurs le conseil de Sandrine Rousseau.

Le 8 juillet 2022, la juge Mylène Huguet rend une nouvelle ordonnance de non-lieu[14], concluant, selon elle, une relation sexuelle mutuellement consentie. Si elle ne met pas en doute le récit de la plaignante, elle n'en fait pas la même lecture : « Sophie Patterson est aujourd'hui convaincue d'avoir été victime de faits de viol et la sincérité de ses déclarations ne peut être remise en cause. » La magistrate relève l'envoi d'un SMS de Gérald Darmanin à sa compagne d'un soir où il reconnaît être « un sale con » : « Gérald Darmanin ne pouvait ignorer que Sophie Patterson attendait une intervention de sa part pour que son dossier soit réexaminé et dans un SMS du 17 décembre 2019, il admet implicitement qu'il a pu profiter de sa situation [...] Mais le droit ne se confond pas avec la morale. » « C'est ridicule, répond Maître Élodie Tuaillon-Hibon, avocate de Sophie Patterson. Le droit, c'est aussi de la morale. Nous ne demandons pas une réparation morale, mais juridique[15]. »

Une autre femme, habitante de Tourcoing (Nord), accuse le ministre. Une demande de service sur fond de relation sexuelle. Une pratique presque aussi vieille que la République. La chanteuse Lio avait ainsi raconté qu'elle s'était retrouvée dans la chambre du ministre du Budget, Michel Charasse (1988-1992), alors qu'elle avait rendez-vous pour négocier un arriéré fiscal. Le ministre socialiste lui aurait proposé d'apprendre le baiser japonais : « Si j'avais couché, j'aurais été le coup le plus cher de France. Une passe à 3,7 millions. » L'affaire visant Gérald Darmanin a pour cadre son fief électoral, Tourcoing, une ville de près de 100 000 habitants, où le jeune ministre a fait ses premières armes politiques. Sarah[16] s'est décidée à déposer plainte le 13 février 2018 pour « abus de faiblesse » après avoir pris connaissance du témoignage de Sophie Patterson. Changement de décor et de statut social. Sarah réside dans un appartement modeste dans un quartier populaire de la ville, n'a pas d'emploi et vit avec moins de 500 euros de RSA par mois. En septembre 2015, la jeune femme se rend en mairie pour retirer son nouveau passeport. Elle y croise le maire, qu'elle ne connaît pas, se présente et lui demande si elle peut obtenir un rendez-vous. Elle explique avoir une demande de changement de logement à formuler. S'ensuivent des échanges de textos, un rendez-vous avec Gérald Darmanin dans son bureau, puis au domicile de la jeune femme. Sarah réitère sa demande de logement et d'emploi. Selon elle, l'échange aurait dérapé sur une demande implicite de relation sexuelle. Après son déplacement « à domicile », l'élu appuie les demandes de logement de Sarah auprès de plusieurs bailleurs locaux. Sans résultat. Mais les échanges se poursuivent. Jusqu'à sa nomination au gouvernement en mai 2017, Gérald Darmanin continue à tenir Sarah informée de l'évolution de son dossier de logement, courriers à l'appui. Elle continue à lui envoyer des messages, certains à connotation sexuelle. Puis les échanges s'espacent. Jusqu'à la révélation de l'affaire Sophie Patterson qui fait prendre conscience à

Sarah qu'elle a peut-être été « abusée ». Sa plainte non pas pour viols (elle reconnaît qu'il n'y a eu aucune contrainte) mais pour « abus de faiblesse » et « trafic d'influence » fait l'objet d'une enquête éclair. Gérald Darmanin est – à nouveau – entendu comme témoin par les policiers pendant une heure et demie le 12 avril 2018. L'homme qui nourrit de grandes ambitions doit coucher sur procès-verbaux des confidences bien intimes. Le parquet de Paris classe l'affaire sans suite en mai 2018. Sur son profil Facebook, le ministre se félicite de cette décision : « L'enquête diligentée sous l'autorité du procureur de la République de Paris a établi l'absence de toute infraction, preuve que ces accusations étaient sans fondement. » Il poursuit en expliquant qu'il a déposé une plainte en dénonciation calomnieuse : « Il va sans dire que j'irai jusqu'au bout. » Cinq mois plus tard, l'élu retire discrètement cette plainte. Sarah – pourtant jusqu'alors très déterminée – ne conteste pas le classement sans suite, n'entame aucune démarche pour tenter de relancer les investigations. « Elle ne souhaitait pas aller plus loin, répond le dernier avocat de la jeune femme. Il n'y a pas eu de pression. » Sur le fond, le ministre se défend de tout abus de faiblesse : « Dans la vie d'un élu local, le fait d'écrire comme il l'a fait dans ce dossier est d'une banalité absolue, souligne Maître Mathias Chichportich. Il n'a jamais eu l'intention de monnayer quoi que ce soit[17]. »

À Tourcoing, la population ne semble pas tenir rigueur à l'ex-maire de ses frasques sexuelles. Il a été réélu à la tête de la mairie haut la main dès le premier tour en 2020 avec 60 % des suffrages exprimés (mais un taux de participation de 25 %). Il sait cultiver son image d'homme de terrain, proche de la population. Il organise tous les ans des « vœux-frites » en envoyant un cornet à chaque administré invité ensuite à se rendre à la mairie pour déguster des frites. Ses affaires ont peu de prise dans la ville : « Beaucoup de Tourquennois sont convaincus que ça n'a pas existé, témoigne Katy Vuylsteker, l'élue d'opposition. Les articles qui sont sortis sur le sujet l'ont été dans des médias comme Mediapart ou *Le Monde* qui sont confidentiels ici. Pour beaucoup, la plaignante est une menteuse qui a fait ça pour gagner de l'argent et c'est un règlement de comptes politique. Les équipes de Gérald Darmanin ont réussi ce truc-là ! Il garde une image de gendre idéal et d'héritier du gaullisme. » L'élue a, de fait, une vision très différente de celle de la justice : « Il a profité d'une femme qui avait besoin d'aide, il a profité de sa détresse pour échanger des faveurs sexuelles et lui faire miroiter un certain nombre de choses. C'est pathétique et dégoûtant. Mais les gens ne comprennent pas. »

Une pétition de « soutien à Gérald Darmanin face à la calomnie organisée » est lancée en juillet 2020, deux semaines après sa nomination place Beauvau, et recueille plus de trois mille signatures : « Le procès de rue, dont est victime Gérald Darmanin, est scandaleux et doit être dénoncé. » L'intéressé ne boude pas le plaisir de relayer ce soutien lancé par une Tourquennoise sur sa propre page Facebook en concluant : « N'hésitez pas à partager ce post ! Je compte sur vous. » Le ministre omet de préciser qu'il s'agit d'une adjointe à la mairie de Tourcoing en charge des quartiers (jusqu'en avril 2020) et qu'elle figurait sur sa liste aux municipales de 2014 (en vingtième position) !

La pétition a eu un effet auquel les soutiens du ministre ne s'attendaient pas : elle a réveillé la colère de Morgane, son ex-femme. Les adversaires de Gérard Darmanin l'avaient sollicitée à différentes reprises mais celle-ci a toujours refusé de sortir du silence. Tout le monde sait qu'elle nourrit un ressentiment très fort à l'encontre de son ex-mari. Elle a dit à ses proches avoir découvert la légèreté de son époux dans la presse. C'est une femme meurtrie qui a reconstitué le calendrier des événements et des soirées au regard de leur vie de couple. De quoi alimenter son amertume. Lorsqu'elle voit la pétition, Morgane envoie des messages dans lesquels elle fait état de ses griefs. Certains destinataires lui réservent un accueil plus que mitigé, notamment au sein de la mairie de Tourcoing. Quelques jours plus tard, elle commence à recevoir des messages étranges sur son téléphone. Morgane s'épanche sur son compte Facebook : « Quelqu'un a eu la délicatesse de déposer une fausse annonce sur un site de rencontre avec mon numéro. Certains y verront une mauvaise blague. Moi perso, je suis tranquille comme Baptiste. » L'expression « tranquille comme Baptiste » est une allusion à une interview de *La Voix du Nord* dans laquelle Gérald Darmanin concluait : « Je suis tranquille comme Baptiste. » Morgane a demandé et obtenu que son numéro disparaisse du site de rencontre. Elle n'a pas déposé plainte dans cette affaire mais a sollicité une audition comme témoin dans le cadre de la procédure pénale visant son ex-époux. Dans la lettre qu'elle a envoyée à la juge d'instruction, elle estime que « certains propos tenus par M. Darmanin sont erronés ». Cette requête a été refusée, jugée « non utile ».

L'opposante de Tourcoing, Katy Vuylsteker, échaudée par son intervention en conseil municipal, a renoncé à attaquer frontalement le ministre sur ce terrain : « Je préfère dénoncer son budget. C'est plus efficace que de dire qu'il est accusé dans une affaire de viol qui sera de toute façon classée sans suite. En tant que militante féministe, cela me met mal à l'aise. Mais il dispose ici d'un vrai fan-club et nous n'avons pas réussi à élargir le débat. »

Au sein de la majorité présidentielle, un autre ministre a été en son temps sous pression comme cible des collectifs féministes : Damien Abad. Comme beaucoup de femmes témoignant de violences sexuelles, en particulier dans le milieu politique, Laetitia, dont le prénom a été modifié, requiert l'anonymat. La voix est douce, le ton mesuré. Elle est élue centriste. L'entretien a lieu en présence de son avocate. Laetitia a déposé plainte le 27 juin 2022 à Paris pour tentative de viol et agressions sexuelles contre celui qui était alors ministre des Solidarités, de l'Autonomie et des Personnes handicapées, et qui a dû démissionner de son poste. « Cette affaire n'est pas un étendard. Elle relève de mon intimité et je ressens une forme de honte d'avoir subi cela. Aujourd'hui je tiens à préserver ma vie professionnelle et familiale, l'image que mes proches ont de moi, aussi. Cela fait des années que je fais tout pour que mon traumatisme ne se voie pas[18]. »

Dans son parcours politique, Laetitia ne s'est jamais focalisée sur ces questions : « Je me suis engagée pour une certaine vision de la France, pour des valeurs sociales et sociétales. Je me suis peu exprimée sur les sujets féministes car je ne veux pas être réduite à ce que j'ai subi. » Elle ne se reconnaît pas dans le mouvement « néoféministe » : « Je ne condamne pas les hommes par principe, je ne les mets pas tous dans le même panier. Pour moi, les femmes et les hommes ne sont pas égaux, ils sont différents et complémentaires. Je ne suis pas dans une lutte "contre". Quand je me maquille le matin, je ne le fais pas pour me soumettre aux goûts des hommes, je le fais pour moi. »

Au milieu des années 2000, elle rencontre Damien

Abad dans un cadre politique. Il est alors président des Jeunes centristes. Elle sent qu'il la drague mais ne s'en formalise pas. En 2009, il est élu député européen. Une ascension éclair pour celui qui n'était alors que conseiller municipal de Vauvert (Gard). Hervé Morin, président du Nouveau Centre, en fait son poulain. Atteint d'une maladie rare, l'arthrogrypose, qui bloque les articulations, Damien Abad est le benjamin du Parlement européen (29 ans). Ambitieux et doué (diplômé de Sciences Po), il est spécialiste des questions budgétaires et fiscales. Laetitia : « Je voyais que je lui plaisais mais ce n'était pas le seul et il n'y avait rien de mal à cela. Au début, il se comportait convenablement, je déclinais gentiment. J'avais envie de visiter le Parlement européen. Mais il ne me proposait que de venir la nuit, me disant qu'il était trop occupé le jour. J'étais peut-être naïve, mais pas à ce point. »

Au cours du premier semestre 2010, les approches auraient pris, selon elle, une tournure beaucoup plus violente. À l'issue d'un dîner donné par Hervé Morin au ministère de la Défense avec des cadres du Nouveau Centre, Damien Abad organise une fête chez lui à Paris dans le quartier Latin. Laetitia fait partie du petit groupe qui est convié : « « Il y avait beaucoup de gens dont certains que je connaissais. Je ne pouvais pas imaginer qu'il pourrait m'arriver quelque chose. » Damien Abad propose de lui servir à boire. Elle a l'impression de voir « quelque chose » au fond de son verre et part aussitôt le recracher dans les toilettes. Selon elle, Damien Abad l'aurait suivie et attendue derrière la porte. Il l'aurait poussée dans une pièce en face et tenté de la forcer en lui bloquant la tête sous son bras et contre son torse. Elle évoque un état de « sidération » : « Je ne sais pas combien de temps cela a duré, j'ai l'impression que cela a duré une heure. Je ne comprenais pas ce qu'il se passait, mais j'ai eu le réflexe de me défendre en frappant. » Elle dit avoir pu sortir de la pièce grâce à l'irruption impromptue d'un convive. Une version que conteste formellement Damien Abad.

Le 31 juillet 2010, au cours d'un mariage, elle assure avoir vécu une autre scène pénible. Il s'agissait d'une soirée pour célébrer l'union d'un responsable du Nouveau Centre dans l'Aveyron. Sur la piste de danse, Damien Abad aurait tenu des propos déplacés. Un témoin, Brigitte Fouré, maire (UDI) d'Amiens, a confirmé son comportement « inapproprié[19] ». Ce qui marque le plus – encore aujourd'hui – Laetitia est la réitération des sollicitations de Damien Abad : « « Après la tentative de viol, il m'a insultée, m'a accusée de coucher avec quelqu'un d'autre. Il m'a salie. Chaque fois qu'il me voyait, il essayait de me toucher. Il ne comprenait pas que je puisse lui dire non. » Selon elle, cela serait lié au sentiment de « toute-puissance ». Après un mandat au Parlement européen, il rejoint les rangs de l'Assemblée nationale en 2012. Souvent, selon Laetitia, il disait : « "Ma vie a changé le jour où j'ai compris que mon handicap était ma force." Il mettait souvent en avant son immunité parlementaire aussi. »

Dix ans après les faits, elle garde un autre goût amer, celui de n'avoir jamais été écoutée au sein de son propre parti : « Après, je l'ai fui. J'en ai parlé à des amis. Tout le monde me disait d'oublier. Personne ne mettait en doute ce que je racontais, mais certains me disaient : "Ce n'est pas si grave que cela et si tu parles, c'est toi qui seras détruite. On ne te verra plus que comme une pauvre fille, une victime…" Certains en riaient aussi. C'était humiliant. » Au sein du parti centriste, elle affirme en avoir parlé à l'entourage d'Hervé Morin, président du mouvement. Sollicité, il assure n'avoir jamais reçu d'informations circonstanciées sur de potentiels abus de Damien Abad. Pendant toutes ces années, elle a tenté de digérer lentement ce que son entourage politique lui a conseillé d'oublier. « Un peu comme dans *La Familia grande* [livre dans lequel Camille Kouchner accuse son beau-père, Olivier Duhamel, d'avoir infligé des violences sexuelles à son frère], certains savaient mais c'était caché et on ne faisait rien. Il fallait oublier ou en rire pour ne pas voir l'aspect atroce de la chose. Depuis que j'ai déposé plainte, il y a un énorme vide autour de moi. J'ai perdu beaucoup d'amis, qui me fuient. J'ai le sentiment d'être traitée comme si c'était moi la coupable. Certains m'en veulent d'avoir brisé l'omerta. »

Lorsque Damien Abad s'apprête à rejoindre le gouvernement Macron 2, elle encaisse le coup : « « Je n'ai pas voulu nuire à sa carrière. Mais lorsque j'ai su que je n'étais pas la seule, je n'en ai plus dormi de la nuit, m'inquiétant du risque qu'il en fasse encore d'autres dans un élan de toute-puissance. » Le 13 mai 2022, l'Observatoire des violences sexistes et sexuelles reçoit le témoignage écrit d'une femme, Chloé[20], qui accuse le futur ministre. L'homme est politiquement un symbole : il est l'une des principales prises d'Emmanuel Macron aux Républicains ; Damien Abad était jusqu'alors président du groupe à l'Assemblée nationale. Trois jours plus tard, l'association informe l'ancien parti de l'élu, Les Républicains, mais aussi le mouvement d'Emmanuel Macron, de ce signalement. Malgré ces alertes, le centriste figure bien dans le gouvernement. Le lendemain de sa nomination, Mediapart publie le témoignage détaillé de Chloé. Les faits se seraient passés en 2010 : Chloé, 41 ans, aurait retrouvé le ministre dans un bar parisien et aurait subi un « black-out » après une coupe de champagne. Elle se serait réveillée le lendemain matin dans une chambre d'hôtel au côté de Damien Abad « dévêtu » alors qu'elle lui avait dit qu'elle ne voulait pas sortir avec lui. Un possible viol ? Damien Abad dément catégoriquement. Il met notamment en avant son handicap qui ne lui permettrait pas de tels actes. Le journal en ligne révèle le témoignage d'une seconde femme, prénommée Margaux[21], 35 ans, ancienne militante centriste : elle assure avoir déposé plainte à deux reprises, en 2012 et 2017. Selon le parquet de Paris, la première plainte a été classée sans suite du fait de la « carence de la plaignante », la seconde « faute d'infraction suffisamment caractérisée ».

Dans un premier temps, le gouvernement ne plie pas. Interrogée lors de son premier déplacement, Élisabeth Borne répond que « bien évidemment elle n'était pas au courant », et assure que « sur tous ces sujets de harcèlement, d'agression, il ne peut y avoir aucune impunité, il faut continuer à agir pour que les femmes qui peuvent être victimes d'agressions, de harcèlements, puissent libérer leur parole [...]. Je peux vous assurer que s'il y a de nouveaux éléments, si la justice est à nouveau saisie, on tirera toutes les conséquences de cette décision ». En nommant une femme à Matignon, la deuxième sous la Ve République, Emmanuel Macron envoie un signal fort dans la lutte contre les violences faites aux femmes. Mais le piège se referme sur Élisabeth Borne. Emmanuel Macron soutient son ministre, comme il l'a fait auparavant pour Nicolas Hulot et Gérald Darmanin. Le président n'a jamais varié de ligne de conduite. Il ne connaît que la vérité judiciaire et place la présomption d'innocence au-dessus de tout. Mais l'inflexible Observatoire, très actif sur Twitter, contre-attaque : « Malgré nos alertes, Damien Abad mis en cause pour viols a été nommé au gouvernement. Pensée et soutien aux victimes[22]. » Quelques heures avant le premier Conseil des ministres, l'Observatoire insiste : « Le Conseil des ministres est dans dix heures et Damien

Abad est toujours en poste. Allô @Elisabeth_Borne, @emmanuelmacron, y a quelqu'un ? » Les militantes de l'association font le tour des plateaux de télévision et des radios.

En pleine campagne législative, l'affaire prend une tournure politique. Le candidat à sa réélection dans l'Ain est lâché par ses anciens camarades de droite, ravis de régler son compte à ce transfuge qui a quitté l'UMP : « Qui peut imaginer un seul instant que le président de la République, M. Macron, et que la Première ministre, Mme Borne, ne savaient pas ? interroge Xavier Bertrand, président Les Républicains (LR) de la région Hauts-de-France. Il est évident que M. Macron et Mme Borne ont fait ce choix en connaissance de cause[23]. » Le président alors par intérim du Rassemblement national (RN), Jordan Bardella, renchérit : « Ce qui est inquiétant, c'est que manifestement lui-même avait alerté, alors qu'il avait été sollicité pour être ministre, les responsables du gouvernement, qui ont fait le choix de ne pas en tenir compte[24]. » L'intéressé confirme, selon un proche, qu'il avait prévenu l'entourage du président de la République que des affaires d'abus sexuels le concernant pouvaient ressurgir à l'occasion de sa nomination mais que bien sûr elles étaient mensongères : « Je savais que “quelque chose” se préparait contre moi. Cela fait des années que j'en entends parler. Je m'y étais préparé. Toute mon équipe était au courant. » Il crie au complot politique : « Jacob et Pradié m'en veulent d'avoir pris la présidence LR à l'Assemblée. »

Damien Abad est élu dans sa circonscription. Sauvé par les urnes ? Laetitia décide alors de sortir de son silence : « Pendant longtemps, j'ai refusé d'en parler publiquement et d'aller porter plainte. Je décrivais ce que j'avais subi sans mettre les mots dessus. On n'a pas envie d'être ça, d'être une victime, surtout lorsqu'on est censé incarner le pouvoir. Il faut montrer que l'on a les épaules pour être un cadre dirigeant. Ça a quelque chose de sale et d'humiliant, surtout quand les gens qui savent en rient[25]. » Le 27 juin 2022, elle dépose plainte et scelle le sort politique du nouveau ministre. Une enquête préliminaire est ouverte. Cette fois-ci, l'homme est lâché par le gouvernement. Le 4 juillet 2022, après quarante-cinq jours au ministère, Damien Abad démissionne. « C'est une décision d'Élisabeth Borne qui a résisté au président qui ne voulait pas céder », affirme une militante. « Hulot dans un premier temps et Darmanin ont eu le soutien du Premier ministre Édouard Philippe, Damien Abad n'a pas eu cette chance. C'est vrai qu'il n'en avait jamais parlé avec Borne. Elle a très mal pris de n'avoir pas été prévenue... », confie un des proches collaborateurs du député. Pour justifier sa décision, Élisabeth Borne invoque un « devoir d'exemplarité des hommes politiques ». L'éphémère ministre nie l'ensemble des accusations et évoque « des calomnies orchestrées dans un calendrier bien choisi ». Laetitia réfute toute idée de complot : « Que peut-il dire d'autre ? Il n'allait pas avouer ce qu'il avait fait pour aller directement en prison ! Mais cela ne tient pas. Je n'ai aucun intérêt politique à porter plainte, bien au contraire. »

Le parti centriste (que Damien Abad a quitté en 2012 pour rejoindre l'UMP) reste étonnamment silencieux. Hervé Marseille, président de l'Union des démocrates et indépendants, sénateur centriste depuis 2011, plaide l'ignorance : « Je ne sais pas à qui cette personne a pu parler ou à quelle période. Des collègues m'ont raconté ce qu'elle aurait vécu. Je n'étais pas au courant. Cette affaire concerne Damien Abad et celles qui auraient eu affaire à lui. Nous ne sommes ni policiers ni procureurs. Il y a des instances pour ça. » Depuis sa démission du gouvernement, Damien Abad a retrouvé son siège n° 412 de député au Palais-Bourbon où il est membre de la commission des Affaires étrangères. Il fait partie de ces députés devenus les parias de l'hémicycle et dont la présence est embarrassante pour leur propre parti. Il n'est pas le seul et pas le plus célèbre. Le chemin de croix transcende, là aussi, le clivage droite-gauche.

11.
La gifle

Lundi 6 mars 2023, veille de manifestation contre le régime des retraites. Adrien Quatennens est attablé au Terminus Nord, une brasserie historique en face de la gare du même nom, à quelques mètres du siège de La France insoumise. Il ne se cache pas. Il ne se cache plus. Depuis la main courante déposée par son épouse le 13 septembre 2022, et son aveu de lui avoir donné une gifle, le député est devenu le visage des violences conjugales. Chaque fois qu'il tente d'intervenir à l'Assemblée nationale, l'hémicycle se transforme en champ de foire. Lorsqu'il se lève pour quitter le restaurant, la serveuse le rattrape et lui remet une carte de visite. Au dos, un poing levé griffonné à la hâte, accompagné d'un petit mot : « Courage, on vous soutient ! » Soulagé, Quatennens sourit et montre le message à son convive sans chercher à identifier son auteur. Un moment de bienveillance rare. Son divorce a été prononcé fin janvier et le lendemain de cette scène, au moment où il battra le pavé lillois, Aurore Bergé, la présidente du groupe Renaissance à l'Assemblée, doit défendre une proposition de loi visant à rendre automatiquement inéligibles les élus condamnés pour violences faites aux femmes*. Ce qui est

* L'Assemblée nationale a rejeté le 7 mars 2023 cette proposition de loi par 140 voix contre 113 (et 14 abstentions).

son cas. Dans le cadre d'un plaider coupable, il a écopé le 13 décembre 2022 d'une peine de quatre mois avec sursis et d'une amende de 2 000 euros. Dans la foulée, il a été suspendu de son groupe pendant quatre mois, puis réintégré. Non sans mal. Les alliés de la NUPES, le PS notamment, pourtant opposé philosophiquement à la double peine demandait la poursuite de son bannissement.

C'est une gifle qui a laissé une marque rouge sur La France insoumise. Indélébile pour le parti qui prétend avoir un ADN féministe. Depuis sa condamnation, le jeune espoir du mouvement, avec lequel Jean-Luc Mélenchon entretient une relation quasi filiale, a été démis de ses fonctions de numéro deux du parti avec une injonction de soins. À la veille du débat sur les retraites où LFI devait faire vaciller le gouvernement et Macron, c'est le parti de Mélenchon qui s'est désarticulé. Tout s'est emballé très rapidement après la révélation par *Le Canard enchaîné* de l'existence de la main courante dans un commissariat de Lille. « Il a fallu faire monter en première ligne Manuel Bompard, qui est très bon pour les cartes électorales mais moins à l'oral, se lamente un cadre de la maison, et à l'Assemblée on a Mathilde Panot. Son côté "GO" au groupe est sympathique mais cela ne compense pas l'absence d'Adrien. »

Ce résumé un peu lapidaire traduit l'étendue des dégâts. À LFI, les déboires conjugaux du député du Nord ont également libéré la parole d'une partie de la vieille garde qui se sentait maltraitée… par le patriarche. Mélenchon affiche clairement sa solidarité avec Quatennens en tweetant dès le 18 septembre un message sans ambiguïté : « La malveillance policière, le voyeurisme médiatique, les réseaux sociaux se sont invités dans le divorce conflictuel de Céline et Adrien Quatennens. Adrien décide de tout prendre sur lui. Je lui dis ma confiance et mon affection. » Il n'est guère suivi par ses lieutenants. Le couple de députés Raquel Garrido et Alexis Corbière notamment, mais aussi leurs collègues Danielle Simonnet, François Ruffin, et Clémentine Autain ou la parlementaire européenne Manon Aubry ne font pas de cadeaux au fils préféré… « Quatennens découvre ce que valent les amitiés en politique », poursuit un proche. « Ce n'est pas qu'une question de fidélité, analyse Didier Leschi, haut fonctionnaire, ancien de la LCR. Mélenchon dans la tradition lambertiste[1] autoritaire renouvelle sa garde rapprochée régulièrement et élimine l'équipe précédente pour conserver le pouvoir. Derrière cette crise, il y a un conflit entre les trentenaires et les générations précédentes, et une bataille de succession[2]. »

L'ascension de Quatennens à la tête du mouvement a de quoi susciter des jalousies. Militant associatif anonyme en 2008, il fait ses premières armes chez ATTAC (Association pour la taxation des transactions et l'action sociale) avant de se rapprocher en 2012 du Parti de gauche, l'ancêtre de LFI dans la galaxie mélenchoniste, et d'y adhérer un an plus tard. Il en a gravi les échelons très rapidement. Devenu député du Nord au bout de quatre ans, il se fait réélire en 2022 avec 65,8 % des voix. Un travail de terrain, méthodique et mécanique façon Playmobil avec une séparation nette entre sa vie privée et son engagement politique. D'un côté, il y a les copains de toujours, la scène musicale lilloise, Céline, son épouse, et leur fille née en 2019, de l'autre LFI. C'est Manuel Bompard qui lui souffle l'idée de partir à l'assaut de la première circonscription de Lille, mais avec la bénédiction de Jean-Luc Mélenchon. Ce dernier avait entendu parler de l'implication du Lillois sur le terrain. Il lui propose un café non loin de la gare du Nord lors de l'un de ses passages au siège. Un coup de cœur. Il en fera son dauphin. À peine élu à l'Assemblée le

10 juillet 2017, à 27 ans, Quatennens est désigné pour présenter la motion de rejet du projet de loi travail par ordonnances du gouvernement Philippe, sous l'œil bienveillant de Mélenchon et de ses futurs rivaux… internes. En 2019, lors d'un débat télévisé à la veille des élections européennes où il remplace au pied levé le leader LFI retenu à Amiens, il gagne ses galons d'héritier putatif. À 29 ans, avec le verbe haut et des raisonnements ciselés, il tient en respect Marine Le Pen, Laurent Wauquiez ou encore Stanislas Guerini. « Entre Jean-Luc et moi, c'est plus que de la politique », a l'habitude de répondre à ses interlocuteurs le jeune « insoumis ».

En six mois, il a tout perdu. Ou presque… Son couple et sa position. Jade Dousselin, son avocate, prévenue quelques jours avant que l'information d'une main courante déposée par son épouse ne fuite dans *Le Canard*, a tenté de dissuader les journalistes de s'aventurer sur un terrain si personnel. « Il ne s'agit que d'une main courante dans un contexte de séparation », plaide-t-elle auprès des différentes rédactions. La digue séparant la vie privée et la vie politique, une tradition française, ne résiste que quelques jours. Autour de Quatennens et de ses avocats, un tout petit cercle est mis dans la confidence dont Jean-Luc Mélenchon et sa compagne, la députée Sophia Chikirou, qui dispense des conseils en communication. C'est sa spécialité. Tous soupçonnent un mauvais coup politique, mais nul ne sait d'où il vient. Les spéculations vont bon train. Un fonctionnaire du ministère de l'Intérieur ? Le ministre lui-même ? L'Élysée ? Un syndicat de police ravi de se payer un « insoumis » ? Entre le coup de colère de Mélenchon contre les policiers venus perquisitionner son domicile et le siège de LFI et les attaques répétées des « insoumis » contre les forces de l'ordre pendant la crise des gilets jaunes, LFI n'est pas en odeur de sainteté dans la police !

Quelques jours après ces révélations, le dimanche

18 septembre 2022, Adrien Quatennens envoie sur les réseaux sociaux un long communiqué dans lequel il livre sa vérité sur son couple à la dérive depuis deux ans. Il avoue un portable arraché avec violence au cours d'une dispute après que Céline lui a annoncé sa volonté de rupture, et une gifle, la gifle, « administrée un an auparavant dans un contexte d'agressivité réciproque ». C'est lui qui avait déserté le domicile conjugal pendant deux mois. Lcs moments d'un couple déballés sur Twitter et une reconnaissance de torts. Une faute avouée qu'il pense pardonnable. Huit jours plus tard, la tension monte d'un cran entre les deux époux. Céline Quatennens dépose plainte cette fois-ci et le député doit se soumettre à des prélèvements ADN et à une photographie anthropométrique pour l'identité judiciaire de Lille.

Malgré son jeune âge, un talent politique reconnu et une sensibilité aux questions féministes revendiquée, Adrien Quatennens passe à côté de son époque. « Je pouvais faire le dos rond, minimiser les faits et attendre que la tempête passe », écrit-il en conclusion de cette longue confession. Ce texte, comme ses deux interventions médiatiques, dans *La Voix du Nord* et sur BFM, se heurtent à un mur d'incompréhension. Il sous-estime l'exigence d'exemplarité de plus en plus forte. Dans un monde de dénigrement de l'action publique, un élu, dirigeant de parti ou ministre, n'est plus jugé sur ce qu'il fait mais sur ce qu'il est. Chez les jeunes « insoumis », la colère est sincère. Adrien Quatennens et Jean-Luc Mélenchon – qui multiplie les tweets de soutien à son ami – ne semblent pas le comprendre. « Jean-Luc connaît Adrien et son ex-épouse, ils sont partis en vacances ensemble. Il sait ce qu'il fait en prenant parti pour Quatennens qui a perdu son appartement et abandonné l'intégralité des économies du couple dans ce divorce. Ce n'est pas un soutien irrationnel », tente de justifier un proche de Mélenchon. Le 9 février, deux jours après une difficile prise de parole d'Adrien Quatennens à l'Assemblée, il affiche une fois de plus son amitié au banni en quittant le plateau de BFM où il était venu parler des retraites. Interrogé sur les difficultés de Quatennens dans l'hémicycle, il rétorque avec passion : « Il a été condamné, il paie. Il a été assez puni [...]. Il a souffert comme un damné pour prendre la parole ce soir-là. Je ne changerai pas de principe pour répondre à je ne sais quelle opinion fugace qui méprise la République. Si vous voulez revenir à la peine de péché mortel, ce sera sans moi. Foutez-lui la paix ! Je suis révolté contre le traitement qu'il subit. Vous voulez le tuer ! »

À aucun moment, il ne s'exprime sur le sujet de la violence, des femmes, ni n'aborde la dimension politique de l'affaire. Le cas particulier de Quatennens et la réalité de ses relations avec son épouse ne comptent pas au regard du combat féministe. Qui des deux dit vrai ? Elle, qui dans un mail envoyé à l'AFP le 26 novembre écrit : « Cela fait plusieurs années que je subis ses colères, ses crises, des violences physiques et morales. Au cours de ces dernières années, j'ai voulu le divorce à trois reprises, à chaque fois sous la pression je suis revenue en arrière » ? Lui, qui assure invariablement qu'il n'y a eu qu'une gifle et que son ex-épouse l'a mis en coupe réglée pour divorcer à son avantage ? Personne ne connaît Céline Quatennens. Son visage a disparu des réseaux sociaux. Elle n'appartient pas au monde politique. Tout juste sait-on qu'ils se sont rencontrés pendant leurs études et qu'ils ont le goût commun des concerts de rock. Le « parole contre parole » qui servait à bâillonner les femmes est devenu pour beaucoup « une femme ne peut pas mentir ». Seulement, un homme, qui plus est député, ne bat pas une femme.

« Je l'ai regardé attentivement sur BFM », commente Suzy Rojtman, figure du féminisme, militante de la première heure des combats pour l'avortement et contre les violences, le logiciel et le cœur à gauche, « il a eu le discours classique de l'homme qui se considère comme une victime alors qu'il a été violent. On ne peut agir ainsi quand on porte une parole politique ». Dont acte. A-t-il songé à démissionner et à remettre son mandat en jeu ? « Oui, affirme un proche de Mélenchon, il y a songé, on lui a proposé de tester le terrain avec un sondage mais il a refusé. De peur que la campagne ne soit parasitée par des collectifs venus de toute la France. »

Dès le 18 septembre, une observatrice assiste abasourdie aux déchaînements de critiques à l'encontre d'Adrien Quatennens. Sur Twitter, Aurélie Filippetti interpelle ironiquement le patron du PS, Olivier Faure. Ce dernier vient en effet d'envoyer un message se félicitant du retrait d'Adrien Quatennens des instances de son parti. C'est « la seule décision cohérente avec ce que nous défendons dans la lutte contre les violences faites aux femmes ». Elle retweete ces propos en interrogeant leur auteur : « Et donc le PS n'invitera plus Piketty ? » Les cris d'orfraie du patron du PS ont mis l'ancienne ministre de la Culture de François Hollande en rage. Députée pendant dix ans à l'Assemblée nationale, elle mesure avec satisfaction la nouvelle sensibilité de l'opinion publique sur ces sujets mais conserve beaucoup d'amertume pour la manière dont elle a été traitée. « Tout au long de ma carrière en politique, j'ai été victime de sexisme, raconte-t-elle, mais dans l'affaire de violences conjugales qui m'opposait à Piketty, j'ai compris que tout le monde – ou presque – souhaitait que je me taise pour des raisons politiques, alors quand j'entends les mêmes se draper dans la morale et la vertu, j'ai du mal à l'admettre[3]. »

Aurélie Filippetti et le célèbre économiste, auteur d'un best-seller international en 2018, *Le Capital au XXIe siècle*, ont entretenu une relation amoureuse entre mai 2007 et février 2009. La liaison est rapidement devenue tumultueuse, faite de ruptures, de retrouvailles et de coups. Le 6 février 2009, la rupture est consommée et Aurélie Filippetti dépose plainte. Elle fournit à la police différents certificats médicaux délivrés après sept épisodes de violence, gifles, coups de poing et de pied… L'économiste est placé en garde à vue et auditionné. Mais la fuite de l'information dans *Le Figaro* amène Aurélie Filippetti à retirer sa plainte. « À la suite de la fuite orchestrée par *Le Figaro* et pour que cesse l'instrumentalisation par la droite de cette affaire car j'étais députée à l'époque et Thomas Piketty l'économiste proche du PS, raconte-t-elle, l'avocat Jean-Pierre Mignard, également proche du PS, m'a proposé de faire une médiation et il s'est occupé d'établir un protocole d'accord où Piketty reconnaissait les faits et présentait ses excuses dans l'intérêt des familles et j'acceptais en retour de retirer ma plainte. Il y avait une clause de confidentialité. Ce qui n'a pas empêché le procureur de prononcer un rappel de la loi contre lui. » Le 16 septembre 2009, Aurélie Filippetti reçoit l'avis de classement doublé d'un avertissement (rappel à la loi). L'affaire aurait pu (dû) en rester là.

L'universitaire se sortait bien, d'une façon presque miraculeuse, de cette vilaine affaire, Aurélie Filippetti ayant par ailleurs la réputation d'être une femme de caractère.

En 2019, lors d'une intervention à Sciences Po Toulouse, Thomas Piketty rompt le contrat signé par les deux protagonistes. Il est interpellé dans l'amphi par une jeune étudiante sur le sujet des droits des femmes. Elle lui reproche en substance de théoriser leur exploitation alors qu'il avait frappé la sienne. Piqué au vif, le chercheur rétorque : « Vous parlez d'une affaire qui a fait l'objet d'un classement sans suite [...]. Aurélie Filippetti est une personne violente [...]. Elle a été extrêmement violente avec mes filles. » L'intéressée rompt alors à son tour la cure de silence imposée par le protocole de 2009 et assigne en diffamation son ancien compagnon.

Déboutée en première instance, elle obtient gain de cause en appel le 25 février 2022. L'économiste a annoncé son intention d'aller en cassation. « Lorsque Thomas Piketty s'est fait connaître aux États-Unis avec *Le Capital au XXIe siècle*, une journaliste new-yorkaise m'a appelée, raconte Aurélie Filippetti, elle voulait avoir des informations sur son comportement, j'ai refusé de répondre car j'étais tenue à la confidentialité. Il y avait une hypersensibilité au sujet aux États-Unis alors qu'en France il était invité partout. » Au PS, elle dit avoir reçu peu de soutien. Elle se souvient néanmoins de la sollicitude de Ségolène Royal, de Najat Vallaud-Belkacem et de Manuel Valls. « Hollande et Ayrault, le président et son Premier ministre, étaient totalement indifférents aux sujets de sexisme », fulmine-t-elle encore aujourd'hui. Dans une émission sur France 5, le 22 septembre dernier, l'ancienne ministre socialiste s'est à nouveau exprimée sur son ressentiment vis-à-vis d'un système qui selon elle a protégé un homme en raison de ses réseaux au sein des appareils politiques, le PS tout d'abord, la NUPES ensuite. « Il venait d'être condamné en appel et prodiguait ses conseils auprès de Mélenchon, souligne-t-elle, il intervient dans des médias engagés dans la cause des femmes sans jamais être interrogé sur le comportement qu'il a eu à mon égard. » Après la diffusion de l'émission, l'avocat de Thomas Piketty a immédiatement fait savoir à la production de l'émission que certains propos prononcés par

Aurélie Filippetti avaient un caractère diffamatoire. Les extraits diffusés sur les réseaux sociaux ont été suspendus quelques heures avant d'être republiés… après consultation d'un avocat. Décidément, le sujet reste sensible pour les deux parties. Sollicité, Thomas Piketty, répond par mail qu'il n'a « aucun commentaire à faire sur cette affaire qui de son [mon] point de vue est close depuis 2009 » et récuse toute idée d'étouffement de la part de l'appareil socialiste arguant qu'il n'en a jamais été « membre » et n'y a occupé « aucune fonction élective ». Et renvoie sur son avocat ou sa femme, Julia Cagé ! Cette dernière s'exécute et récuse toute comparaison entre le traitement des affaires Quatennens et Piketty : « Dans un cas, il y a un homme condamné par la justice, dans l'autre un classement sans suite[4] », s'indigne la brillante économiste des médias sans s'attarder sur les raisons du classement sans suite ni le rappel à la loi dont son mari a fait l'objet. « Je suis féministe, j'ai voulu lire l'enquête de police le concernant lorsque nous avons entamé notre vie de couple car je sais ce que signifie la violence, renchérit-elle. D'ailleurs Thomas n'a jamais été violent ni avec moi ou avec sa première femme, ni avec Aurélie Filippetti. En revanche, mes belles-filles n'ont plus une seule photographie de leur enfance car Aurélie Filippetti les aurait toutes brûlées*. Quant aux soutiens de Thomas Piketty, c'est une fable. En 2009, il avait un bureau de 7 mètres carrés à l'École d'économie de Paris alors qu'Aurélie Filippetti était une personnalité importante du PS. »

Pour étayer le sexisme des éléphants du parti fondé par François Mitterrand, Aurélie Filippetti raconte aussi son expérience avec Jérôme Cahuzac, ancien ministre

* Cette version de l'histoire concernant les enfants ne correspond pas à celle donnée par l'ex-ministre pendant l'enquête.

socialiste du Budget entre 2012 et 2013. Il avait dû quitter le gouvernement Hollande car Mediapart avait révélé qu'il détenait un compte en Suisse. Elle avait refusé ses avances et assure avoir été traitée sans égards. « Lorsqu'il était président de la commission des finances à l'Assemblée, il m'allouait la plus petite réserve parlementaire[5], suite à mon refus de céder à ses avances. À Bercy, il a cherché à me sanctionner via les moyens alloués pour mon ministère. Le pire, c'est qu'il disait à tout le monde que j'avais eu une histoire d'amour avec lui. Ce qui était entièrement faux ! » Au moment de la chute de Cahuzac et de la découverte de son compte dissimulé, Aurélie Filippetti a reçu un coup de fil affolé du président Hollande pour savoir si elle était au courant. « Ce qui signifie qu'il n'avait jamais pris aux sérieux mes dénégations, ironise Aurélie Filippetti, mais qu'il avait tenu pour acquises les rumeurs lancées par Cahuzac. »

Le parti socialiste, temple du machisme d'une certaine gauche caviar ?

12.

Les derniers des machos

Un hologramme ou un mirage ? En 2017, Jean-Luc Mélenchon a imposé dans la campagne présidentielle ses avatars. Le candidat se produisait en même temps sur plusieurs scènes en France pour vendre son programme « L'avenir en commun ». Des leurres en veste saharienne grise et jeans destinés à exporter le charisme du leader sur le terrain. Une façon de séduire la jeunesse avec un mode d'expression spectaculaire et moderne. Tout comme son investissement dans les questions sociétales, racisme, discriminations de genre, écologie, violences conjugales… À 66 ans, l'aîné des prétendants à la présidence de la République, arrivé très largement en tête chez les 24-35 ans, est devenu l'idole des jeunes féministes. Les traditionnelles études d'opinion de l'IFOP sur l'élection présidentielle consacrées aux questions du genre et au féminisme dans le vote montrent cette inclination. Entre 2012 et 2017, la cote de confiance de Mélenchon progresse de dix points dans l'électorat féminin. Dans de nombreuses revues, de *Closer* à *Elle* en passant par *L'Obs*, il multiplie les déclarations à l'intention de cet électorat. Ainsi, il explique avec l'émotion qui sied à sa voix grave qu'il doit ses convictions à Colette Audry. On ne peut rêver meilleure marraine pour une conversion. Agrégée de lettres, ancienne résistante, syndicaliste et amie de Simone de Beauvoir, elle est une icône dans les collectifs féministes. Au milieu des années 70, Colette, comme la nomme affectueusement Jean-Luc Mélenchon, aurait déconstruit l'ancien militant. Elle avait 70 ans et lui une trentaine d'années lorsqu'ils se sont rencontrés au Parti socialiste. « Colette, un des êtres les plus extraordinaires que j'ai rencontrés, qui m'a pris à part pour m'expliquer ce qu'est le patriarcat qui naturellement passait sous les radars de ma façon de voir, raconte Jean-Luc Mélenchon avec nostalgie. Je suis un Méditerranéen né dans les années 50 et les petits garçons étaient les rois à la maison », confesse-t-il pour justifier ses péchés de jeunesse.

L'enfance à Tanger n'est pas la seule explication de cette tardive prise de conscience. Dans les années 60, Jean-Luc Mélenchon a commencé sa carrière politique à l'Organisation communiste internationale (OCI), une succursale du trotskisme, la plus secrète de toutes et la moins sensible… à la cause des femmes. L'OCI passe totalement à côté des sujets qui agitent la société française, comme la bataille du MLAC (Mouvement pour la liberté de l'avortement et de la contraception) et du planning familial. Un marqueur de l'époque. Elle refuse de recruter des femmes dans son service d'ordre. « Sa formation est celle d'un trotskisme ouvriériste qui n'avait aucun goût pour les mouvements sociétaux et qui en ce sens est passé à côté de Mai 1968. Il n'y avait aucune personnalité féminine de premier plan dans cet entourage, explique Didier Leschi, haut fonctionnaire venu des rangs de l'extrême gauche. Alors qu'à la LCR [Ligne communiste revolutionnaire] ou d'autres organisations qui étaient proches, il y avait des dirigeantes importantes comme Maya Surduts, par exemple. » Deux autres figures de Mai 1968, l'écolo Daniel Cohn-Bendit et le fondateur de Mediapart Edwy Plenel, ne voient pas non plus chez Mélenchon un grand promoteur de la cause des femmes. Dans un billet sur Europe 1 en 2014, le premier fait un portrait éloquent du leader du Parti de gauche. « Il faisait partie de la secte la plus débile. Mélenchon, il a une vision autoritaire du pouvoir [...] si vous êtes journaliste et femme, vous en prenez plein la gueule. » Dans son livre *Secrets de jeunesse* paru aux éditions Stock en 2001, Plenel n'est pas plus tendre. « Ce militantisme-là m'était instinctivement étranger jusque dans ses us, son machisme arrogant... »

Avant l'élection de 2017, Jean-Luc Mélenchon convainc pourtant toute une génération de jeunes féministes. Saluant son engagement à la fois sur la PMA pour toutes, l'abolition de la prostitution et l'adoption d'une loi de lutte contre les violences sexistes et sexuelles, l'association Politiqu'Elles lui adresse un satisfecit pour les campagnes de 2017 et de 2022. Il peut également mettre à son bilan le respect d'une parité parfaite dans les instances et sur les listes électorales du Parti de gauche et de La France insoumise. Il avoue volontiers qu'il doit cette rigueur à la sénatrice socialiste Laurence Rossignol, ministre des Droits des femmes de François Hollande. Autre militante de la cause des femmes, Juliette[1] fait partie de ces recrues féministes. De gauche, adhérente à la CGT de la santé, elle assiste au meeting du 5 février 2017 et devient militante. Une impulsion. « C'était au moment de l'hologramme. J'avais l'impression qu'existait enfin un parti vraiment féministe. Seul le programme l'était en fait », regrette-t-elle aujourd'hui. Juliette déserte La France insoumise à la fin de l'année 2018 avant de quitter Paris et de se reconvertir dans l'agriculture et la vie en communauté. La lune de miel entre les collectifs féministes et les cadres de La France insoumise vire rapidement à la scène de ménage.

Le 10 octobre 2018, Amandine Fouillard, jeune militante féministe du nord de la France pressentie pour être investie par LFI aux européennes annonce sa démission sur Facebook. Quelques semaines plus tôt, elle avait été dessaisie du livret égalité femmes-hommes qu'elle coanimait depuis deux ans. Elle préparait la mise en place d'une cellule d'écoute dans le parti. On lui aurait reproché sa virulence sur les réseaux sociaux. « Ce qui est agressif, ce sont les violences que nous subissons de la part des militants, des responsables, des candidats et des élus de La France insoumise, accuse-t-elle dans ce qui s'apparente à une lettre de rupture numérique. Certains de ces actes sont répréhensibles par la loi. »

Chez les féministes du mouvement circule également l'histoire de Fatima Benomar, l'une des militantes de la première heure d'Osez le féminisme ! Encartée au Parti de gauche entre 2012 et 2014, la jeune femme a publié le 4 février 2017 le long récit de ses mésaventures au sein de celui-ci. Elle explique en substance avoir été victime d'une purge de la part de l'entourage de Sophia Chikirou pendant la campagne de 2012 car elle aurait constitué une menace politique pour le candidat. Fatima Benomar raconte par le menu ce qu'elle décrit comme une descente aux enfers. Elle reproduit ses échanges avec différents protagonistes dont Sophia Chikirou et Jean-Luc Mélenchon. L'affaire était restée relativement confidentielle jusqu'à la fin du mois de mars 2017 et la publication d'un article du *Figaro* sur la peur des équipes de campagne des « boules puantes » à la veille du premier tour de la présidentielle. À titre d'exemple, était mentionné le blog de la militante. La référence explicite à celui-ci sera supprimée rapidement à la demande de Fatima Benomar. Mais le mal est fait dans les milieux féministes. Le leader de La France insoumise est dépeint comme la victime d'un règlement de comptes entre deux femmes, la compagne officielle, Sophia Chikirou, et une supposée rivale, Fatima Benomar. Cette dernière rend public un SMS vengeur que lui aurait adressé son ennemie. « Pauvre fille, ne t'avise pas de m'écrire, servir d'objet sexuel ne te donne aucun droit. » Pourtant, le quatrième principe de La France insoumise prône « la bienveillance et l'inclusion » et acte que « les compétitions internes, les conflits de personnes et les affrontements de courant n'y ont pas leur place, tout comme les propos ou les comportements violents, sexistes, racistes, antisémites ou LGBTphobes ».

Ces tiraillements n'ont pas handicapé le candidat Mélenchon pour la présidentielle de 2022. Face à l'effondrement de la gauche, il s'est rapidement imposé comme le vote utile pour cette famille politique, de Sandrine Rousseau, la patronne des féministes chez les Verts qui n'a jamais caché ses affinités avec LFI, à Annie Ernaux, Prix Nobel de littérature, icône des collectifs.

Caroline De Haas, fondatrice d'Osez le féminisme ! et de #NousToutes, n'est pas dupe. Elle a tous les capteurs pour mesurer le niveau de déception suscité par Mélenchon chez les jeunes « insoumises » qu'elle connaît bien. Mais elle fait le choix politique de le soutenir. « Nous étions en froid depuis la précédente campagne présidentielle[2] », confie-t-elle. Le 26 mai 2016, un tweet malheureux de Caroline De Haas pendant l'émission « Des paroles et des actes » plonge l'homme politique dans une colère noire. La féministe avait ironisé : « Mélenchon sur l'immigration, ça a donné l'impression d'un grand flou et quand c'est flou… » À l'affût d'un bon coup, les community managers de France 2 avaient affiché le message à l'écran. Rancunier, Mélenchon ne lui a pas pardonné son commentaire. « Il ne m'a apporté aucun soutien aux législatives de 2017 pour lesquelles j'étais candidate à Paris, raconte Caroline De Haas, et j'ai appris un an et demi après par Clémentine Autain qu'il était toujours furieux car il pense que tout le monde le croit raciste à cause de moi. »

En février 2021, la militante décide pourtant de lancer un appel à voter pour le candidat de La France insoumise. « Toute seule dans mon coin, sur les réseaux sociaux, dans les médias, je participe à la dynamique de la campagne car il a le programme qui correspond le plus à mes convictions », poursuit-elle. Les liens reprennent avec le parti mais pas avec le candidat. Il faudra attendre les universités d'été de Valence en 2022 pour de furtives retrouvailles. « On m'a conduite dans sa tente, solennellement, se souvient-elle, la tente du chef. Là, il m'explique qu'il veut lancer une école de cadres de la NUPES. » Comme prévu, le 29 septembre, Caroline De Haas assure la formation des élus. Elle est accueillie par Danielle Simonnet et Sarah Legrain, les deux responsables du Comité de suivi des violences sexistes et sexuelles de La France insoumise. L'ambiance est lourde. Une enquête préliminaire est ouverte pour agressions et harcèlement contre Éric Coquerel, et Adrien Quatennens vient d'avouer qu'il a giflé son épouse dans le cadre d'un divorce conflictuel. « Je n'y suis pas allée seule car psychologiquement c'était trop dur, se souvient-elle. Je sentais l'ombre de Jean-Luc Mélenchon planer au-dessus du groupe. Je me disais : "À quoi ça sert d'être là ?" Il y a de la violence dans ce parti et Jean-Luc est sans doute le plus violent de tous. Il impose au parti une domination viriliste sans s'en rendre compte. » L'idylle avec les féministes a tourné court. Une enquête de l'IFOP réalisée en juillet 2022 montre que 60 % des Français ne font pas (plus) confiance à Jean-Luc Mélenchon pour lutter contre les violences faites aux femmes.

Le charme du tribun n'opère plus sur elles.

13.

Très cher connard

Le rendez-vous a été donné devant une gare en Seine-et-Marne par un matin humide et brumeux, à l'orée d'une forêt. Agathe[1], 34 ans, est une jeune femme vive, souriante, au débit rapide. Son regard est perçant, inquiet, comme traqué, habité par un tourment permanent. Au fil d'une promenade aux couleurs de l'automne, elle raconte ce qu'elle présente comme le séisme de sa vie. Sa rencontre en 2017 avec Julien Bayou, secrétaire national d'Europe Écologie-Les Verts, l'une des figures médiatiques du mouvement. Elle affirme avoir été victime de sa part de « violences psychologiques », notion floue, peu connue. Son récit est désarçonnant de spontanéité, de précision, mais aussi dérangeant. Au fil des phrases affleure une douleur, une fébrilité où la vie privée peine à rejoindre – selon ses propres mots – une « théorisation politique ». Comment (faut-il ?) donner du sens à une histoire de couple qui vire au naufrage ? Le statut de responsable de parti de son ex-compagnon, engagé dans le militantisme féministe, exige-t-il une exemplarité particulière ? Où s'arrêtent la séduction, le flirt et où commencent l'emprise, la domination, l'abus de faiblesse, la violence ?

Au gré de la déambulation entre des arbres centenaires, elle confie pêle-mêle une confusion de sentiments et de parcours personnel. Son extraction populaire (sa mère était femme de ménage), son envie de ne pas reproduire le modèle patriarcal (son père trompait sa mère et elle en a longtemps voulu à cette dernière de l'avoir toléré), son engagement militant pour la laïcité, l'écologie (un peu), le féminisme (beaucoup). Agathe : « Le déclic a été #MeToo en 2017. Je me suis mise à lire énormément. Je me suis engagée pour les autres[2]. »

Jeune militante séduite par Julien Bayou, figure montante de l'écologie, promis à un bel avenir, Agathe le rencontre pour la première fois en 2016. Sans lendemain. Puis une relation se noue en 2017 et s'avère, selon elle, rapidement « toxique » : humiliations, emprise. Entre l'appartement parisien qu'il partage et la maison à la campagne rapidement achetée ensemble, s'enchaînent disputes et incompréhensions mutuelles. Rupture en novembre 2021. Indéniablement, elle le vit mal.

Pendant leurs années de vie commune, Agathe vit dans l'angoisse de la tromperie. Elle avoue même avoir appelé l'une des membres de la commission féminisme d'EELV, Rosalie Salaün-Gourlaouen, en 2019 pour savoir si elle a des « éléments » sur son compagnon qu'elle soupçonne d'aventures multiples. « Elle avait entendu dire que Julien Bayou n'était pas clean avec les filles et m'a demandé ce que j'en pensais. Je lui ai dit : “Si tu veux, je peux interroger quelques filles. Je te mettrai en contact avec elles le cas échéant.” En réalité, je n'ai parlé qu'à une fille qui m'a dit que Julien pouvait avoir un comportement de “connard” mais qu'elle n'avait pas subi de violences[3] », raconte Rosalie Salaün-Gourlaouen. Selon la militante, Agathe l'aurait relancée à plusieurs reprises : « Lorsque la cellule d'écoute sur les violences sexistes et sexuelles a été créée dans le parti, elle voulait que je lui dise s'il y avait des dossiers sur Bayou. Elle m'a relancée à plusieurs reprises par téléphone.

En janvier 2022, j'ai fini par lui mettre en copie le lien vers notre adresse mail de signalement des violences sexuelles car en tant que membre, j'étais tenue par un devoir de réserve. Elle l'a très mal pris. »

En juin 2022, lors du deuxième tour des législatives, le collectif #BalanceTonElu publie sur Instagram une photo qui passe alors inaperçue. On y aperçoit un bulletin de vote au nom de Julien Bayon sur lequel est inscrit au feutre bleu « prédateur ». Le 18 septembre, c'est une élue écologiste parisienne qui reçoit une demande incongrue et anonyme par mail. Elle aurait eu une brève histoire avec Julien Bayou à l'époque où il était en couple avec Agathe. L'expéditeur affirme agir au nom d'« ami·es, confident·es et engagé·es sur les questions des violences sexistes et sexuelles faites aux femmes ». Il prétend appartenir à un groupe qui suit de très près une « amie, une femme incroyable, une louve comme on aime la surnommer, mais qui a subi des violences psychologiques durant plusieurs années » (*sic*). Cette amie, « longuement en couple avec Julien Bayou », serait amoureuse d'un homme qui ne lui disait pas la vérité. La destinataire est incitée à témoigner contre Julien Bayou pour de supposées violences psychologiques. L'auteur(e) alterne « sororité » et menaces : « S'il s'est passé quelque chose avec toi, sache que tu as été utilisée et manipulée dans un but bien précis : passer du bon temps. Puis salie dans ton intégrité pour se protéger. [...] Nous savons ce que c'est que de protéger une personne à qui l'on tient mais nous pensons sincèrement qu'il est temps que cela cesse. »

Le lendemain de l'envoi de ce mail surréaliste, la vie privée de Julien Bayou est déballée en direct sur le plateau de l'une des émissions les plus populaires du PAF. Animée par Anne-Élisabeth Lemoine, « C à vous » sur France 5 navigue avec subtilité entre l'information et le divertissement. À la fin du programme dont l'invitée d'honneur est Sandrine Rousseau, la reine du clash lâche un scud. Une minute trente avant le lancement du générique, l'intervieweuse l'interpelle en raison d'un tweet envoyé sur les réseaux sociaux deux heures avant l'émission (à 17 h 12 précisément) : « Bonjour, @Europe Écologie-Les Verts, la cellule violences sexistes et sexuelles a été saisie en juillet après des accusations de violences commises par Julien Bayou sur son ex-compagne. Comment s'assurer que les militantes soient en sécurité ? Aucune mesure ne semble avoir été prise. Pourquoi ? » Le sujet est éminemment sensible, Adrien Quatennens, le numéro deux de La France insoumise, vient d'être accusé de violences conjugales par son épouse. La cause des femmes en politique est revenue sur le devant de la scène avec fracas. Sandrine Rousseau confirme : « J'ai reçu très longuement, vraiment très longuement, chez moi l'ex-compagne de Julien Bayou. Je pense qu'il y a des comportements qui, en effet, sont de nature à briser la santé morale des femmes. Manifestement elles sont plusieurs, moi je n'ai entendu qu'un seul témoignage, je pense qu'il y a une enquête journalistique en cours. Au moment où j'ai reçu cette femme elle était dans un état vraiment très déprimé, très mal. D'ailleurs elle a fait une tentative de suicide quelques semaines après tellement elle allait mal. » Une exécution politique en direct comme il en existe peu dans l'histoire. « Julien Bayou devra renoncer à ses fonctions au sein de votre parti ? » relance la journaliste. « On verra, step by step. » Une façon efficace de mettre un opposant politique hors course ?

En répondant ainsi, Rousseau vient de « blanchir » l'information qui se propage depuis plusieurs mois dans ce petit monde. Son statut de lanceuse d'alerte contre Denis Baupin, de rivale de Julien Bayou au sein des Verts donne une dimension politique à l'accusation. Représentant deux courants différents, les deux députés doivent s'affronter au congrès des Verts en novembre 2022. Les médias traditionnels s'en saisissent. Ce soir-là Julien Bayou se retrouve sous les feux d'un « tweet bombing » : l'envoi du même message en provenance de comptes différents. Très efficace aux États-Unis, chez les activistes politiques, l'opération commando contre le jeune député est plus artisanale mais produit son effet. #NousToutes lance la première offensive, d'autres sont chargés de publier à leur tour. Et ainsi de suite. Le lendemain matin, le nouveau collectif #RelèveFéministe prend le relais.

Sur Twitter, le message mettant en cause Julien Bayou est accompagné d'analyses de Muriel Salmona (qui est citée et qui retweete) : « Les violences psychologiques répétées sont à l'origine de troubles psychotraumatiques qui entraînent un état de dissociation et d'anesthésie émotionnelle qui vont empêcher la victime de comprendre ses réactions et ses émotions. » La psychologue, qui défend l'idée que les agressions sexuelles (sur tous les enfants) sont quasi irréparables, ne fait pas l'unanimité au sein des magistrats et des thérapeutes. Pour compléter la campagne, une tribune est publiée le lendemain dans *Libération*, titrée « Violences sexistes et sexuelles : l'impunité est révolue, place à la relève féministe ». Dans la foulée, le parti écologiste publie un communiqué de soutien aux femmes « victimes de violence » et Julien Bayou annonce sa mise en retrait du groupe parlementaire qu'il copréside et l'abandon du secrétariat national. Cinq mois plus tard, c'est le dénouement : la cellule d'écoute classe le dossier et Bayou renoue avec ses fonctions parlementaires le 1er février 2023.

La vie ne reprend pourtant pas son cours normal. Depuis la dénonciation de Sandrine Rousseau, l'élu vit sous surveillance. Le 8 mars 2023, Journée internationale des femmes, une grande manifestation intitulée « Grève féministe » est organisée entre République et Nation.

Vers 12 h 30, Julien Bayou, député de Paris dans un secteur qui borde la place où doit démarrer le cortège, prend un café avec Olivier Bertrand, le responsable des élections d'EELV à la terrasse des Parigots. De là, il voit les militants se rassembler, mais il n'a pas du tout l'intention de leur emboîter le pas comme il le fait chaque année. Las. La toile s'enflamme. À 15 h 25, un thread, une série de tweets successifs, de #NousToutes déchaîne la colère des internautes. « Julien Bayou présent à la manifestation parisienne du 8 mars [...] quelques mois après des accusations de VSS [violences sexistes et sexuelles] à son encontre [...]. Les hommes violents assurent leur impunité en faisant croire qu'ils luttent contre les violences masculinistes. Nous ne sommes pas dupes ! » L'information est fausse mais elle valide une croyance militante. À l'appel de quarante-cinq organisations, plus d'une dizaine de milliers de personnes défilent alors pour la lutte des femmes et contre la réforme des retraites. Pas Julien Bayou. Plusieurs dizaines de milliers de personnes ont pourtant lu (et cru) le contraire. Bayou n'a même pas souhaité démentir.

Parmi les hommes « problématiques » repérés par les collectifs, l'ex-numéro 2 des Verts présente un profil particulièrement intéressant. Ce n'est ni un agresseur ni un violeur. Il lui est reproché d'utiliser sa position pour exercer une emprise toxique sur les femmes, qui rentre, selon ses contemptrices, dans la catégorie des violences psychologiques. Sa réputation de libertin n'est plus à faire. Le dossier d'accusation s'alourdit ! Dans la zone grise qui se situe entre militantisme et séduction, le système semble assez rodé : après les réunions, il est adepte de pots bien arrosés et de conquêtes féminines faciles, dont il ne se cache pas. « Il en était même assez fier », raconte une militante. Sophie Tissier, ex-meneuse des gilets jaunes, qui a un temps fréquenté le parti écologiste, se souvient en 2014 avoir été raccompagnée à sa voiture après un dernier verre par Julien Bayou, qui lui a demandé de baisser sa vitre et l'aurait embrassée soudainement sur la bouche : « Je suis restée figée. Je n'ai pas ressenti ce baiser volé comme une agression sexuelle mais ce n'était clairement pas consenti et totalement irrespectueux[4]. » On verra plus tard qu'elle est pourtant sensible sur le sujet. Elle a accusé un cadre LFI de l'avoir agressée. Drague compulsive, histoires achevées par SMS, relations multiples. Un véritable Casanova. On ne prête qu'aux riches… Il a toujours agi comme cela, mais aujourd'hui ses fonctions de secrétaire national du parti et de député lui confèrent un pouvoir nouveau. L'insatiable séducteur se transforme en prédateur qui collectionne les aventures. Son discours et son engagement féministe, un de ses marqueurs politiques, devient insupportable. Un « cher connard » tout droit sorti du livre de Virginie Despentes.

Après l'opération de dénonciation numérique en meute, celle de Rousseau sur le plateau de « C à vous », le cas Bayou est décortiqué dans un site écoféministe, Reporterre. L'article présenté comme une enquête est nourri par le témoignage de deux autres ex-compagnes attestant, elles aussi, de « violences psychologiques », exprimant le sentiment d'une exploitation sexuelle mais aussi intellectuelle. Les récits de ces anciennes amantes – rapportés anonymement – révèlent des éléments très personnels de ses habitudes sexuelles. La publication provoque un profond malaise. Une semaine après un premier article, la journaliste et le directeur du titre se fendent d'un édito en forme d'explication. Leur argumentaire se résume en quelques lignes : « Faire en sorte que les femmes soient entendues alors que jusque-là seul Bayou pouvait donner sa version. » L'enjeu serait également politique et sociétal. Politique car les témoignages collectés sur le comportement de Bayou montreraient que « des jeunes femmes renoncent à leur engagement malgré leur enthousiasme initial », la politique étant un monde d'hommes, violent et agressif. Sociétal car les violences psychologiques, bien que punies par la loi depuis 2010, sont rarement poursuivies même si l'auteur encourt une peine maximale de dix ans d'emprisonnement et de 150 000 euros d'amende lorsque le harcèlement conduit à un suicide – réussi ou non. Bayou fait figure d'exemple. La psychologue d'une des victimes, enfreignant toutes les règles de la profession, témoigne ainsi dans l'enquête, ainsi que deux sociologues bretons très investis dans l'aliénation parentale et les violences conjugales. C'est leur matière et leur combat. Ils s'autorisent une analyse fantaisiste des failles psychologiques de Julien Bayou, sans l'avoir jamais rencontré, ni lui ni ses victimes. Ils discernent dans son comportement un « chantage affectif basé notamment sur le décès de sa mère » ou encore considèrent qu'« il exploite le travail de militantes qui sont d'autant plus isolées que leur travail n'est pas reconnu ».

Ces conclusions paraissent bien définitives. Un minimum de prudence aurait mérité de souligner que ces assertions se fondent uniquement sur les notes d'un tiers. « La journaliste nous a transmis une centaine de pages sur lesquelles elle avait retranscrit les témoignages des femmes », reconnaît Pierre-Guillaume Prigent, l'un des chercheurs.

Quelques mois après l'explosion de cette affaire, dans son bureau de l'Assemblée nationale au décor sobre, Sandrine Rousseau, un rien épuisée, revient sur le contexte de son intervention. Agathe est entrée en contact avec elle en avril 2022. Elles ne s'étaient croisées qu'une seule fois au moment du procès Baupin.

Agathe l'interrogea pour savoir si elle avait entendu parler de faits de violences sexuelles mettant en cause Julien Bayou. « Je ne savais pas du tout qu'il avait une telle boulimie de femmes, répond Sandrine Rousseau. J'aurais dû le savoir d'ailleurs… il était secrétaire national[5]. » Quelques mois plus tard, avant d'entrer sur le plateau de « C à vous », elle appelle Agathe. « Après avoir vu le tweet de #NousToutes, j'ai appelé l'ex-compagne de Julien Bayou. Je lui ai expliqué que j'allais être interrogée, je lui ai demandé “Qu'as-tu envie que je dise ?” Elle m'a dit : “Balance tout !” »

Une version confirmée par l'intéressée : « J'ai eu une minute pour décider. Je me suis dit : “Bayou va encore raconter n'importe quoi, il est temps que les gens sachent.” » Sandrine Rousseau justifie : « Comment peut-on accepter qu'une femme sorte d'une relation amoureuse dans cet état ? Cela faisait des mois que le parti était au courant. Il ne se passait rien. Il faut obliger les organisations à bouger. Ça fait partie de l'activisme. » Que reste-t-il dans une telle vision des choses de la notion de vie privée ? Selon Agathe, juste avant de raccrocher, Sandrine Rousseau lui glisse : « Si ma carrière doit en pâtir, tant pis. » Cette dernière rejette toute idée de stratégie politique. « Les violences psychologiques, c'est la prochaine étape, n'en démord pas Sandrine Rousseau. Notre rôle est d'être en avant-garde de l'opinion publique. On choque, mais on fait bouger les lignes. Il faut réfléchir à nos impensés, à ce que l'on accepte mais que l'on ne devrait pas accepter. »

Elle assure avoir payé le prix fort en ayant relayé la parole de l'ex-compagne : « C'est le seul moment dans ma carrière politique où j'ai eu peur dans la rue. J'ai été agressée verbalement quotidiennement. » Mais elle ne regrette pas ce choix : « Un secrétaire national qui demande cinq minutes après qu'elles ont adhéré à des militantes si elles sont célibataires, pour moi, c'est un sujet politique. » A-t-elle commis une erreur ? « Elle a été loyale avec la parole des femmes, souligne Rosalie Salaün-Gourlaouen, ex-membre de la commission féministe des Verts. Quand comme elle on fait de la politique, on suscite de la haine. Cela fait partie des risques du métier. »

La première fois que Julien Bayou est revenu s'asseoir dans l'hémicycle le 4 octobre 2022 à deux sièges d'elle, Sandrine Rousseau assure avoir vécu un « grand moment de solitude » : « Une dizaine d'hommes, tous partis confondus, sont venus le réconforter. Moi personne, aucune femme ! » Selon elle, cette affaire lui a « coûté très cher » politiquement : « J'ai perdu le congrès [pour la présidence des Verts] à cause de cela. Au sein même de la motion Melissa Camara [soutenue par Sandrine Rousseau], on m'a demandé de me taire. » Fatima Benomar, membre active de #RelèveFéministe, affirme regretter l'emballement après l'intervention médiatique de Sandrine Rousseau. Elle espérait beaucoup de l'article de Reporterre pour mettre à nu Julien Bayou. Plusieurs « victimes » avaient accepté d'y participer et étaient prêtes à témoigner. « Mais c'est tellement dur de prendre la parole publiquement, soupire-t-elle, les femmes paient le prix fort après. Elles se sont toutes rétractées. »

À la frontière de la vie privée et du fait politique, le récit d'Agathe suscite en définitive plus de sarcasmes que de franc soutien, y compris dans les rangs féministes. « On ne peut pas devenir la police des mœurs », soupire une députée « insoumise ». « Des choses doivent rester de l'ordre de l'intime, tempère Alice Coffin, militante féministe pourtant peu encline à la modération. Ce sujet n'est pas encore défriché, pas assez mûr. La notion d'emprise est balbutiante[6]. » Julien Bayou se défend vigoureusement : « Pour définir les violences psychologiques, l'intention est un élément important. Cela repose sur des faits identifiables : des menaces, des intimidations, des moqueries, le fait de rabaisser la personne, de lui imposer des opinions. Il n'y a rien de tout cela. Il s'agit d'une rupture très douloureuse avec des souffrances partagées. Je ne suis pas l'auteur intentionnel des souffrances, réelles, de mon ex-compagne[7]. » Son avocate, Marie Dosé, relève le caractère privé de cette affaire : « Quel est le sujet ? A-t-il bien aimé ou mal aimé ? Est-ce que souffrir c'est être victime d'une infraction ? Quel est le moteur de la haine ? »

Pour Agathe, l'incompréhension est totale. « Je veux sortir du cliché de l'ex vengeresse qui n'a pas supporté des infidélités. Ce que j'ai fait, c'était aussi pour protéger les autres femmes. » Parmi les Verts, la gêne est palpable. Yannick Jadot, ancien candidat des écologistes à la présidentielle 2022, qui ne porte pas Julien Bayou dans son cœur, qualifie l'enquête de Reporterre de « journalisme de caniveau ». Emmanuelle Pierre-Marie, maire du XIIe arrondissement à Paris, proche également de Yannick Jadot, a le cœur qui balance : « Je suis dans le parti le plus féministe de France. Nous avons un temps d'avance sur les violences sexuelles mais aussi psychologiques. C'est une première. On va plus loin, peut-être... un peu trop vite. Pour moi, Julien Bayou a sa place à l'Assemblée nationale. C'est un bon politique, il a été un bon secrétaire national. Je n'ai rien à lui reprocher, il m'a toujours soutenue[8]. » Dans l'entourage de Bayou, on regrette le manque de défense publique à l'intérieur de son propre parti. « La vérité, c'est que personne ne voulait prendre position pour un type qui se comporte comme un connard avec les femmes, même s'il est tombé dans un piège et que le prix à payer est excessif » raconte un proche de Jadot. Sa contribution politique est faible. Il ne sert à rien, ni à personne. » Agathe a-t-elle été instrumentalisée à son insu ? La première avocate choisie par la jeune femme se trouve être aussi celle de... Sandrine Rousseau. Agathe plaide l'ignorance : «Je ne le savais pas, l'avocate s'est bien gardée de me le dire... » Agathe a depuis changé de conseil et a désigné Christophe Bigot, un spécialiste du droit de la presse.

Avec cette affaire, Sandrine Rousseau confirme son rôle de « snipeuse » de l'écoféminisme. Personnage qui agace mais qui existe parce qu'elle... agace. Égérie médiatique, elle fait le job, sans états d'âme, considérant comme d'autres militantes que le combat mérite quelques dégâts collatéraux. Adhérente chez les Verts depuis les années 2000, elle a fait son entrée sur la scène militante sur la pointe des pieds en 2011 avec un livre intitulé *Du balai*, qui présente le ménage comme l'une des clés des inégalités hommes-femmes. Elle revendique alors – sans rire – la création d'un délit de « non-partage des tâches domestiques » ! En 2015 (elle est alors vice-présidente de la région Nord–Pas-de-Calais et porte-parole des Verts), elle publie un autre ouvrage au titre évocateur : *Manuel de survie à destination des femmes en politique*, où elle égrène des conseils aux futures élues face aux comportements sexistes. Elle y concède que la politique participe d'un jeu de séduction « pour les hommes comme pour les femmes », mais s'alarme de cas de harcèlement sexuel dont elle a eu « personnellement connaissance », et qui n'ont pas fait l'objet de plaintes. Un an plus tard, elle passe de la parole aux actes. Elle est l'une de celles qui dénoncent publiquement Denis Baupin, député de Paris (EELV) et vice-président de l'Assemblée nationale, pour harcèlement et agressions sexuelles. « Elle a eu beaucoup de courage, raconte un cadre du parti, car elle avait alerté en interne mais personne ne l'avait prise au sérieux. »

L'affaire la propulse sur le devant de la scène médiatique, mais elle en sort groggy : « Je ne suis pas certaine que ma vie politique puisse continuer au-delà de ces lignes », écrit-elle. La diète dure trois ans. L'ambition politique reprend le dessus. Elle revient au front en 2020. La nomination de Gérald Darmanin au ministère de l'Intérieur aurait joué le rôle de déclic. Candidate aux primaires écologistes pour la présidentielle, elle rate de peu l'investiture (face à Yannick Jadot) mais a gagné ses galons de popularité. « Elle a choisi la posture de la victimisation qui a parfaitement fonctionné, explique un élu. Elle a mis en scène une bousculade avec le maire de Grenoble, Éric Piolle. » Élue députée de Paris en juin 2022 avec l'un des meilleurs scores d'EELV (plus de 42 %), elle ne se fait pas que des amis dans le parti. « Sandrine s'est fait investir d'autorité dans le XIIIe arrondissement de Paris où j'avais déjà été candidate en 2017, sans le moindre égard pour moi, raconte Claire Monod. Elle n'a pas voulu aller à Lille qui est sa région car elle a eu peur des "insoumis", s'est déballonnée face à Falorni à La Rochelle. Elle s'est comportée comme un prédateur, comme au bon vieux temps du patriarcat qu'elle condamne sur tous les plateaux de télé. Après le dernier congrès, beaucoup de ceux qui l'avaient soutenue l'ont lâchée. »

En politique, elle bataille en moine-soldat, à coups de slogans (le barbecue comme symbole de la virilité poussant à consommer trop de viande, le droit à la paresse…). Elle s'offre à la cause, encaisse les coups et en donne. Julien Bayou est-il celui de trop ? Marlène Schiappa, qui se revendique d'un féminisme universaliste (qui s'attache à la défense des droits de l'homme et à l'égalité hommes-femmes), ne comprend pas ce combat : « Tromper quelqu'un n'est pas une violence psychologique. Les femmes se sont battues pour sortir l'adultère des motifs de divorce et que ça ne soit plus un délit. On ne va pas en prison pour ça. Soit c'est pénal, soit ça ne l'est pas. C'est la vie privée de Julien Bayou. Je n'aimerais pas qu'on me juge là-dessus[9]. » Marlène Schiappa, régulièrement chahutée par les militantes féministes pour son manque d'efficacité, renvoie la balle : « Sandrine Rousseau n'a rien apporté à la cause des femmes. Il n'y a pas de loi Rousseau. Les gens attendent des actes. C'est un effet "peau de chagrin". » Sabine Prokhoris, philosophe et essayiste, farouche opposante du néoféminisme : « Elle voit du sexisme partout. Les femmes sont capables de remettre les hommes à leur place. Oui, le sexisme existe, mais il vaut mieux le traiter par le mépris que par le fanatisme[10]. » Suractive sur les réseaux sociaux, l'intéressée poursuit inlassablement sa croisade. Selon elle, l'hémicycle est devenu un lieu « insupportable » : « Plus on est féministe, plus on reçoit de la violence de nos collègues masculins. » Elle est convaincue de porter un combat devenu son moteur politique. Au point de servir sa cause plutôt que la cause ? Elle a en tout cas créé sa propre identité politique écoféministe.

14.

Cinquante nuances de Vert

La scène se déroule le samedi 9 mai 2015 boulevard de la Villette au siège de la CFDT dans le XIXe arrondissement de Paris. Les écologistes ont l'habitude d'y tenir trois ou quatre fois par an leur conseil fédéral, le parlement d'Europe-Écologie Les Verts. Il est composé aux quatre cinquièmes de représentants régionaux. C'est là que se décident les orientations du mouvement. Parmi la centaine de participants, l'atmosphère est détendue et joyeuse. On est content de revoir les copains et de croiser les membres du bureau exécutif, les huiles du parti. Ces retrouvailles sont aussi l'occasion de virées dans Paris, de soirées chez les uns et les autres. Dominique Trichet-Allaire, la présidente de la commission féminisme, demande à prendre la parole. Et soudain, elle casse l'ambiance. La jeune femme raconte avoir reçu de nombreux témoignages de militantes agressées ou harcelées. L'émotion saisit la salle lorsqu'elle évoque un viol. Trois jours plus tôt, dans le quotidien *Libération*, quarante femmes journalistes ont dénoncé dans une tribune intitulée « Bas les pattes ! » le sexisme en politique. Parmi elles, des grandes signatures du monde médiatique. Du regard à la remarque salace en passant par l'invitation à dîner ou les envois de SMS tardifs, ce texte égrène les épreuves endurées par les femmes journalistes. Les « gros lourds » sont anonymisés. On ne balance pas encore son élu ou son porc. Mais Michel Sapin, ministre de l'Économie de François Hollande, est rapidement identifié comme l'auteur d'une « blague potache » consistant à tirer sur le string d'une reporter penchée pour récupérer un stylo tombé à terre. La publication fait grand bruit. Cette galerie de portraits de harceleurs a mis Dominique Trichet-Allaire en rage. Elle consulte sa commission et décide d'affranchir le conseil fédéral des pratiques peu ragoûtantes en cours chez les Verts.

Après une minute de sidération, les huées fusent de toute part. « Tu n'as pas le droit de dire des trucs pareils ! » « T'es folle ! » « Donne des noms ou ferme-la ! ». Dans la salle, le compagnon de Dominique Trichet-Allaire est pris à partie. On lui demande « de calmer sa femme et de la faire taire ». Le public s'échauffe, on s'interroge sur le nom du supposé violeur. L'ombre de Denis Baupin plane sur l'amphi. Il n'a pas encore été publiquement dénoncé mais tout le monde sait qu'il a les mains baladeuses et l'envoi de textos graveleux facile. Yves Contassot[1], ex-porte-parole national des Verts, assis au premier rang, se remémore très bien l'épisode. « Vous vous rendez compte qu'elle parle d'un viol ! » clame-t-il. Il est l'un des rares ténors à réagir. « À l'époque, je pense comme la plupart d'entre nous qu'il s'agit de Baupin, explique-t-il, je n'ai appris que des années après de qui il s'agissait. » Pour calmer le brouhaha, Emmanuelle Cosse, secrétaire nationale d'EELV, grimpe sur l'estrade et siffle la fin de la partie. Sa virulente initiative renforce le sentiment que le cas évoqué concerne son mari, Denis Baupin, et qu'elle veut le protéger alors qu'il n'en est rien. « Personne n'a cherché à savoir, analyse aujourd'hui Dominique Trichet-Allaire, on n'était pas armés, pas préparés[2]. » Personne hormis Sandrine

Rousseau. « Le gars dont tu parles, ce ne serait pas Baupin ? » interroge-t-elle la présidente de la commission féminisme. Un an plus tard, jour pour jour, avec trois autres femmes, elle dénoncera le comportement déviant de ce dernier au travers de deux enquêtes journalistiques parues dans Mediapart et sur France Inter.

L'affaire Baupin ? L'arbre qui cache une forêt de non-dits ? Dominique Trichet-Allaire, DTA pour tout le monde dans le parti, ruminait depuis plusieurs mois cette affaire de viol. La confidence vient de l'une de ses amies proches qui a refusé de porter plainte et ne souhaite pas que son identité soit révélée. Les faits se seraient produits lors d'un week-end de conseil fédéral deux ans avant ses révélations devant le parti. Le premier soir après un dîner de motion bien arrosé, la jeune femme aurait eu une brève relation sexuelle consentie avec un homme à l'époque influent dans un exécutif régional. Le lendemain, une soirée est organisée rue du Chemin-Vert dans le XIe arrondissement de Paris chez deux élues qui partagent une colocation. On boit beaucoup. On flirte et plus si affinités. Une fiesta comme il en existe tant en marge de l'activité militante. Des couples éphémères se forment. L'amie de DTA ne veut pas renouveler l'expérience de la veille. L'homme insiste, elle dit non, il la force. C'est du moins le récit qu'elle fait à de très nombreuses personnes au sein du parti. À l'époque, la victime, très choquée selon de nombreux témoignages, raconte son histoire à plusieurs membres du parti. Stéphane Sitbon, l'ancien sherpa de Cécile Duflot aujourd'hui à France Télévisions, se souvient que la jeune femme est venue le voir au ministère du Logement, où il avait suivi l'ancienne secrétaire nationale, pour lui faire part de cette histoire tout en lui interdisant de la révéler. La féministe Elen Debost, une des accusatrices de Baupin, a également reçu son témoignage. « Nous n'avons rien pu faire car elle ne voulait pas se rendre à la police, raconte-t-elle, mais nous nous sommes arrangés pour qu'il ne sévisse plus. » Alexis Braud, proche conseiller de Yannick Jadot, a lui aussi été alerté par des militants qui ne voulaient pas que l'auteur désigné prenne des responsabilités dans le parti. Il a disparu du paysage. Personne ne sait vraiment s'il a été remercié ou s'il s'est éclipsé.

Un secret de famille bien enfoui que personne ne souhaite voir remonter à la surface. « En 2016, au moment où nous préparions la campagne présidentielle de 2017, j'ai vu le gars tenté de revenir dans l'entourage de Yannick Jadot, raconte Rosalie Salaün-Gourlaouen[3], militante écologiste et féministe qui a participé à la création de la cellule des violences sexuelles et sexistes d'EELV. Je m'occupais de la communication du candidat. J'ai immédiatement fait savoir à l'équipe qu'il y avait un problème et il a de nouveau disparu des radars. »

Rosalie Salaün-Gourlaouen conserve pourtant un goût amer de cette expérience. « La militante a raconté son viol à plusieurs personnes dans le parti mais n'a jamais voulu s'exprimer publiquement ou déposer plainte », regrette-t-elle. Ce qui fait que l'on s'est retrouvé face à un mur. L'homme mis en cause contacté par l'un des auteurs n'esquive pas. Le ton est affable, teinté d'émotion, mais la réponse est nette : « Cette rumeur revient tous les deux ans depuis 2016, dit-il[4], je n'ai pas fait ce dont on m'accuse. Il n'y a pas de plainte. À partir de là, je considère qu'il s'agit d'une dénonciation calomnieuse. La colporter serait de la diffamation. Je me suis fait conseiller. » Au fil de la conversation pourtant, la voix se brise. « Je vis avec cela depuis des années, j'ai fait mon introspection, poursuit-il. J'avais 45 ans et la jeune femme 21 ans. Nous étions dans une zone grise. Je pense qu'il y a eu de l'incompréhension de part et d'autre mais pas d'agression. »

À l'issue de ce conseil fédéral houleux où le mot viol a été prononcé et avant que n'éclate l'affaire Baupin, les Verts décident d'ouvrir une boîte mail pour permettre aux militants de signaler les faits de harcèlements et d'agressions sexuels. Quatre personnes sont chargées de réceptionner les doléances. La présidente de la commission féminisme, Dominique Trichet-Allaire, ainsi que trois membres du bureau exécutif, Maryse Oujdaoudi, Sandrine Rousseau et, ironie du sort, Julien Bayou. Le principe de la création d'une cellule d'enquête contre les violences sexistes et sexuelles est arrêté en décembre 2016. Mais elle tardera à se mettre en place. En 2019, un premier appel à candidature à quelques jours des élections européennes passe totalement inaperçu. Il faudra en publier un second pour réussir à élire les dix membres censés y siéger. Les règles de l'élection sont contraignantes. Chaque élu doit recueillir 50 % des voix exprimées. La cellule n'obtiendra la gestion de la boîte mail de signalements qu'en mars 2020 mais elle était… totalement vide.

C'est la fin d'une génération, celle des Verts libertaires et indisciplinés. La chercheuse Vanessa Jérôme, spécialiste du mouvement écolo et de ses mœurs, décrit avec justesse cette culture : « La liberté amoureuse et sexuelle fait également partie de l'héritage post-soixante-huitard qui irrigue l'imaginaire partisan vert, et pour peu qu'ils soient librement consentis tous types de rapports amoureux et sexuels et tous types d'union sont non seulement acceptables mais revendiqués. Ils font pleinement partie de l'idéologie verte libérale en matière de mœurs et assumée comme telle dans le champ de la compétition politique[5]. » Florie Marie, présidente du parti Pirate international, salariée d'EELV entre 2012 et 2017, a été témoin de cette légèreté propre aux Verts. « Dans les universités d'été et les nombreuses soirées, il y avait toujours de l'alcool, beaucoup trop, des soirées et des fêtes, tout le monde couchait avec tout le monde, raconte-t-elle. Les Verts se croient féministes mais cela n'existe pas en politique. Il y a comme dans tous les partis des relations de pouvoir et la volonté de protéger le système en place. La plupart des femmes qui ont dirigé le parti ont été installées là par un homme qui était souvent le leur[6]. »

Ce qui n'empêche pas les écolos d'être exemplaires en matière de parité dans les instances comme sur les listes. Ils pratiquent également un égalitarisme homme-femme quasi scientifique avec des réunions dites « fermeture éclair », ce qui signifie que deux hommes ne peuvent pas prendre la parole à la suite si aucune femme ne s'exprime ; le débat est alors ajourné. Un système bien rodé qui a permis à quatre femmes de prendre successivement les rênes du parti. Dominique Voynet, qui a participé à la fondation des Verts en 1984, incarne cette époque. Lors du procès en diffamation engagé par Baupin contre ses accusatrices, son témoignage montre le fossé culturel qui la sépare des militantes et des élues qui lui ont succédé. À la barre, appelée par l'avocat de Denis Baupin, elle explique en substance n'avoir jamais vu chez son ancien collaborateur un prédateur sexuel mais plutôt un dragueur lourd, sans grand succès auprès des femmes. Ces déclarations lui vaudront d'être considérée comme traître à la cause par les écoféministes. Cécile Duflot se montrera plus subtile ou habile devant le tribunal, reconnaissant avoir subi les assauts de Baupin sans les avoir dénoncés, ni avoir su protéger les femmes qui l'avaient alertée de ses agissements. Devant le tribunal, elle se décrit avec des sanglots dans la voix comme une femme que la politique a endurcie à l'excès. Sa « capacité à encaisser » l'aurait « rendue sourde aux autres femmes ». Dans un acte de contrition magistrale, elle confesse : « C'est une énorme erreur. J'ai été capable de dire des choses comme : “Si t'es choquée parce qu'un mec te demande de le sucer, franchement cela nous arrive tous les jours" ou "C'est le genre de mec avec lequel il est plus facile de coucher que de résister". »

Dominique Voynet assume son féminisme, aux « antipodes » de celui de Sandrine Rousseau. « Je n'ai pas de leçons à recevoir de sa part, déclare Dominique Voynet. Elle me reproche d'avoir défendu Baupin, c'est entièrement faux. J'ai dit ce que j'ai vu et ce que je savais du personnage mis en cause. Je ne suis pas venue le sauver comme j'ai pu le lire[7]. » Pour l'ancienne patronne du mouvement, l'accusation est rude. Originaire de Dôle, d'une famille de cinq enfants avec un père chevènementiste et une mère prof syndiquée à la CFDT, elle a dû mal à voir son « féminisme » tourné en dérision. « Mon combat, c'est celui des années 70 et 80, celui du droit à disposer de son corps et de l'égalité des droits entre homme et femme, pas la revendication identitaire qui se développe aujourd'hui. »

À 64 ans Dominique Voynet n'a pas perdu son franc-parler. « Je ne remets pas en cause ni les paroles ni la douleur des femmes qui ont accusé Denis Baupin, lâche-t-elle, mais je ne pense pas que le féminisme soit un fonds de commerce politique ou une manière de régler ses comptes. Dans les attaques contre Bayou, on ne sait finalement ni qui l'accuse ni de quoi… d'être un dragueur ? Chez les Verts, il y a toujours eu une tradition d'amour libre. À Dôle où je milite aujourd'hui, j'ai vu beaucoup de vieux militants qui étaient prêts à rendre leur carte au moment de cette affaire. » Plusieurs nuances de Vert…

15.

Les bavures de la police des mœurs

Universités d'été, congrès, fiestas d'après manifestations, soirées entre militants… Depuis #MeToo, les directions des partis politiques redoutent le pire. Dans chaque formation, on craint de voir exhumer une affaire d'une permanence locale ou du siège. C'est le grand tabou du monde politique et il est partagé quel que soit le bord concerné. « L'adrénaline de l'action, l'effervescence du combat, la vie collective multiplient les risques de dérapages, reconnaît un ancien dirigeant socialiste, et puis il y a la cohabitation entre les bénévoles, souvent très jeunes, et les cadres du parti. Tout le monde se tutoie. Cela crée un sentiment de fausse proximité… » Le danger existe dans toutes les organisations humaines ! « Lorsque je suis rentré à France Télévisions j'ai constaté qu'il y avait une vraie différence entre l'entreprise et la politique », raconte Stéphane Sitbon, directeur des programmes et des antennes du groupe public. « Dans le monde salarié, il y a des règles évidentes, des frontières entre les individus qui ne sont pas ou presque jamais franchies, poursuit l'ancien conseiller de Cécile Duflot, dans les partis il n'y a pas de garde-fous. » Depuis l'affaire Baupin et #MeToo, la plupart d'entre eux se sont dotés de structures d'écoute et de veille pour tenter de répondre à la question mais les tentatives sont balbutiantes et pas toujours très efficaces. Renaissance est le dernier à s'être doté d'un outil, baptisé Péa, pour Prévention, écoute, action. Le parti présidentiel a confié son pilotage à Marlène Schiappa. Celle-ci n'est plus chargée de l'Égalité entre les femmes et les hommes au gouvernement depuis 2020. Elle a dû laisser sa place non sans mal à Élisabeth Moreno puis à la magistrate Isabelle Rome, mais cela demeure son domaine de prédilection. Les esprits chagrins auront relevé qu'il était paradoxal, voire un tantinet provocateur, de choisir pour ce rôle la secrétaire d'État qui, par solidarité gouvernementale, avait pris la défense de Nicolas Hulot lors des premières attaques portées contre celui-ci en 2018. « Il ne s'agira en aucun cas de singer la justice en se prenant pour des procureurs ou de couper des têtes arbitrairement, il s'agit d'assurer la prévention, l'écoute, l'accompagnement, l'accès à la plainte, aux droits : nous nous entourerons d'avocats spécialistes de ces sujets[1] », explique Marlène Schiappa. La secrétaire d'État dit avoir rencontré le garde des Sceaux, Éric Dupond-Moretti, pour l'assurer que chacun resterait à sa place. Au moment où nous achevons la rédaction de ce livre, Péa n'avait pas encore véritablement commencé son activité. « Nous sommes encore en phase de mise en place », souffle Alexandre Dimeck-Ghione, conseiller spécial de Marlène Schiappa, secrétaire d'État à la vie associative.

À EELV, la cellule d'écoute n'a pas été en mesure de traiter le médiatique cas Bayou. Mise en place laborieusement après l'affaire Baupin, elle a étudié une quarantaine de cas depuis 2020. Mais dans l'affaire qui opposait le secrétaire national à son ex-compagne, elle s'est révélée incompétente. Les dix femmes travaillent en binômes. Elles ne doivent pas connaître le militant mis en cause. Aisé lorsqu'il s'agit d'un obscur bénévole ou adhérent de province, moins lorsque l'enquête porte sur un dirigeant du mouvement. Sans compter la prise en compte des courants ! Difficile d'imaginer le dossier de Bayou examiné par une fervente supportrice de Rousseau qui a révélé l'affaire sur un plateau de télévision. C'est par excès de vertu que la cellule d'EELV s'est montrée totalement inefficace. Un comble. Si elle a bien été destinatrice d'un signalement de la part de l'ex-compagne de Bayou, elle a mis des mois à convaincre cette dernière d'accepter de rencontrer les deux enquêtrices désignées tant l'intéressée était méfiante. Tandis que Julien Bayou demandait inlassablement à être entendu pour défendre sa cause. La jeune accusatrice a fini par accepter mais le dossier était quasiment clos.

Bayou n'a jamais pu s'exprimer devant la cellule du parti. L'affaire s'est finalement soldée par une forme de classement sans suite assez lamentable. Résultat, la « culpabilité » de l'élu n'a pu être ni prouvée ni infirmée. La cellule a donc suscité les mêmes frustrations que la justice lorsqu'elle est saisie sur ce type de cas. Le dossier « cellule » est le premier sujet sensible de Marine Tondelier lorsqu'elle est devenue secrétaire nationale en novembre… avec celui des retraites. L'équipe qui la composait a été renouvelée et il a fallu procéder à une nouvelle élection. Mais les candidats ne se sont pas bousculés au portillon pour assumer cette tâche ingrate. Par nature et par construction, les Verts n'ont pas un goût immodéré pour la discipline et la morale. Ils regardent tout ce qui peut apparaître comme liberticide avec méfiance. « Il y avait des gens manifestement trop impliqués dans ce type d'affaire à titre personnel, explique un membre du bureau exécutif. Il faut une certaine sérénité pour les traiter. Cela peut être très destructeur de se plonger dans ces investigations. »

Marine Tondelier a également reçu discrètement les

deux protagonistes de l'affaire, Agathe et Julien Bayou. Augustin Augier, son conseiller, explique qu'un audit sur le traitement des violences sexistes et sexuelles dans le parti a été confié à un cabinet extérieur. Un rapport devait lui être remis pour revoir le fonctionnement mis en place. « L'idéal serait de faire intervenir un organisme indépendant », commente Rosalie Salaün-Gourlaouen, une des conceptrices de la cellule qui y a siégé deux ans. « Mais les cabinets privés coûtent cher et la création d'un organisme ad hoc transpartis est complexe en raison d'une exploitation politique toujours possible. Nous avons essayé de faire au mieux. » Une réforme est donc à l'étude. Les Verts ont péché par excès de zèle. Comme souvent à trop vouloir bien faire, ils se sont pris les pieds dans le tapis. La démocratie est le pire des régimes à l'exception de tous les autres.

L'expérience d'une police des mœurs n'a pas plus réussi à LFI que chez les Verts. Pour des raisons très différentes… La cellule aurait été saisie une quinzaine de fois depuis 2020. Dans ce parti tenu d'une main de fer par son fondateur, Jean-Luc Mélenchon, l'idée d'un organe interne et totalement indépendant était une véritable gageure. Pour preuve, plusieurs affaires qui auraient mérité d'être traitées par le fameux comité de suivi lui ont totalement échappé. Son fonctionnement est globalement identique à celui mis en place dans les autres partis. La France insoumise a établi un dispositif à double détente pour traiter les affaires du type Éric Coquerel, visé par une plainte pour agression et harcèlement sexuel, un étage pour l'écoute et l'enquête, un second destiné à décider de la sanction et à accompagner le cas échéant la plaignante vers la justice. Le premier niveau de « juridiction » est comme chez EELV composé uniquement de femmes, sept précisément, cela pour permettre aux « victimes » de s'exprimer en confiance. Un principe cependant contestable, car si l'on a bien assimilé les cours de Sandrine Rousseau et de Caroline De Haas, certains hommes déconstruits peuvent être plus empathiques que des femmes totalement « masculinistes ». Quid des hommes agressés par des femmes ? Un genre serait-il plus écoutant que l'autre ? À la France insoumise, c'est la députée Danielle Simonnet qui a créé le pôle d'écoute et de vigilance contre les violences sexistes et sexuelles en 2018. Candidate Front de gauche à Paris, cette ancienne de l'UNEF travaillait au cabinet du secrétaire d'État Mélenchon dans le gouvernement Jospin au début des années 2000, puis a participé à la campagne présidentielle de 2012 puis dirigé le Parti de gauche de 2015 à 2021 avec Éric Coquerel. En 2020, ce pôle devient un comité de suivi des violences.

Pourquoi Éric Coquerel n'a-t-il jamais été interrogé par le comité ? Cela aurait épargné bien des ennuis aux « insoumis ». Le 4 juillet 2022 il a fait l'objet d'une plainte pour agression sexuelle par Sophie Tissier, sympathisante du Parti de gauche. Les faits remontent à août 2014. Ils se seraient déroulés lors des journées d'été du PG à Grenoble. Après les débats et les ateliers, un groupe de militants s'est retrouvé pour aller danser. Au cours de la soirée, selon Sophie Tissier, Coquerel lui aurait effleuré les fesses et murmuré à l'oreille. Toute la journée, elle déclare avoir senti son regard « salace » sur elle et, au moment de regagner son hôtel, elle aurait reçu de nombreux SMS du cadre du PG l'invitant à le rejoindre dans sa chambre. Intermittente du spectacle, Sophie Tissier a acquis une éphémère notoriété au moment de la crise des gilets jaunes. Elle prônait des manifestations pacifistes. Amandine Fouillard, féministe, responsable du livret (volet du programme) égalité entre les femmes et les hommes de LFI en 2017, affirme avoir alerté Danielle Simonnet et Manuel Bompard du comportement d'Éric Coquerel en 2018. Quelques mois plus tard, elle quitte le mouvement. La mésaventure de Sophie Tissier se retrouve en tout cas dans un article de *Causette* au mois de décembre 2018. Les protagonistes sont anonymisés, on parle seulement d'un député. Le 27 mars 2019, Le Média, le site d'information lancé par Sofia Chikirou, conseillère en communication et élue LFI, le documentariste Henri Poulain et le psychanalyste médiatique Gérard Miller publient une lettre ouverte à l'ensemble de La France insoumise. La missive commence ainsi : « Parce qu'il se veut féministe, notre mouvement se doit d'être particulièrement exemplaire, transparent et réactif. » Elle intervient peu de temps après la publication de l'article de *Causette*. Les signataires demandent des comptes aux dirigeants de LFI. Ils expliquent que Manuel Bompard et Danielle Simonnet ont été alertés et connaissent l'identité du député supposé harceleur et s'étonnent de l'absence de réaction du parti et de son pôle de vigilance contre les violences faites aux femmes. La foudre féministe s'abat finalement en juillet 2022 sur Éric Coquerel, lorsqu'il devient président de la commission des finances. Le temps était au beau fixe pour LFI qui venait de faire entrer soixante-quatorze députés à l'Assemblée nationale et de prendre la tête de la NUPES, un bloc de gauche de cent cinquante élus. Selon un schéma désormais assez classique, la prise d'une fonction importante par un homme dans le viseur des féministes est fatale à ce dernier. Cette fois, la lanceuse d'alerte se nomme Rokhaya Diallo. Au micro de RTL, la militante féministe et antiraciste s'émeut à l'idée que l'élu puisse être choisi pour ce poste prestigieux à la place de la socialiste Valérie Rabault et explique l'origine de son indignation. Elle fait état d'« accusations récurrentes », « des accusations qu'elle a de plusieurs sources au sein de LFI », affirmant « entendre des choses sur son comportement avec les femmes ». Rokhaya Diallo réveille les mauvais souvenirs de Sophie Tissier, qui sort de l'ombre et confirme. Le parquet ouvre une enquête préliminaire. Les protagonistes mais aussi Danielle Simonnet, Sarah Legrain, Manuel Bompard et Caroline De Haas sont convoqués à la brigade de répression des violences aux personnes. L'affaire sera classée sans suite quelques mois plus tard. Mais Éric Coquerel en sortira abîmé. Au cours de son audition, il découvre que de vieilles histoires personnelles étrangères au dossier Tissier ont été exhumées. Deux de ses amies de jeunesse, considérant qu'il s'était mal conduit avec elles, se sont épanchées auprès des témoins entendus dont l'un anonymement. La saisine du comité et un petit rappel à l'ordre auraient sans doute épargné bien des ennuis aux différents acteurs du dossier. « C'est un ami de vingt ans, confie Clémentine Autain, députée LFI, particulièrement en pointe sur les questions féministes mais qui n'a appartenu à aucune des deux instances. J'ai de la sympathie pour lui mais c'est un dragueur lourd. Depuis cette histoire, il a discuté avec tout le monde. Danielle Simonnet lui avait parlé au moment de l'article de *Causette*, et je crois qu'il a compris, désormais il se tient à carreau. »

Quelques semaines avant les déboires de Coquerel, La France insoumise a dû gérer un autre cas complexe, celui du jeune militant Taha Bouhafs. Et une nouvelle fois, la cellule a été dépassée par les intérêts supérieurs du parti. Taha Bouhafs fait partie des recrues récentes de La France insoumise. Depuis 2017, Jean-Luc Mélenchon a séduit un public plus jeune, sensible aux idées écologiques, féministes comme on l'a vu, mais aussi sectionnelles (se rapportant à la défense et aux droits des personnes appartenant à des groupes minoritaires et discriminés) et à l'engagement propalestinien affirmé. Bouhafs est l'emblème de cet « élargissement des luttes ». Arrivé en France à l'âge de 4 ans, il a grandi à Échirolles dans la banlieue grenobloise. Il flirte avec La France insoumise dès 2017. À l'époque, il se présente sous cette étiquette en Isère. Il est éliminé et la greffe ne prend pas. Il reproche à des cadres du parti une islamophobie rampante. En 2018, on le retrouve à Paris dans les mouvements de grève à l'université de Tolbiac. Puis il devient l'un des vidéo-reporters militants les plus actifs de la Toile pendant le mouvement des gilets jaunes. Il gagne sa notoriété en filmant sans le savoir le matraquage d'un couple de manifestants par Alexandre Benalla, conseiller du couple Macron à l'Élysée. Bouhafs se rapproche du comité Adama Traoré animé par Assa, la sœur du jeune banlieusard, mort pendant un contrôle de police, se montre sensible aux collectifs anti-islamophobie, milite pour la cause palestinienne. L'électron libre revient dans le giron de La France insoumise. Il séduit Éric Coquerel, chargé de l'ouverture du parti vers les nouveaux territoires de gauche. Mélenchon, qui a beaucoup évolué sur les questions qui tiennent à cœur à Taha Bouhafs, l'aime bien. Le patron des « insoumis » qui, en 2010, regardait avec circonspection le voile, participe en 2019 à la marche contre l'islamophobie organisée par le CCIF, Comité contre l'islamophobie en France, avec Éric Coquerel et Danièle Obono.

Une présence en force et polémique en raison des *Allahou Akbar* entendus dans la foule et des étoiles juives portées par certains pour exprimer leur ressenti de musulmans stigmatisés… Taha Bouhafs est dans le cortège. Mélenchon devient *friendly* pour ces représentants de l'islam communautaire qui réunissent près de treize mille personnes dans les rues de Paris. En 2022, Taha Bouhafs repart au combat des législatives à nouveau sous les couleurs de LFI. Mais il est débranché en cinq jours. Sans que le comité contre les violences sexistes et sexuelles du parti joue davantage son rôle que dans le cas Coquerel. Cette fois, un message est pourtant arrivé sur la boîte mail de l'organe interne.

Le 6 mai 2022, ce récit qualifié de « glaçant » par les destinataires a également été adressé à l'écologiste Sandrine Rousseau. Clémentine Autain, l'une des cadres du parti, est également informée. Elle rencontre la jeune victime présumée et estime son témoignage crédible et circonstancié. L'étudiante, se présentant comme une ancienne petite amie du candidat, souhaite rester anonyme et refuse de déposer plainte. Sa motivation ? Empêcher Bouhafs de devenir député ! Le dépôt des candidatures en préfecture doit avoir lieu entre le 16 et le 20 mai et LFI présente sa liste d'investiture le 11 mai. Le 9 mai, Mathilde Panot et Clémentine Autain convoquent le jeune homme à Paris. Avant de le rencontrer, cette dernière a fait lire le courrier de la jeune accusatrice à un avocat. Il lui a confirmé que ce qui était décrit pouvait être qualifié par la justice d'agression sexuelle. Après avoir consulté Manuel Bompard, le coordonnateur du mouvement, les deux femmes annoncent à Taha Bouhafs qu'il ne sera pas investi. Il n'a pas eu le droit de savoir ni qui l'accuse ni de quoi exactement… En échange d'un renoncement, on lui promet de passer sous silence les raisons de celui-ci. Après avoir refusé la porte de sortie honorable qui lui était offerte, le jeune homme a finalement obtempéré, annonçant qu'il jetait l'éponge en raison de la dureté de la campagne et de son impuissance face au système. « J'avais de la sympathie pour Taha, explique plusieurs mois après Clémentine Autain en se remémorant la scène, mais il fallait aller très vite. Nous étions tenus par la campagne. Ce qui était décrit dans ce courrier était épouvantable. Cela fait partie de ce que j'ai lu de plus horrible. Tout cela s'est déroulé en vingt-quatre heures. Je ne suis pas du tout satisfaite de ce qui s'est passé. Nous appartenons à un mouvement politique, nous ne sommes pas dans un tribunal. Le type n'a même pas pu se défendre. On est devant un os. Il faut trouver un autre système[2]. » Signe de ce malaise, Clémentine Autain livre une explication bien éloignée de la réalité dans son tweet au lendemain. « Il est temps de regarder en face l'injustice des attaques venues de l'extrême droite relayées *ad nauseam* dans les médias par la Macronie et jusqu'à certains rangs de la gauche contre un jeune homme issu des quartiers populaires et de l'immigration. » Elle est diffusée par Jean-Luc Mélenchon quelques heures plus tard et se répand sur les réseaux sociaux. « Taha Bouhafs retire sa candidature aux législatives. Une meute s'est acharnée contre lui. À 25 ans, c'est lourd de vivre avec des menaces de mort et des mises en cause publiques quotidiennes. Je m'en veux de n'avoir pas su le protéger. » Pendant vingt-quatre heures, Taha Bouhafs est donc une victime de la Macronie et du racisme ! La vraie raison de l'éviction de Taha Bouhafs est révélée par Mediapart le jour suivant. Clémentine Autain parvient à éviter un départ de feu en justifiant la précipitation de la décision et son manque de transparence par une volonté de protéger les victimes.

En réalité, LFI nous a donné une leçon de réécriture de l'histoire quasi poutinienne dans la plus pure tradition soviétique. Une vérité alternative à la Trump selon les préférences. D'une part, Clémentine Autain et toutes les personnes qui ont lu le courrier de l'accusatrice de Bouhafs, crédible et effroyable selon toutes les versions, ont laissé dans la nature un possible délinquant sans même le signaler à la justice. Elles n'ont pas pris soin d'alerter les femmes susceptibles de croiser sa route. Cela vaut aussi pour Sandrine Rousseau, également informée par la victime principale – puisque, selon Clémentine Autain, ce sont au total trois femmes qui ont dénoncé le comportement du jeune « insoumis ». Le plus ironique, c'est que faute de dénoncer un présumé coupable, elles en ont fait une victime du racisme et de l'establishment. Un roman qui s'inscrit parfaitement dans les combats du mouvement... Dans une longue lettre publiée sur son compte Twitter deux mois après le psychodrame de l'investiture, Taha Bouhafs décrit avec minutie et sans complaisance le scénario de la rupture. « Ce lundi 9 mai, Clémentine Autain m'a dit : pendant mille ans les femmes n'ont pas été entendues, tu paies peut-être pour les autres, c'est comme ça [...] elle m'a demandé de mentir sur les raisons du retrait de ma candidature en évoquant les attaques racistes que je subissais depuis l'annonce de celle-ci. Elle m'a dit qu'elle appuierait cette version publiquement. » Kafka nouvel adhérent des Insoumis ? Dans sa lettre aux camarades, il rappelle qu'il est toujours membre de l'Union populaire, que lui et ses avocats ont demandé à plusieurs reprises à être entendus par la commission mais qu'il n'a jamais reçu aucune réponse... Au début du mois de janvier, Taha Bouhafs confirmait qu'il n'avait toujours aucune nouvelle du comité. En mars 2023, l'une des femmes qui l'accusait a retiré son témoignage.

III.

DON JUAN EST FATIGUÉ

La difficile ascension des femmes. Le règne des machos est révolu. L'ont-ils vraiment compris ? L'émergence d'un « pouvoir gay ».

16.

Le gay pouvoir

C'est devenu un sport national ! Chaque fois qu'un ministre ou une ministre est nommé(e), on s'interroge désormais sur son orientation sexuelle. Le questionnement va jusqu'au sommet de l'État. Mathieu Gallet, l'ancien patron de Radio France suspecté d'entretenir une liaison avec Emmanuel Macron pendant la campagne de 2017, en est le témoin. « Je constate que malgré tous nos démentis, des gens en sont toujours convaincus, c'est désespérant ! » se lamente-t-il.

En mai 2022, à peine était-elle désignée Première ministre que dans les rédactions on s'interroge pour savoir s'il faut évoquer les préférences sexuelles – selon la délicate formule désormais en vogue dans les médias – d'Élisabeth Borne. Une de ses ex-collègues à Matignon lorsqu'elle était conseillère de Lionel Jospin, une journaliste ou la patronne d'un groupe public… rapidement des noms de compagnes circulent. Lors de son discours de politique générale, chacune de ses paroles est pesée et analysée afin d'y déceler un indice sur d'éventuelles amitiés féminines. Tout comme celui de sa passation de pouvoir sur le parvis de Matignon. La rumeur est tellement insistante que l'intéressée doit elle-même démentir l'information. Cette femme particulièrement secrète, détestant par-dessus tout parler d'elle, a dû répondre à plusieurs journalistes chargés de brosser son portrait au moment de sa prise de fonction dans des journaux très sérieux. Nommée le 17 mai, elle accorde trois mois plus tard une interview au magazine *Têtu*, média historique de la communauté LGBT+, pour répondre officiellement à la fameuse question. « Si j'étais en couple avec une femme, je ne vois pas pourquoi je ne l'aurais pas dit ! » Il fallait certes dissiper le malaise provoqué par des propos jugés homophobes de Caroline Cayeux, éphémère ministre des Collectivités territoriales (c'était l'un des objets de l'interview), mais quel empressement tout de même ! Quelques jours après cette mise au point, Élisabeth Borne était photographiée pendant ses vacances à Saint-Tropez en compagnie d'un homme, le sien, au cours d'une séance de running. Un compagnon dont on ne saura rien, si ce n'est qu'il vit le reste du temps en Bretagne. Fermez le ban. Ou presque.

Les conjectures se sont ensuite concentrées sur ce cliché. Lorsque l'on court dans l'une des stations balnéaires les plus fréquentées de France au cœur de l'été, c'est que l'on veut se montrer, et si l'on souhaite se montrer, c'est sans doute pour mieux cacher autre chose… Un homme aurait-il eu le même traitement qu'Élisabeth Borne ? Certainement pas. L'homosexualité masculine en politique s'est banalisée. Plusieurs ministres de son gouvernement, et non des moindres, sont homosexuels. Certains ne le disent pas mais ne cherchent pas à le dissimuler derrière un mariage de circonstance. On n'est plus obligé d'avoir un conjoint, des enfants et un chien – un labrador de préférence – pour entrer dans un gouvernement. D'autres l'assument comme Clément Beaune, le ministre des Transports, depuis 2020 et une interview dans *Têtu*. Il n'hésite pas à défendre la cause LGBT chaque fois qu'il le peut. Candidat victorieux aux législatives de 2022 dans le XIe arrondissement de Paris face à Caroline Mécary, LFI, avocate engagée dans le combat pour l'homoparentalité, il concourait sur un terrain *gay friendly*. L'ex-LR Franck Riester, chargé du Commerce, a lui affiché son identité sexuelle dès 2011 alors qu'il était député-maire de Coulommiers, une ville au milieu des champs en lointaine banlieue. Olivier Dussopt, le ministre du Travail qui, lui, vient du PS, a été l'un des premiers maires à célébrer un mariage pour tous en 2013. Il a attendu dix ans de plus et le débat très chahuté des retraites pour dévoiler – encore dans *Têtu* – son homosexualité et son engagement en faveur de la GPA. Au début du premier quinquennat, l'avocat Juan Branco avait, sans excès de délicatesse, « outé » dans un livre paru en 2018 Gabriel Attal, 29 ans, alors secrétaire d'État auprès du ministre de l'Éducation nationale, qui était pacsé avec Stéphane Séjourné, l'un des principaux conseillers du nouveau président. Trublion vindicatif de la Macronie, Branco avait surtout réglé un compte avec son ancien camarade de classe de l'École alsacienne, l'institution privée très prisée des enfants de l'intelligentsia parisienne. Sans se préoccuper du compagnon de son ennemi dont les parents n'étaient au courant ni de son union ni de son orientation sexuelle.

Gabriel Attal, lui, n'a jamais eu de problème avec le sujet. Il est considéré comme l'un des ministres les plus talentueux de sa génération, titulaire du portefeuille des Comptes publics, après avoir commencé à l'ombre de Jean-Michel Blanquer à l'Éducation nationale puis assumé la lourde tâche du porte-parolat. Un poste particulièrement exposé. Et il aime cela. Pourtant, il a décliné la proposition du patron de *Paris Match* de mettre en scène son couple en une du magazine. « Gabriel n'a jamais voulu médiatiser sa vie privée, explique sereinement Louis Jublin, son conseiller en communication, c'est même devenu dépassé et décalé que l'on soit hétéro ou homosexuel. Se montrer dans son salon ou en train de faire la cuisine quand les Français sont préoccupés par la guerre, le climat et les retraites… Non merci ! » La banalisation est telle que l'on prête aujourd'hui aux couples homos les vicissitudes de ceux des hétéros. Une belle histoire serait née entre deux ministres, mais l'un d'eux ne serait pas libre. « C'est vrai, je suis interrogé régulièrement, concède le conseiller de l'un d'eux, je n'ai qu'une réponse : Vous avez des photos ? Non ? Alors cela n'existe pas. » Sarah El Haïry, secrétaire d'État à la Jeunesse depuis 2020 est bien placée pour savoir que les femmes homosexuelles ont plus de mal à s'affirmer que les hommes. En déclarant dans une interview fleuve, au détour d'une phrase qu'elle avait une compagne, elle a déchaîné les passions et les insultes. « Tout le monde a parlé du premier outing d'une ministre, remarque-t-elle abasourdie, mais cela fait deux fois que je déclare à la Haute Autorité pour la transparence de la vie publique les fonctions de ma compagne en indiquant qu'elle est directrice. Je ne me suis jamais cachée. Mon outing, je l'ai fait lorsque j'avais 19 ans, j'en ai 34 aujourd'hui, auprès de mes parents, puis dans ma vie professionnelle[1]. »

La société a évolué, les différentes lois sur le Pacs, le mariage pour tous, le droit à l'adoption, ont suscité des débats, souvent empreints d'une grande violence, qui ont permis d'expurger beaucoup de fantasmes. Avec l'arrivée au pouvoir d'Emmanuel Macron et de son parti tout neuf, une nouvelle génération débarrassée des stéréotypes historiques est montée en puissance. « Il n'y a plus de baronnies, raconte un cadre venu du PS, nous avons vu plus de femmes et plus d'homosexuels s'imposer à des postes clés. Le renouvellement de la classe politique a favorisé l'émergence de nouveaux profils. » Louis Jublin, gay assumé, confirme cette évolution. Dans son élégant costume prince-de-galles aux fines rayures roses, rehaussées par une cravate assortie, il déplore une normalisation… excessive. « Il y avait une fantaisie qui n'existe plus. Le mariage auquel je ne souscrivais pas a provoqué une forme d'embourgeoisement. » Signe des temps, le flamboyant banquier de droite Emmanuel Goldstein, qui régalait le Paris des années Sarkozy de soirées fastueuses[2], a opté pour le mariage. En juin 2023, il a loué un étage de l'Opéra Garnier pour l'occasion. « Il y a quelques années, j'avais imaginé créer un réseau homosexuel à l'instar de ceux mis en place par les femmes de pouvoir, explique Louis Jublin. Pour le clin d'œil j'avais pensé le baptiser "Folles d'influence" mais je me suis très rapidement aperçu que c'était inutile. Le réseau fonctionne naturellement sans avoir besoin de le créer. S'il faut s'investir dans la cause gay, c'est dans la France profonde où les jeunes ont encore beaucoup de mal à s'assumer et sont victimes d'homophobie, pas dans les allées du pouvoir. »

C'est Bertrand Delanoë, alors sénateur de Paris, qui a brisé un tabou. Il se souvient d'avoir terminé l'entretien accordé à M6 en 1998 dans lequel il dévoilait son homosexualité par « Maintenant je voudrais que tout le monde s'en fiche ! ». L'initiative de cette prise de parole venait d'une sollicitation de l'émission « Zone interdite ». « Nous avions interrogé beaucoup de personnes mais aucune ne souhaitait s'exprimer[3] », se souvient Philippe Pécoul, l'un des journalistes travaillant sur l'enquête. « J'avais rencontré notamment Jean-Luc Romero, à l'époque élu de droite au conseil régional d'Île-de-France, nous avions échangé pendant plus de deux heures mais il était impossible pour lui de faire un coming out à ce moment-là. Cela lui paraissait trop risqué politiquement. J'ai appelé Bertrand Delanoë qui m'a répondu après un très long silence : "Pourquoi pas" ? »

Les images de ce moment de télévision ont marqué toute une génération mais ne sont pas facilement accessibles. Bertrand Delanoë ne voulait pas en faire commerce, ni que d'autres s'en chargent. Avant de se résoudre à rendre publique son homosexualité, il a hésité, puis a consulté son cabinet et ses amis, puis hésité encore et a finalement décidé seul comme à son habitude. Le 22 novembre 1998 au matin, jour de la diffusion de l'émission « Zone interdite », il a donné son feu vert à la chaîne qui lui avait promis un droit de rétractation, au cas où il renoncerait finalement à faire son coming out, le premier de la classe politique française. Deux ans avant sa candidature à la mairie de Paris, certains y ont vu un calcul politique pour conquérir la capitale en voie de gentrification. « On me conseillait plutôt de ne pas le faire, de peur que cela ne me pénalise, se souvient-il, il n'y avait aucune stratégie. Ce sont surtout les débats sur le Pacs qui m'ont incité à prendre cette initiative[4]. »

D'autres, dans la communauté, se sont offusqués qu'il ne devienne pas le porte-parole de la cause gay en France. « Il se disait des choses épouvantables dans l'hémicycle, des propos homophobes, on parlait de zoophilie. Ma déclaration s'inscrivait dans une démarche de lutte contre toutes les discriminations, un combat pour la liberté. En fin de compte, les réactions se sont avérées étonnamment positives. Michel Roussin, l'homme lige de Jacques Chirac, un ennemi politique, l'a appelé pour le féliciter : « Bravo Bertrand, c'est bien ce que tu as fait. » À l'Assemblée, les socialistes ne s'étaient guère montrés courageux lors du vote du pacte civil de solidarité. Beaucoup d'entre eux s'étaient fait porter pâles au moment fatidique tant ils avaient peur d'en payer le prix dans leur circonscription. Bertrand Delanoë redoutait la réaction de Jospin. Ils avaient mené suffisamment de batailles ensemble pour savoir que ce dernier, d'une grande discrétion, n'aimait pas les questions de vie privée. Le matin de la diffusion, Delanoë avait prévenu l'un des collaborateurs du Premier ministre qu'il passait sur M6 sans l'affranchir sur la nature du sujet.

Lionel Jospin l'a regardé en compagnie de son épouse, Sylviane Agacinski, puis a appelé son ami pour saluer son initiative d'un pudique : « Tu l'as très bien fait. »

Pendant l'exercice de ses mandats à l'Hôtel de Ville, il n'a jamais regretté son choix. Il y a eu quelques égratignures. « Un jour, une élue d'opposition a douté de ma capacité à prendre en compte les problèmes de famille dans ma situation, je lui ai répondu qu'il avait fallu un maire célibataire et sans enfant pour faire beaucoup plus de crèches que mon prédécesseur. » Aujourd'hui, Bertrand Delanoë partage sa vie entre Paris, à deux pas des Gobelins, et son refuge tunisien de Bizerte. Il a quitté la politique mais reste toujours très discret sur les hommes qui partagent sa vie. Quelques mois après lui, André Labarrère a fait de même. Le socialiste, maire de Pau pendant trente-huit ans, n'a jamais caché ses préférences sexuelles mais n'en avait jamais fait état publiquement. En 1999, Philippe Meynard, alors 29 ans, premier adjoint UDF du maire de Barsac, près de Bordeaux, fils d'agriculteur dans une famille de sept enfants, s'est senti dans l'obligation de le faire, devenant le premier élu de droite à passer le pas. Les bruits et la fureur du Pacs avaient résonné jusqu'en Gironde. Depuis sa candidature sur la liste des régionales, il était la proie de chantages et d'insultes à répétition. Le 16 octobre 1999, dans l'émission de télévision « Tout le monde en parle » de Thierry Ardisson, il explique pourquoi il a décidé ce coming out. Le comportement des parlementaires appartenant à sa famille politique n'y est pas étranger. « La députée Christine Boutin a participé à des manifestations où on voyait des pancartes sur lesquelles était inscrit : "Les pédés au bûcher", un sénateur a comparé le Pacs à un projet de vie sidaïque… » L'occasion pour le jeune homme de mettre fin à un mensonge. « Il y a trois ans je me suis marié car je pensais que cela me protégerait », confie-t-il au cours de l'émission.

Proche de Nicolas Sarkozy, Roger Karouchi attendra 2009 et son soixante et onzième anniversaire pour avouer son homosexualité. Candidat à la primaire de l'UMP pour les élections régionales, il craignait, lui aussi, les boules puantes. Six ans plus tard, sur France Info, il explique que des « horreurs » circulaient sur lui et qu'il a préféré dire les choses plutôt que de laisser prospérer les rumeurs. Il raconte alors qu'au début de sa carrière il avait fait un mariage de convenance avec une amie mais qu'il vit depuis longtemps avec un compagnon. « Cela m'a beaucoup desservi politiquement. Dans un parti de droite [...], ce n'est pas évident de dire des choses comme ça. Peut-être qu'à gauche c'était plus facile ou plus fréquent mais pas à droite », confie-t-il au micro de l'antenne publique. Il a d'ailleurs été l'un des plus réticents à l'organisation d'une soirée aux Bains Douches autour de Nicolas Sarkozy lors de la campagne de l'élection présidentielle de 2007. Il s'agissait de réconcilier le candidat avec la communauté homosexuelle. À la manœuvre, l'association Diagonale – les sarkozystes de gauche – fondée par le préfet Thierry Coudert, à l'époque directeur de cabinet de Brice Hortefeux, ministre des Collectivités locales. Sont présents notamment Philippe Villin, banquier d'affaires, ancien directeur du *Figaro*, Pascal Houzelot, le fondateur de Pink TV, Thomas Doustaly, le directeur de la rédaction de *Têtu*, Sébastien Chenu, aujourd'hui député RN, mais à l'époque à la tête de l'association GayLib, une filiale de l'UMP et quelques politiques dont François Fillon, Roselyne Bachelot, Nadine Morano. Brice Hortefeux, l'ami de Nicolas Sarkozy, avait refusé de venir, tant l'initiative n'était pas à son goût et tant il avait peur qu'elle nuise au candidat de la droite. « Vous lui faites faire n'importe quoi », s'était-il plaint à la « firme », l'équipe de conseillers qui entouraient le candidat. Nicolas Sarkozy a lui-même beaucoup douté. Il est resté seulement une trentaine de minutes dans la boîte de nuit avec un message clair : en dépit des outrances de certains membres de sa famille politique au moment du Pacs, on peut être gay et de droite. Et même très à droite.

En 2014, Sébastien Chenu a rejoint Marine Le Pen. Vice-président de l'Assemblée nationale, il considère que son homosexualité n'a jamais été un problème dans son parti d'adoption. « Ce n'est pas nouveau, explique-t-il, ni pour Marine ni pour Jean-Marie Le Pen chez qui j'ai dîné et où j'ai été très bien reçu. Il y a beaucoup d'homosexuels dans le monde politique, au RN comme dans les autres partis. Il faut beaucoup de temps et de disponibilité pour s'engager dans une carrière et pendant longtemps les gays ne fondaient pas de famille. Il y a sans doute un besoin de reconnaissance, une faille narcissique plus importante dans cette communauté qu'ailleurs qui pousse à ce type de carrière[5]. » Au sein de l'ex-Front national, cette dimension de revanche sociale est probablement plus forte que dans les partis traditionnels. Un œcuménisme que ne partage pas Bertrand Delanoë : « Une idéologie d'extrême droite est forcément discriminatoire, je n'oublie pas certains propos tenus par les amis de ce parti sur les juifs. Il y a toujours des idiots utiles. » Toutefois, les raccourcis et attaques politiques reprennent vite le dessus. En 2009, quatre ans après la sortie de son livre *La Mauvaise Vie*, dans lequel il raconte ses expériences de tourisme sexuel, Frédéric Mitterrand, alors ministre de la Culture, est accusé par Marine Le Pen de pédophilie. Une attaque qui avait été relayée à l'époque par Benoît Hamon, porte-parole du PS. Frédéric Mitterrand avait dû aller au journal télévisé pour expliquer qu'être homosexuel n'est pas être pédophile.

On voulait une société plus transparente. Et bien, on l'a !

17.

Vaudevilles à l'Élysée

Quand est-ce que tout a basculé ? Quand est-ce que la frivolité, la sensualité ont disparu du palais de l'Élysée ? Le château a longtemps été un lieu de jouissance et de rencontres coquines. Historiquement, une maison de rendez-vous pour amateurs de femmes, parfois jusqu'à l'extase. Le 16 février 1899, Félix Faure, chef de l'État, décède dans les bras de sa maîtresse, Marguerite Steinheil dite « Meg », après avoir avalé un aphrodisiaque. En trop grande quantité sans doute. Pour railler le défunt, Georges Clemenceau – qui n'était pas non plus un enfant de chœur – a eu ce mot passé à la postérité : « Il s'était cru César, il est mort Pompée. » Félix Faure sera le premier président – le seul à ce jour – mort en pleine action. L'accession au pouvoir suprême donne le vertige et des accès de libido politique. Bien avant cet accident domestique, le palais de l'Élysée a déjà servi de décor à ce genre d'effusions. Le comte d'Évreux, qui a fait construire ce palais en 1720, organise quelques soirées relevant des bacchanales antiques. À sa mort, en 1753, le notaire vend l'hôtel à Jeanne-Antoinette Poisson, plus connue sous le nom de marquise de Pompadour, la favorite de Louis XV. « Ce n'était pas une grande baiseuse et elle avait besoin d'aphrodisiaque[1] », constate avec flegme l'historien Michel de Decker. L'Élysée est ensuite cédé à un banquier, puis tombe dans l'escarcelle de Murat, beau-frère de Napoléon. L'Empereur vient vérifier dans ces chambres si c'est sa faute ou celle de Joséphine s'ils n'arrivent pas à procréer. Il y passe d'ailleurs de si bons moments qu'il s'installe là en 1809. Pour la première fois, l'Élysée est le centre du pouvoir en France.

Trois décennies plus tard, Louis-Napoléon Bonaparte, élu président de la IIe République, réside aussi à l'Élysée. Il fait percer une porte dans le mur de la clôture du parc pour rejoindre sa maîtresse anglaise, Harriet Howard, dans un hôtel des abords. Mais « Mme Henriette » ne lui suffit pas et il s'acoquine avec des actrices. À l'Élysée, il prépare le coup d'État qui fera de lui l'empereur Napoléon III, mais il ourdit également des complots amoureux. « En amour aussi, il fut toute sa vie un chasseur de chimères et un don Juan insatisfait[2]. » Le Second Empire est aussi l'empire des sens. L'Histoire connaît néanmoins quelques parenthèses. En 1958, c'est le Général qui prend ses quartiers à l'Élysée. Sa morale est si rigide – celle de son épouse ne l'est pas moins – que le passé sulfureux du « palais féminin » ne lui plaît pas. Il a même songé à installer la présidence au château de Vincennes ou au Trianon à Versailles. Finalement, le chef de l'État s'y est fait.

Amateur d'arts et de bonne chère, Georges Pompidou semble être resté à distance de la chose. Seule exception : un obscur traquenard politico-sexuel, un kompromat déjà évoqué plus haut, visant son épouse Claude.

Pendant son septennat (1974-1981), Valéry Giscard d'Estaing porte haut les couleurs de *Sexus politicus*. Le jeune président, 48 ans, voit l'amour en grand. Il déclare être amoureux de 17 millions de Françaises. Et ce n'est pas qu'une métaphore : « Le plus curieux, la nature même de mon secret, c'est que c'était rigoureusement exact ! Et quand j'y pensais, je riais en me disant qu'Henri IV avait été un enfant de chœur[3]. » Avec ses deux épouses, Marguerite de Valois, dite la reine Margot, et Marie de Médicis, le monarque fait en effet pâle figure. Et pourtant, il faut y ajouter ses maîtresses, Gabrielle d'Estrées et Henriette d'Entragues, et ses multiples conquêtes. Un roi amoureux, infidèle, insatiable. Trois siècles plus tard, un président à la conquête des cœurs et du corps (électoral). Quitte à frôler la sortie de route au sens propre. En septembre 1974, à 5 heures du matin, « l'heure du laitier », un accrochage bénin a lieu dans une rue de Paris, sauf que le conducteur n'est autre que le président de la République. Ce dernier était, dit-on, bien accompagné. Le jeune président souhaitait vivre la vie d'un citoyen comme un autre, mais les services de sécurité avaient fait part de leurs inquiétudes. Le président s'est vu attribuer moult aventures (avec une photographe, une princesse italienne, une ministre...). Il n'en a démenti aucune. À la fin de sa vie, le don Juan de Chamalières n'est pas précipité dans les flammes de l'enfer comme le personnage de Molière, mais rattrapé par l'ère #MeToo. Autres temps, autres mœurs. L'ex-président nonagénaire est accusé d'avoir eu la main baladeuse en décembre 2018 lors d'une séance photo avec une journaliste allemande. Dans le sillage du mouvement de « libération de la parole des femmes », Ann-Kathrin Stracke dépose plainte pour agression sexuelle en mai 2020. Elle soutient que l'ancien chef de l'État lui a posé la main sur les fesses à trois reprises. Le président fait savoir par son entourage qu'il ne se souvient de rien tout en se disant « navré si le reproche était vrai ». Son décès à l'âge de 94 ans a éteint l'action publique. L'honneur du président est sauf.

En 1981, son successeur à l'Élysée n'est pas un cœur moins ardent. François Mitterrand, monarque séducteur, connaît ses classiques. Féru d'histoire et de littérature, il n'ignore rien des frasques de la cour de Louis XV ou de la vie du cardinal de Bernis, libertin, amateur de plaisirs et de belles femmes. Les *Mémoires* de Casanova sont l'un de ses livres de chevet. Dans sa bibliothèque, trône aussi *Les Plaisirs du roi* de Pierre Bettencourt, offert par son ami Pierre Bergé, dont la couverture est illustrée par un sexe masculin pourvu… d'une couronne. François Mitterrand a ajouté à la volupté une dose de secret et d'affaires d'État. Il mobilise la « cellule de l'Élysée » et les deniers publics pour protéger sa deuxième famille (Anne Pingeot et sa fille, Mazarine). Confusion privé-public. La gestion de cette seconde famille donne des sueurs froides au Groupe de sécurité de la présidence de la République (GSPR), chargé de sa protection.

Le 16 mai 1990, lors d'une visite officielle en Polynésie française, le président de la République amène à sa suite – comme c'est l'usage – six ministres et un aréopage de conseillers, chefs d'entreprise, journalistes… près de quatre cents personnes ! La tradition républicaine veut que les ministres saluent le chef de l'État au pavillon d'honneur de l'aéroport Roissy-Charles de Gaulle avant l'embarquement. Ce jour-là, François Mitterrand accompagné de son épouse Danielle est d'humeur plus que maussade. La garde rapprochée ne comprend pas. L'ensemble de la délégation monte dans l'avion… dans lequel sont déjà assises deux passagères, Anne Pingeot et sa fille : « Mitterrand était furieux car il voulait que cela se déroule sans que ça se voie ! » raconte un officier de sécurité. Opération ratée. Le chef du GSPR se fera incendier par François Mitterrand tout en expliquant qu'il voulait « bien faire ». Il faudra attendre quatre ans pour que l'hebdomadaire *Paris Match* publie une photo de Mazarine et son père à la sortie d'un restaurant parisien. Avec l'accord tacite du président. À l'époque, les secrets sont bien gardés et la presse est docile. Le

11 janvier 1996, les Français(e)s assistent à l'inoubliable scène de l'enterrement du président socialiste en présence de « ses deux familles ». Danielle Mitterrand d'un côté, Mazarine Pingeot de l'autre. L'événement – sous l'œil curieux de la presse internationale – met une nouvelle fois le protocole sur les dents. « Il fallait à tout prix éviter le moindre incident », se souvient un responsable du SPHP (Service de protection des hautes personnalités).

Au crépuscule de sa vie, affaibli par la maladie, le sphinx socialiste avait encore de l'ardeur amoureuse. Il s'était amouraché d'une jeune femme, de trente ans plus jeune que lui, dont l'existence – déjà évoquée dans *Sexus politicus* – est longtemps restée secrète. Le chauffeur de Mitterrand déposait le président de la République boulevard Saint-Germain, entre la Brasserie Lipp et la rue de Seine, où elle habitait. Quelle était la nature de leur relation ? « Purement platonique », souligne un proche. Cette belle brune s'est révélée être une ancienne stagiaire de Radio France qui avait tendu son micro à François Mitterrand. Elle sera sa dernière conquête. L'amante mystérieuse – Claire, un pseudonyme – s'est confiée récemment à l'une des plumes du *Monde*, Solenn de Royer, qui en a fait un livre bien informé[4]. Une mise en lumière feutrée.

Gardien des secrets de la Mitterrandie, Michel Charasse, conseiller fidèle, cultivait lui-même l'art du cloisonnement : « Il avait trois équipes de protection, se souvient un ex-officier de sa garde rapprochée. Une dans la journée, une à Puy-Guillaume (ville dont il a été le maire pendant trente-trois ans) et une autre pour la nuit du ministre... qui aurait parfois été chaude. Les trois équipes avaient ordre de ne pas se parler entre elles. » Les responsables du service avaient même décidé de lui dédier une équipe spéciale, le GAHP (Groupe d'appui des hautes personnalités), unité d'élite du SPHP chargée des missions sensibles – eu égard aux lieux mal famés qu'il pouvait fréquenter.

Lorsque Jacques Chirac s'installe à l'Élysée en 1988, il est précédé par une réputation de bon vivant, charmeur, à l'humour de corps de garde. Lors de ses premiers marathons politiques, le hussard gaulliste s'est rendu célèbre en portant des « toasts à nos chevaux, à nos femmes, et à ceux qui les montent ». On lui prête aussi l'expression expéditive de « cinq minutes douche comprise » ! Jacques Chirac ne restait jamais de marbre devant une jolie femme. Au début des années 2000, dans les salons de l'Élysée, le président vient de prononcer un discours à l'occasion du départ d'un fonctionnaire. Gilles Furigo, ex-patron du Service de protection des hautes personnalités, les « gorilles de la République », est présent avec la cheffe d'état-major de son service, « classe et jolie ». Jacques Chirac, en pleine conversation avec des invités, détecte sa présence, interrompt sa discussion et se précipite vers la jeune policière : « Nous n'avons pas été présentés ! » L'œil est allumé, le sourire avenant. Le radar du séducteur vient de s'allumer. « Chirac m'a toujours fait penser au personnage du loup dans Tex Avery avec ses yeux qui sortent de leurs orbites, se remémore Gilles Furigo. Lorsqu'il voyait une jolie femme, il avait besoin de la séduire. » Un besoin compulsif.

« Ce n'est pas le pouvoir mais le stress qui est aphrodisiaque, analyse Philippe Douste-Blazy, ancien patron de la diplomatie française. Les politiques exercent un métier dur d'un point de vue mental, qui peut susciter l'envie de réconfort et de douceur. Comme les sportifs et les grands médecins[5]. » Lorsqu'il était Premier ministre, Jacques Chirac a entretenu une relation pendant deux ans avec une reporter du *Figaro*. Une ligne dédiée permet aux amants de se parler directement.

L'affaire commence à se savoir dans l'entourage de Chirac. Sa conseillère, Marie-France Garaud, fait en sorte que l'idylle tourne court. Chirac obtempère. L'affaire se termine dans un hôpital pour la journaliste, passablement déprimée. Un épisode qui rappelle la fin de l'histoire entre François Hollande et Valérie Trierweiler. L'époque n'est pas prête. L'homme, lui, est vaillant. Des femmes politiques, rencontrées dans ses fonctions, bénéficient de promotions au sein du parti. Michèle Alliot-Marie, qui a « les plus belles jambes du RPR[6] », devient la « militante favorite du chef », Françoise de Panafieu, qui a le « charme d'un félin », s'esquive à la fin d'un meeting avec Jacques Chirac. Bernadette, son épouse, son « point fixe », assiste à ce ballet sans rien laisser paraître. Elle pardonne les infidélités. Avec lucidité, elle a confessé que son mari avait un « succès énorme ». Elle ne parlait pas de succès électoraux, mais de « filles éblouissantes » : « Bref, il avait un succès formidable. Bel homme, et puis très enjôleur, très gai. Alors, les filles, ça galopait. Heureusement qu'il y a la philosophie de l'âge. Mais oui, bien sûr, j'ai été jalouse. Il y avait de quoi, écoutez ! La chance de mon mari, c'est que j'ai été une fille raisonnable, je crois. Mais j'ai été jalouse par moments. Très ! Comment aurait-il pu en être autrement ? C'était un très beau garçon, avec en plus la magie du verbe[7]. »

Le couple a tenu bon façon « vieille école », pour la façade, pour la République. À l'Élysée, Jacques Chirac a aussi laissé le souvenir d'un président dont on ne sait pas toujours où il est. La nuit de la mort de la princesse Diana, le 31 août 1997, Bernadette Chirac fut la seule à se recueillir devant la dépouille de la princesse à 7 heures du matin. « Où est mon mari ce soir ? » s'exclamait fréquemment Bernadette Chirac. Le chef de l'État, chef des armées et de la puissance nucléaire française, pouvait être introuvable pendant plusieurs heures. Comme Giscard d'Estaing, « à l'heure du laitier ».

Avec Nicolas Sarkozy, le pouvoir politique entre dans l'ère de la communication, du storytelling et du vaudeville moderne. Lorsqu'il est ministre de l'Intérieur, le futur président ne rechigne pas à mettre en scène son couple avec Cécilia. Un duo « mythique » à la Kennedy. Le bureau de son épouse jouxte le sien. Elle conseille, assiste aux réunions, impose son style. Pas de tailleurs chic, ni de talons hauts, mais des jeans et des santiags. La féminité de Cécilia arrondit les angles du patron de la police. « Elle voulait jouer un rôle politique, se souvient Claude Guéant, ex-directeur de cabinet. C'était un calcul pour avoir une valeur ajoutée[8]. » L'art du récit se fracasse sur la vraie vie, celle d'un couple au bord de la rupture. Cécilia Sarkozy tombe amoureuse d'un autre homme, Richard Attias, président de Publicis Event Worldwide. Elle quitte son époux. L'affaire fait la une de *Paris Match* le 25 août 2005. Une humiliation publique. Dominique de Villepin, son éternel rival, aurait alors eu cette phrase assassine : « On ne peut pas confier la France à quelqu'un qui n'est même pas capable de garder sa femme. » Dans l'Ancien Régime, les libelles de la Révolution étaient d'une cruauté inimaginable envers Louis XVI qui peinait à satisfaire son épouse, Marie-Antoinette : « Le roi devait représenter un paradigme de la masculinité. Il prenait toutes les décisions pour son pays, il devait produire des héritiers pour le remplacer après sa mort, et il était aussi regardé comme le père de ses sujets. Quand il ne pouvait remplir aucun de ces devoirs attendus de lui – en particulier quand il était dominé et trompé par sa femme –, cela montrait sa faiblesse et son manque de virilité[9] », selon Victoria Murano, universitaire au Bryn Mawr College.

Le directeur de la rédaction de *Paris Match*, Alain

Genestar, sera licencié et l'auteur de la photo, Pascal Rostaing, aura droit à un contrôle fiscal. Façon vaudeville, Cécilia revient, puis repart. Au gré de ces allers-retours, Nicolas Sarkozy n'a plus la tête à la politique et réécrit l'histoire : « La vie est dure pour tout le monde quand on est seul le soir dans sa chambre. » Une petite phrase difficile à avaler pour celle qui a passé plusieurs mois place Beauvau pendant le départ de l'épouse officielle. Une journaliste politique du *Figaro* (encore) – le quotidien de droite inspire décidément. Nicolas Sarkozy n'échappe pas à l'archétype de l'homme politique sûr de son pouvoir de séduction : « Il essayait tout le temps avec moi, raconte une ancienne journaliste politique. C'était tellement habituel que c'en était devenu un rituel. Cela restait des assauts amicaux. À une époque, c'était presque une question de standing pour certains hommes politiques d'être un peu "énervés" avec les filles. Certaines ont peut-être eu du mal à ne pas céder. » Cette même reporter avait eu une brève aventure avec François Mitterrand lorsqu'il était premier secrétaire du parti socialiste. Une forme d'œcuménisme politique.

En 2007, parallélisme des formes, à la conquête de l'Élysée, Nicolas Sarkozy reconquiert Cécilia. Convaincu probablement qu'une élection ne se gagne pas en solo. Le jour de l'investiture, le 16 mai 2007, le nouveau président embrasse son épouse sous les caméras, mais de son côté à elle le cœur n'y est pas. Cinq mois plus tard, Cécilia part définitivement. Nicolas Sarkozy est le premier président à divorcer dans l'exercice de ses fonctions et Cécilia la première « Première dame » (selon l'expression consacrée) probablement à écouter son cœur plutôt que la raison d'État. Elle n'a pas su être « raisonnable » comme Bernadette Chirac. « Ce qui m'arrive est arrivé à des millions de gens : un jour, vous n'avez plus votre place dans le couple. Le couple n'est plus la chose essentielle de votre vie, ça ne fonctionne plus, ça ne marche plus[10]. » Dès les jours qui suivent, Cécilia Sarkozy se confie également à *Elle* : « On reste à cause des dorures, des maîtres d'hôtel et des chauffeurs[11] ? » Sous-entendu, une first lady vieille école peut rester, mais moi non : « Ce qui me manque le plus par-dessus tout, c'est d'aller faire des courses au supermarché avec mon fils, Louis. » Pourquoi est-elle revenue alors ? « Je ne voulais surtout pas être un problème pour lui, je voulais être à ses côtés, l'aider à réaliser son ambition. » Nicolas Sarkozy, président délaissé, encaisse le coup : « Il était très désemparé et diminué dans ses capacités, témoigne Claude Guéant, alors secrétaire général de l'Élysée. Il y pensait beaucoup. Nous étions tous inquiets. Il a toujours eu besoin d'un port d'attache. Nous avons été satisfaits quand il a retrouvé une vie sentimentale normale. »

Cécilia part, Carla (Bruni) arrive. Le 8 janvier 2008, lors d'une conférence de presse, devant des centaines de journalistes, le chef de l'État annonce que « c'est du sérieux ! » À son arrivée à l'Élysée, l'ex-top model n'avait pas les mêmes idées politiques que son mari. « Carla ne pouvait pas supporter Silvio Berlusconi, un homme de droite au comportement personnel un peu critiquable qui heurtait sa sensibilité féministe, raconte Claude Guéant. Elle a eu une vraie influence sur Nicolas Sarkozy qui s'entendait plutôt bien avec Berlusconi. Les relations qui étaient chaleureuses avec l'Italie sont devenues plus distantes. » Quand la carte du cœur modifie la géopolitique internationale. Avant d'arriver à l'Élysée, Carla Bruni n'avait pas caché sa vision très libre de la sexualité : « Je m'ennuie follement dans la monogamie [...]. Je suis monogame de temps en temps mais je préfère la polygamie et la polyandrie[12]. » Tante Yvonne a dû se retourner dans sa tombe.

En 2012, lors de la courte passation de pouvoir avec François Hollande, Nicolas Sarkozy se livre à un « seul moment de vérité », celui où il évoque son couple et dit à son successeur : « “La vie privée, ça a été très dur, surtout pour Carla [...].” Il ne parlait pas de sa séparation d'avec Cécilia mais des rumeurs sur Internet, sur les enfants[13]. » Carla Bruni-Sarkozy est « très heureuse que tout ça s'arrête ». Son mari confie qu'il a tenté de redorer l'e-réputation de son épouse en faisant appel à des sociétés spécialisées pour « cacher les horreurs qui circulent sur le Net, afin que sa femme ne tombe pas dessus[14] ». Autre nouveauté dans ce couple : ils n'auront gagné ni l'un ni l'autre beaucoup d'avantages dans cette affaire. Carla Bruni, égérie de la gauche, chanteuse au sommet de sa gloire au moment de sa rencontre avec Sarkozy, a été rejetée par son public traditionnel. Tandis que Nicolas Sarkozy était moqué par le sien, qui appréciait peu cette aristo italienne. Troublant renversement de situation. L'homme qui a tant mis en scène sa vie de couple a, à la fin de son mandat, cherché la discrétion. Comprenant que, dans le nouveau monde, plus on s'expose, plus on prend des coups.

Lors de son arrivée à l'Élysée, en 2012, François Hollande élève d'un cran la complexité de la géographie conjugale. Cinq ans plus tôt, il a été prié par Ségolène Royal, mère de ses enfants, ne supportant plus sa situation de « bigamie » (*sic*), de quitter le domicile conjugal. Depuis plusieurs mois, le cacique du Parti socialiste cultivait une complicité, une « amitié particulière » avec Valérie Trierweiler, journaliste politique de *Paris Match*. Un flirt devenu un peu plus au fil du temps, jusqu'au « baiser de Limoges » en avril 2005. François Hollande et Valérie Trierweiler vivent ensemble pendant la campagne électorale. Ils gravissent naturellement ensemble les marches du « Château ». Enfin pas tout à fait. Il entre en premier et elle ensuite. Une journaliste encore ! La fonction suprême attire les plumes de la presse. François Hollande est le premier président non marié à gouverner la France. Sa liaison avec Valérie Trierweiler constituera un casse-tête pour le protocole. Comme Cécilia Sarkozy en son (court) temps, elle entend ne pas jouer les potiches : « Valérie Trierweiler voulait être de tous les déplacements et même assister à tout, mais elle n'avait aucun statut officiel », raconte un officier de sécurité. Dès le deuxième voyage de François Hollande, à Washington, pour la réunion du G7, le protocole se creuse la tête pour trouver une solution : en temps habituel, le chef de l'État et son épouse sont naturellement invités par le pays hôte. Comment faire apparaître Valérie Trierweiler qui n'est « que » la compagne du président, la *first girlfriend* comme l'écrit un rien moqueuse la presse américaine ? Il a fallu la mettre sur la liste de la délégation officielle pour qu'elle puisse accéder au premier cercle présidentiel. D'après la même source, la « Première dame » – surnommée non sans un certain mépris « Madame » par une partie du personnel de l'Élysée – était très exigeante pour être de toutes les réunions.

Le quinquennat de François Hollande est marqué par une succession d'épisodes dignes de Georges Feydeau : la publication de photos dans le journal people *Closer* de François Hollande, casque sur la tête, juché sur un scooter en train de rejoindre l'actrice Julie Gayet rue du Cirque à deux pas de l'Élysée, l'hospitalisation de Valérie Trierweiler après avoir avalé des médicaments… La vengeance est un plat qui se déguste chaud : neuf mois plus tard, la compagne éconduite publie un livre au vitriol dans lequel elle règle ses comptes. François Hollande y est décrit comme le « roi du double discours, de l'ambiguïté et du mensonge permanent[15] ». Incapable d'assumer sa liaison avec l'actrice Julie Gayet.

Dans quelle mesure sa duplicité amoureuse ternira-t-elle son image d'homme d'État ? Le président qui n'a pas su choisir entre son amante et sa compagne serait-il aussi un dirigeant « mou » qui ne sait pas prendre de décisions ? Le moins que l'on puisse dire, c'est que l'ouvrage n'a pas contribué à redorer son blason. Dans un autre livre, François Hollande expliquera que son couple avec Valérie Trierweiler était déjà au bord de la rupture avant de fouler le tapis rouge de l'Élysée, mais qu'il avait craint la réaction des Français face à un chef de l'État célibataire.

Après le départ de « Madame », seules quelques photos volées du couple Hollande-Gayet, assis à une table de jardin sur la terrasse de l'Élysée, publiées par *Closer* dévoilent une part de leur intimité. Des clichés pris à l'intérieur même du Palais ! Dans les semaines qui suivent, quatre employés du personnel de l'intendance chargés des appartements privés de François Hollande sont mutés à d'autres postes. Ils étaient déjà là sous la présidence de Nicolas Sarkozy. François Hollande relèvera aussi que les photos sont passées par « l'agence d'un photographe proche de Carla Bruni ». Lui ne voulait pas que cette liaison apparaisse trop tôt après le naufrage de son histoire avec Valérie Trierweiler : « L'impression qui pouvait être donnée, c'était : "François Hollande s'occupe de sa vie privée et ne s'occupe pas de la vie des Français." Ce qui serait d'ailleurs une critique tout à fait légitime. » Sa relation avec Julie Gayet ne sera jamais officialisée. Brigitte Macron a invité à déjeuner toutes les autres femmes de présidents, de Bernadette Chirac à Carla Bruni et Valérie Trierweiler. Sauf elle. Il y a des limites au vaudeville présidentiel.

18.

La pygmalionne

Dans l'avion qui ramène Brigitte Macron à Paris en cet été 2019, l'ambiance est détendue. L'épouse du président de la République est satisfaite. Elle a réussi « son » G7 à Biarritz. Pendant que les dirigeant(e)s des plus grandes puissances de la planète discutaient de libre-échange et de nucléaire iranien, elle a emmené les conjoints visiter le Pays basque. Parmi le petit groupe qui déambule dans le village d'Espelette aux toits rouges et murs blancs, entre boutiques de piment et caves à vins, Melania Trump, l'épouse de Donald, et Akie Abe, celle du Premier ministre japonais. L'idée est venue de Brigitte qui « déteste être enfermée » et répond à une requête de Melania qui veut « boire du vin français ». Alors que les États-Unis brandissent la menace de taxer les cépages tricolores, l'image ne manque pas de sens politique. Les photographes immortalisent l'événement : Brigitte Macron est rayonnante en robe rouge électrique aux côtés de Melania, qui a opté pour un ensemble blanc élégant. Lors de sa conférence de presse avec Emmanuel Macron, Donald Trump commence par remercier… l'épouse du président français, « Briggggittte » une *great lady* (une femme extraordinaire) qui a passé « beaucoup de temps avec Melania » et lui a permis de faire de « très belles visites de la région ». La partie n'était pas gagnée. Dans une Amérique surarmée, la *first lady* américaine ne se promène jamais dans la rue. Il a fallu toute la force de persuasion de l'Élysée pour convaincre les services secrets américains de faire une exception. Opération réussie. Le staff présidentiel est ravi. Ce qui est bon pour l'image de Brigitte l'est pour Emmanuel.

Dans l'avion, l'ambiance se tend soudain. Les conseillers commencent à recevoir sur leurs portables des alertes. À l'autre bout de la planète numérique, un mauvais buzz les contrarie. Le président brésilien, Jair Bolsonaro, vient d'attaquer Brigitte Macron sur Facebook sur son physique. Il répondait à un post qui se moquait de sa plastique – apparaissant sur une photo désavantageuse – en la comparant à celle de Michelle Bolsonaro (37 ans), rayonnant le jour de l'investiture de son mari. « Tout ce que l'on avait construit s'est effondré en quelques secondes, se souvient un conseiller. Le lendemain matin, lorsque Brigitte Macron s'est réveillée, elle n'a vu qu'une seule chose sur les réseaux sociaux : Brigitte Macron est moche. » Un crime de lèse-Élysée et une blessure personnelle pour l'épouse du président. L'affaire prend une tournure politique : c'est la première fois qu'un président en exercice insulte une « Première dame ». L'affront fait suite à une passe d'armes entre Emmanuel Macron et le chef d'État brésilien au sujet des feux en Amazonie. Le coup est bas. Le président français réagit en souhaitant que « le peuple brésilien ait très rapidement un président qui se comporte à la hauteur ». La presse brésilienne, elle-même gênée par la mauvaise conduite de Bolsonaro, présente ses excuses : « Pardon Brigitte » (en français dans le texte), titre le quotidien de Rio de Janeiro *Extra*. Plusieurs chefs d'État européens apportent leur soutien à l'épouse du président. En France, aucune association féministe

– promptes à traquer le moindre macho en embuscade – ne relève. Le lendemain, lors d'un déplacement à Azincourt (Pas-de-Calais), Brigitte Macron ne réagit pas et se contente de deux mots en portugais à l'intention de ceux qui l'ont soutenue : « *Muito obrigada !* », « Merci beaucoup ! ». Les relations entre les deux pays restent glaciales. Deux ans plus tard, lors des funérailles d'Élisabeth II, le hasard protocolaire fait que les Macron et les Bolsonaro se retrouvent dans le même bus. Les représentants des pays dont les noms commencent par B et F ont été regroupés. Le couple français salue le couple brésilien froidement. La crise diplomatique ne s'est interrompue qu'avec l'élection de Lula en janvier 2023.

De Rio de Janeiro à Paris, le nouveau couple présidentiel ne laisse pas indifférent. Un duo hors norme. Marié à une femme de vingt-quatre ans son aînée, Emmanuel Macron casse les codes. Politiquement et intimement. À la manière des mormons, ces « technos » qui l'entourent et le conseillent au début de son mandat. Insaisissable. Inclassable. Il n'a pas le côté hussard d'un Chirac, ni le regard qui vrille d'un Sarkozy. Il n'a pas l'appétit sexuel d'un Giscard ni le sens de l'intrigue amoureuse d'un Mitterrand. Qu'incarne-t-il ? Allure svelte, regard bleu magnétique, sourire juvénile. L'homme plaît. Gaël Tchakaloff, écrivaine, proche de Brigitte Macron, a suivi le candidat lors de la campagne présidentielle de 2017 : « Les femmes le regardent comme une “glace à la fraise”. Il est très urbain, bien élevé. C'est un personnage latin, tout en rondeur, très séducteur, au sens intellectuel. Il y avait toujours une nuée de femmes autour de lui ! Je me disais “Comment Brigitte Macron tient-elle le choc ?” Si ce n'est qu'elle déclenche les mêmes ardeurs auprès des hommes[1]. » Contrairement à ses prédécesseurs,

Emmanuel Macron ne serait pas un *Sexus politicus* à la séduction horizontale, mais un homme de conquêtes purement cérébrales : « Il n'en joue pas du tout. Il y a pourtant des femmes qui essayent d'intriguer, et parfois des “bombes”. Une fille qui vient l'aguicher, ça ne marche pas ! Il n'y touche pas, ne roule pas des yeux... Il a le cœur comblé. » Le chef de l'État serait (banalement) et simplement un homme fidèle : « C'est le premier président qui ne trompe pas sa femme, poursuit Tchakaloff. C'est un personnage assez romantique. Avec Brigitte, ils sont à part, rompent avec l'époque. C'est une histoire qui dure et c'est difficilement audible. Les gens ont du mal à se faire à ce schéma. » Selon des proches, ils s'appellent plusieurs fois par jour. Les rares fois où Brigitte Macron lâche son portable pour une représentation officielle, il ne cesse de vibrer. Son mari cherche à prendre des nouvelles. Ils supportent difficilement de ne pas passer une nuit ensemble. Après un déplacement du président, ils apprécient de se retrouver au pavillon de la Lanterne, dans le parc du château de Versailles, l'une des résidences de villégiature du président (avec le fort de Brégançon), sans collaborateurs et (presque) en tête à tête, hormis une légère équipe de sécurité.

Le couple Macron n'entre dans aucune case. Il dit s'être construit dans l'adversité, contre les conventions. Fusionnel, selon les proches. « Devenir président, c'était le seul moyen de faire reconnaître son couple, cet amour que tout le monde voulait lui interdire[2] », aurait confié une amie du couple. Au quotidien, le couple Macron aurait une vie des plus classiques. Repas en famille avec enfants et petits-enfants, sorties au restaurant Courtepaille, séjour rituel dans un hôtel normand à la Toussaint. Une routine indigne de *Sexus politicus* ! Brigitte Macron, héroïne d'un couple atypique, surjoue la normalité devant les lecteurs du *Parisien* le 11 janvier 2022 en détaillant le petit déjeuner du président qu'elle dit préparer elle-même : « Alors, je suis très fruits donc je lui fais deux oranges avec un citron. Cela le fait râler tous les matins mais je lui ajoute aussi un kiwi. Et je represse un citron dans son thé. Et après il prend des céréales avec du fromage blanc. Il mange peu le matin. » Un obscur objet de (non)-désir en rupture avec la tradition française.

Au palais de l'Élysée sous l'ère Macron, point de rumeurs de ruptures, de maîtresses ou de favorites. Un Jupiter en apparence fidèle, comme le fut Louis XVI qui n'avait pas la réputation d'être un grand séducteur. Signe des temps, seul accroc au storytelling du couple amoureux « qui dure », des échos « en ville » sur une prétendue liaison homosexuelle avec Mathieu Gallet, l'ancien patron de Radio France. La rumeur commence à circuler en 2017, au moment de la campagne présidentielle. « Ça part d'un truc bien misogyne, bien homophobe, raconte Mathieu Gallet. Certains se disent que, vu la différence d'âge avec sa femme, ce n'est pas possible, il ne peut être qu'un gay dans le placard. » D'abord circonscrite à un petit cercle parisien, la rumeur prend de l'ampleur. L'état-major de campagne s'inquiète de l'existence de potentielles photos volées et du message véhiculé par cette supposée homosexualité : « Cela veut dire qu'il est faux, qu'il est dans la dissimulation de sa vie privée, donc il ment aux Français », raconte un collaborateur. En février 2017, le candidat à l'Élysée se sent obligé de démentir lors d'un meeting au théâtre Bobino à Paris : « Vous entendrez des choses, que je suis duplice, que j'ai une vie cachée. C'est désagréable pour Brigitte qui se demande comment je fais physiquement, dit-il avec humour. Elle partage ma vie du matin au soir. Et je ne l'ai jamais rémunérée pour cela ! Je ne peux pas me dédoubler. Si dans les dîners en ville, on vous dit que j'ai une double vie avec Mathieu Gallet, c'est mon hologramme qui m'a échappé, ça ne peut pas être moi ! » Le démenti surprend l'intéressé lui-même qui n'en était pas informé. Le soir de la mise au point, il dînait chez des amis lorsque son téléphone s'est affolé. Parmi les convives se trouvait le comédien Lambert Wilson à qui l'on prête depuis des années une liaison avec l'ancien Premier ministre de Jacques Chirac, Dominique de Villepin. Partage d'expérience entre les deux hommes, et Mathieu Gallet comprend que cette rumeur va lui coller à la peau comme le sparadrap du capitaine Haddock : « Le lendemain, Emmanuel Macron m'a laissé un message vocal où il m'annonçait qu'il avait parlé de notre histoire la veille au soir. » Un démenti sur le mode de l'ironie. « J'ai été surpris car avec mon équipe de communication on avait décidé de ne rien faire. Cela m'a desservi pendant longtemps. Beaucoup ont pensé que j'étais protégé, notamment au moment de mon départ de Radio France. Encore aujourd'hui, des gens pensent que c'est vrai », raconte Mathieu Gallet. La situation est d'autant plus incongrue que les deux hommes se connaissent peu : « Nous ne sommes pas amis, nous ne nous sommes vus qu'à quatre ou cinq reprises », précise-t-il. Emmanuel Macron aurait particulièrement mal vécu cet épisode : « Cela l'a plus atteint que Brigitte parce qu'il cherche en permanence à la protéger et semble plus réactif aux malveillances concernant leur amour », assure Gaël Tchakaloff.

Dans le couple Macron, Brigitte semble jouer un rôle à part. Comme ses prédécesseuses, elle a pris la tête d'une fondation (pour les hôpitaux), murmure des conseils à l'oreille de son mari (notamment pendant le confinement), allège son agenda quand elle le trouve trop chargé. Elle occupe l'aile est de l'Élysée, dont les petites pièces à plafond bas rappellent l'existence de l'ancien hôtel du comte d'Évreux. Elle n'est entourée que de deux collaborateurs et de… Nemo, le labrador noir qui arpente le couloir où sont affichées de nombreuses photos de Brigitte Macron, notamment prises sur le perron de l'Élysée. Elle marque son territoire. Au sens propre. Dans la géographie du pouvoir du Château, elle serait devenue un passage obligé : « Elle n'assiste pas aux réunions comme le faisait Cécilia Sarkozy, ne veut pas jouer de rôle dans la marche de l'État, souligne Tchakaloff. Mais elle est une courroie de transmission pour atteindre le Président. Elle est aussi l'une des Premières dames qui reçoit le plus de courrier. Cela correspond souvent à des sujets qui ne sont pas traités, qu'elle fait passer aux ministères ou résout elle-même. Elle est très influente, presque malgré elle. » Les 20 000 lettres reçues par an à son secrétariat – plus que certains ministres – sont toutes lues.

À travers ses missives, mais aussi ses rencontres notamment avec des associations, elle prend le pouls d'une partie de la société : « Elle avait ainsi perçu qu'il manquait de relais pour la protection de la petite enfance. C'est ainsi qu'est né le secrétariat d'État chargé de l'Enfance », souligne un proche. « Je suis un passeur, je lui passe les messages[3] », confirme Brigitte Macron. Elle aurait instauré une sorte de matriarcat au sein de l'Élysée, lieu habituellement empreint de puissance virile. L'aile « Madame » serait devenue l'antichambre du pouvoir et non un simple placard pour les épouses. « Brigitte est aussi intelligente qu'Emmanuel Macron, poursuit Gaël Tchakaloff. Dans le monde entier, c'est une star ! Elle est d'un abord plus facile que son mari. Beaucoup pensent que si elle se présentait, elle serait élue. » Dans l'intimité du couple, c'est elle qui serait aux commandes : « Il ne faut jamais céder à Emmanuel, moi je ne lui cède jamais[4] », a-t-elle confié.

En 2022, lors de la réélection d'Emmanuel Macron, c'est Brigitte qui est malmenée sur le plan personnel avec des accusations sur son identité sexuelle. L'épreuve du pouvoir abîme. Brigitte Macron partage cela avec Carla Bruni-Sarkozy qu'elle rencontre régulièrement (ainsi que Valérie Trierweiler). Pendant plusieurs mois, la rumeur a circulé que l'épouse du président était au départ un homme, appelé Jean-Michel Trogneux (qui est son nom de jeune fille). Deux femmes, une journaliste indépendante et un médium ont mis en ligne une vidéo le 10 décembre 2021 dans laquelle elles expliquent que le premier mari de Brigitte Macron n'a jamais existé et que les documents administratifs ont été truqués. Là aussi, l'arme des réseaux sociaux s'est révélée redoutable : « Juste avant la présidentielle 2022, il y a eu des milliers de tweets, raconte un membre de son cabinet. Cela a pris des proportions considérables. Nous avons eu un mal fou à nettoyer les réseaux. Au début, il fallait supprimer les contenus un par un. » Touchée par ces *fake news*, Brigitte Macron a poursuivi leurs auteures en justice. Elles ont été toutes deux condamnées (en février 2023) par le tribunal judiciaire de Lisieux (Calvados) pour diffamation et complicité de diffamation. D'autres procédures sont toujours en cours. À l'international, le couple Macron ne laisse pas indifférents les grands de ce monde. Parmi les notes de renseignement que Donald Trump aurait emportées en quittant la Maison-Blanche, l'une d'elles – saisie par le FBI lors d'une perquisition à Mar-a-Lago – aurait trait à la vie sexuelle du président français[5].

Emmanuel Macron restera aussi – et surtout – le président du mouvement #MeToo. Adhère-t-il ? Qu'en retient-il ? En décrétant « grande cause du quinquennat » la lutte contre les violences faites aux femmes, le président estime avoir non seulement pris en compte

#MeToo mais aussi l'avoir anticipé : « Lorsque ce mouvement a surgi chez nous, la France était prête et consciente. De cela, nous devons être fiers, nous n'avons pas suivi le mouvement. Nous l'avons anticipé[6]. » Et de mettre en avant un certain nombre de lois qui ont été votées (allongement des délais de prescription des crimes sexuels sur mineurs qui sont passés de vingt à trente ans, verbalisation du harcèlement de rue, déploiement des bracelets anti-rapprochement, formation des policiers et gendarmes pour un meilleur accueil des victimes...). « Il a fait beaucoup de choses, souligne Sylvie Pierre-Brossolette, ancienne journaliste politique, présidente du Haut Conseil à l'égalité entre les femmes et les hommes. Le Grenelle des violences conjugales (en 2019) a coïncidé avec #MeToo. Il y a eu un afflux de plaintes, beaucoup d'affaires, et un décalage dans le temps avec les moyens déployés. Tout cela ne se met pas en marche d'un coup. » Elle relève également qu'une mission a été lancée pour améliorer le traitement des violences sexuelles : « Le président Macron a compris qu'il fallait s'attaquer aux racines du mal en luttant contre le sexisme », conclut-elle.

Pour beaucoup de féministes, le bilan d'Emmanuel Macron en la matière reste très en deçà des espoirs suscités : « Il n'est pas structuré sur ces sujets, souligne Caroline De Haas, militante féministe. Il n'a pas de colonne vertébrale, pas conscience de l'importance de ce thème. #MeToo est l'un des mouvements sociaux les plus importants que l'on ait connus dans l'histoire de l'humanité. Cette révolution en profondeur aura un impact pendant des décennies. Beaucoup de dirigeants ont pris la parole sur le sujet. Pas lui. » Alice Coffin, autre militante : « Emmanuel Macron n'est entouré que d'hommes. Il suffit de regarder le Conseil de défense. Son rapport au féminisme est inexistant. Ça ne rentre pas dans ses cases. Cela se trahit par ses formules (il avait dit avoir eu une explication d'"homme à homme" avec Gérald Darmanin). Il est dans quelque chose de très archaïque, de solidarité masculine, même si dans l'apparence il paraît OK[7]. » Selon Caroline De Haas, le compte n'y serait pas notamment sur le plan budgétaire : « Il faut un milliard d'euros pour lutter contre les violences conjugales, il n'y a pas les moyens suffisants, juste des grands discours. Inutile de refaire un Grenelle, une journée contre le sexisme… on ne tire pas les leçons des erreurs stratégiques passées. Il ne faut rien demander de symbolique. Ce qu'il faut, c'est de l'argent ! »

Pour nombre de militantes, Emmanuel Macron reste l'homme qui soutient à bout de bras ses ministres (Nicolas Hulot, Gérald Darmanin, Éric Dupont-Moretti, Damien Abad…) : « Qu'a-t-il fait de la "grande cause du quinquennat" ? interroge Marjolaine Vignola, avocate féministe. Il n'y a aucune envie politique. Preuve en est la composition du gouvernement. En juin 2020, lorsqu'il nomme Gérald Darmanin au ministère de l'Intérieur, c'est le moment où la cour d'appel de Paris ordonne la réouverture de l'information judiciaire qui le vise. »

« La société est très clivée sur ce sujet, expose Gaël Tchakaloff. D'un côté, il y a ceux qui pensent que la présomption d'innocence ne vaut pas et qu'il faut démissionner les suspects. De l'autre, il y a ceux qui sont attachés à la loi. En tant que président, je ne vois pas ce qu'Emmanuel Macron peut incarner d'autre que le respect de la loi. » En décembre 2021, au moment de la mise en cause de Nicolas Hulot, ministre de la Transition écologique, le chef de l'État avait suscité l'incompréhension d'une partie des féministes en déclarant : « Il est important de faciliter et d'accompagner la libération de la parole, le recueil des plaintes, l'efficacité de la justice. Mais la position du gouvernement sur ce sujet est constante. Nous n'accepterons jamais une société de l'opacité ou de la complaisance. Et nous ne voulons pas non plus d'une société de l'inquisition. » Caroline De Haas réagit : « Il n'a rien compris. Il est dans un truc viriliste et macho. Il est réputé très violent avec ses collaborateurs. » Des collaborateurs principalement masculins.

Lors de son premier gouvernement, la parité est presque respectée (onze femmes et douze hommes) mais seule une femme occupe un poste régalien, Sylvie Goulard en tant que ministre des Armées. Emmanuel Macron, jeune président, aurait raté la marche du féminisme : « Sur le fond, j'ai pensé que l'on aurait quelqu'un de sensible à cette question, reprend Caroline De Haas. Avec #MeToo, c'était une occasion unique. Si on avait eu un président féministe, cela aurait été un levier de transformation incroyable qu'il n'a pas saisi. »

De quel féminisme est-il le nom ? En regardant du côté de l'aile Madame, peut-être un indice. Brigitte Macron est plutôt de l'école universaliste, celle d'Élisabeth Badinter qui a travaillé avec Emmanuel Macron pendant la campagne. Le néoféminisme n'est pas sa tasse de thé : « Pour moi, le féminisme se fait avec les hommes et par les hommes[8]. » Gaël Tchakaloff : « On ne peut pas étiqueter le couple Macron sur ce sujet. Mais je ne pense pas qu'ils soient adeptes du néoféminisme. Brigitte Macron n'est pas dans le refus des hommes, elle aime les hommes, est entourée d'hommes. Les ghettos de femmes, elle n'est pas là-dedans ! » Elle s'est cependant tenue à distance de ce sujet : « C'est surtout porté par le gouvernement, justifie un proche. Elle n'est pas dans l'opposition militante. » Parmi ses amies féministes, Marlène Schiappa, l'ex-influenceuse devenue ministre et incontournable sur le sujet, Rachida Dati, ancienne ministre de la Justice qui a dénoncé la présence de Gérald Darmanin au gouvernement et Andréa Bescond, réalisatrice (notamment du film *Les*

Chatouilles), actrice et militante « contre les violences masculines faites aux femmes et aux enfants ».

Cette dernière – qui avait posé en une de *Elle* avec Brigitte Macron en septembre 2020 – a depuis pris ses distances : « Quand j'ai fait la une de *Elle* avec Brigitte Macron, je n'imaginais pas que nous serions méprisées de cette manière. Je ne défends aucun parti, la complaisance d'État autour de la violence m'exaspère #quatennens #abad et les autres. » Elle venait alors de s'écharper violemment avec Marlène Schiappa, secrétaire d'État chargée de l'Économie sociale et solidaire et de la Vie associative, sur le plateau de « C ce soir » (France 5), à laquelle elle reprochait son incompétence en matière de lutte contre les féminicides et à qui elle demandait de « démissionner ». Un échange où la provocation de l'une n'avait d'égale que la suffisance de l'autre. Deux manières de penser inconciliables. Une guerre entre faction du mouvement féministe, assurément.

19.

Où sont les femmes ?

Françoise Gaspard a consigné ses combats dans un journal tenu scrupuleusement tout au long de sa vie. Pour rassembler ses souvenirs, il faudrait qu'elle se replonge dans ses carnets. Mais le jour où elle nous reçoit, le temps presse. Avec sa compagne Claude Servan-Schreiber, elle doit rejoindre Janine Mossuz-Lavau, politologue, et Michelle Perrot, historienne, deux copines pour une remise de Légion d'honneur. Ce quatuor de vieilles dames, bon chic bon genre, a mené tous les combats féministes du siècle dernier, droit à l'avortement, contraception... On les a un peu oubliées mais Françoise et Claude ont révolutionné le monde politique au début des années 80. Françoise Gaspard, sociologue, maire de Dreux entre 1977 et 1983, figure de la guerre contre l'extrême droite, a fait partie de la vague rose déferlant à l'Assemblée en 1981. Claude Servan-Schreiber, mariée un temps à l'un des héritiers de la famille de presse éponyme, journaliste et écrivaine, fut témoin au procès de l'avortement à Bobigny. Elles se sont battues jusqu'à obtenir la loi sur la parité le 6 juin 2000. Les deux femmes se sont mariées en 2013, quelques mois seulement après l'adoption du texte sur le mariage pour tous. Avant cela, elles s'étaient pacsées.

Dans les années 70, au parti socialiste, il y avait les

soutiens de Jean-Pierre Chevènement d'un côté et ceux de François Mitterrand de l'autre, Françoise Gaspard crée une troisième voie, celle des femmes. La première réunion de ce nouveau courant se tient le 11 juin 1978 et attire quelque 150 militantes, selon le récit de la journaliste du *Monde*, Josyane Savigneau, qui ne dirige pas encore les pages littéraires du quotidien. Les femmes veulent sortir de l'invisibilité avec comme premier objectif d'occuper 10 % des postes de direction du parti – le chiffre apparaît dans les statuts du PS – et d'avoir 50 % des places sur les prochaines listes électorales. L'article rend compte de l'événement en soulignant que « de nombreuses femmes ont regretté que les hommes ne soient pas venus plus nombreux », que la majorité des secrétaires fédéraux – parmi lesquels on ne compte qu'une femme – « n'aient pas jugé utile de se déplacer ». Il relate également la désillusion d'une déléguée de la Somme selon laquelle les militants de sa fédé considéreraient qu'« il serait regrettable de donner aux femmes au foyer des aspirations de liberté qu'elles ne ressentent pas ».

À droite, le sujet de la représentation des femmes en politique est repris par la ministre déléguée à la Condition féminine de Valéry Giscard d'Estaing, Monique Pelletier, qui propose en janvier 1979 « cinq mesures en faveur des femmes », parmi lesquelles figure la création d'un quota de 20 % de femmes au moins sur les listes de candidats présentés aux élections. Le principe en est accepté en Conseil des ministres et à l'Assemblée nationale (en novembre 1980) mais est rejeté par le Sénat. Las. Le mouvement pour la parité est enclenché. Il débouchera sur une loi… vingt ans plus tard. Celle-ci oblige les partis à présenter 50 % de femmes pour les scrutins de liste, c'est-à-dire les élections européennes, régionales, sénatoriales et municipales. Pour les législatives, dans un premier temps, ils y sont fortement incités et s'exposent à des pénalités financières s'ils s'éloignent trop de la cible.

« En 1979, Valéry Giscard d'Estaing avait donné la tête de liste aux européennes à Simone Veil, raconte Françoise Gaspard, les hommes du PS ne pouvaient pas rester sourds à nos revendications[1]. » François Mitterrand a tenté de retourner la situation en expliquant que Veil était une candidature alibi et que la liste UDF ne présentait que quatre autres femmes alors que le PS avait « installé une femme tous les trois candidats ». Des calculs d'apothicaire ! En vain. Première présidente du Parlement européen, Simone Veil passe d'alibi à symbole. À Paris, la question de la place des femmes en politique ne retombe pas. Bien au contraire. Même si ces dames ne sont pas toujours alignées sur la stratégie pour y parvenir. Au PS, Françoise Gaspard et Yvette Roudy représentent les deux grands courants. La première incarne la tentation autonomiste, plus minoritaire, le « harem du PS » pour ses opposantes, quand Yvette Roudy promeut une autre méthode. Dans un entretien accordé à la revue *Cairn* en 2008, l'ancienne ministre des Droits de la femme (1981-1986) fait un résumé peu amène pour son adversaire de l'époque : « Françoise Gaspard, notre première femme énarque, une féministe, est arrivée au PS ; très bien accueillie par tout le monde, elle décide de créer un courant spécial femmes. [...] Intellectuellement, c'était sans faille. Sauf qu'il faut être un minimum de personnes pour être reconnu, et même la plupart des femmes féministes ne souhaitaient pas entrer dans un courant particulier, préféraient se mêler de débats plus larges [...]. Au fond de moi, je savais qu'elle ne trouverait pas assez de femmes pour faire un courant. Nous étions trop peu. Je lui ai proposé une autre stratégie : entrer au cœur du pouvoir. Obtenir la création d'un secrétariat aux droits des femmes afin de siéger chaque semaine à égalité là où se prennent les décisions : au secrétariat national. On a longtemps été divisées là-dessus. Effectivement, son courant n'a pas fait recette. » Le clivage dépasse largement les rangs du PS. Les tribunes foisonnent un peu partout. Les féministes françaises investissent les instances internationales. Comment corriger ce mal français qui voit les femmes comme des citoyens de seconde zone ?

Dans ses 110 propositions, François Mitterrand fait naître des espoirs avec de nombreuses promesses en direction des féministes dans un chapitre intitulé « La liberté des femmes et des hommes. La démocratie respectée ». Gisèle Halimi, qui s'est illustrée dans le combat pour le droit à l'avortement, fait partie des 19 femmes – elles étaient 21 en 1978 – à entrer à l'Assemblée nationale en 1981. L'avocate n'hésite pas à rappeler ses engagements au candidat. Un projet de loi prévoit 25 % de candidates sur les listes électorales municipales, mais il est censuré par le Conseil constitutionnel. Le 10 novembre 1993, le trio Halimi-Gaspard-Servan-Schreiber et ses réseaux féministes pour la parité s'offrent un encart publicitaire dans *Le Monde* pour publier leur « Manifeste des 577 ». Signé par 289 femmes et 288 hommes, parmi lesquels on trouve aussi bien l'actrice Marina Vlady que le sociologue Edgar Morin mais aussi Yvette Roudy, il demande une loi organique afin que les assemblées élues au niveau territorial comme national soient composées d'autant de femmes que d'hommes. Le principe posé, il faudrait trouver les conditions de sa réalisation. « Simone Veil ne pouvait pas en être mais c'est elle qui m'a donné l'argent pour pouvoir payer la page de publicité », explique Françoise Gaspard. Avec 6,1 % de femmes à l'Assemblée nationale en 1993, moins que sur les bancs de l'Assemblée constituante de 1945, la situation semblait désespérée. En décembre 1993, le *New York Times* consacre une page entière à cette effervescence féminine joliment titrée « *Frenchwomen say it's time to be a bit utopian* », « Il est temps d'être un peu utopique ». Le journaliste accorde d'ailleurs un espace à la voix discordante du politologue Olivier Duhamel (celui qui sera bien plus tard au cœur d'un sordide scandale sexuel). Ce dernier prévient contre la mise en place de quotas pour parvenir à la parité, redoutant qu'un jour il faille faire de même de la place aux jeunes, aux vieux…

À la veille des élections européennes de 1994, ce sont les femmes de droite qui montent au front contre l'absence de parité sur la liste commune RPR-UDF conduite par Dominique Baudis. « Une fois encore », estime Noëlle Dewavrin, conseillère régionale, adjointe du maire de Mouvaux, figure du réseau Femme Avenir du RPR, dans un entretien accordé au *Monde*, « en dépit d'engagements renouvelés, l'aspiration légitime des femmes à participer aux décisions politiques nationales et européennes n'a pas été prise en compte ». Moins de 20 femmes ont été retenues sur la liste de 97 places. « Chaque fois que vous faites entrer une femme, c'est un homme qui sort[2] », relève Annie Genevard, députée et secrétaire générale du groupe LR au Palais-Bourbon. En 2022, Yaël Braun-Pivet, future présidente de l'Assemblée nationale, a dû jouer des coudes pour s'installer au perchoir. Le poste avait été « réservé » comme cinq ans plus tôt à un candidat masculin, Roland Lescure, le choix d'Emmanuel Macron. « Je pense que le passage par une loi parité était un mal nécessaire pour que les femmes accèdent aux assemblées » poursuit Annie Genevard. Les sortants, des hommes dans la plupart des cas, s'accrochent à leur fauteuil, élection après élection. Les organisations ont plus de facilité à envoyer les femmes au combat lorsque la partie semble impossible à gagner. » Pour les élections législatives, les formations politiques ont souvent préféré payer de lourdes amendes plutôt que de priver les hommes de leurs circonscriptions. En 2017, les Républicains, qui n'avaient pas investi suffisamment de femmes, ont perdu quelque 2 millions de financement public.

Ils ont pourtant eu dans leurs rangs des féministes convaincues et militantes. Roselyne Bachelot appartient à cette catégorie. Sept ans ministre et vingt-quatre ans députée. « Quand je suis arrivée à l'Assemblée en 1988 nous n'étions que 6 % de femmes, le même taux qu'à la Libération ! Cela n'avait pas que des désavantages d'être des exceptions dans un milieu d'hommes : on était des oiseaux de paradis, des petites vedettes avec les caméras braquées sur nous [...]. Comme je travaillais à la promotion des femmes, une collègue furieuse m'a prise à part : "Tu es folle, nous allons perdre notre singularité[3]." » Avec l'avocate Gisèle Halimi – qui avait poursuivi ses combats pour l'indépendance algérienne et le droit à l'avortement par celui de la place des femmes en politique –, elles ont ferraillé ensemble pour la parité. En 1995, lorsque Jacques Chirac est élu, Roselyne Bachelot, qui appartenait à son équipe de campagne, obtient rapidement la création d'un Observatoire de la parité entre les hommes et les femmes (l'ancêtre du Haut Conseil). Elle en sera le rapporteur et recrute Gisèle Halimi à ses côtés. L'activisme de Roselyne Bachelot n'a pas plu à tout le monde. « En 1998, quand je suis arrivée à l'Assemblée nationale sous l'étiquette RPR, raconte Marie-Jo Zimmermann, ex-députée de la Moselle, mon président de groupe Jean-Louis Debré m'a fait venir dans son bureau pour me demander d'être oratrice pour le groupe à Versailles sur le texte de la réforme constitutionnelle confortant la parité. Cette modification devait déboucher sur la loi du 6 juin 2000. Nous étions alors sept élues de droite dont Roselyne Bachelot. Je fus étonnée que ce rôle lui échappe. Jean-Louis Debré m'a répondu du tac au tac : "Ayant voté la loi sur le Pacs avec tous les remous qui l'ont accompagnée, Roselyne ne peut assurer ce rôle à Versailles[4]". »

Il faudra la dissolution de l'Assemblée nationale par Alain Juppé en 1997 et l'arrivée de Lionel Jospin à Matignon pour que la parité soit enfin inscrite dans la loi. Le nouveau Premier ministre a annoncé dans son discours de politique générale son intention de réformer la Constitution dans ce but. Le président de la République, Jacques Chirac, qui étrenne la cohabitation pour la première fois, déclare lors de son allocution du 14 juillet suivant : « Si rien ne peut être fait sans passer par une indication constitutionnelle, je dois dire que je me ferai à cette idée. » Le 8 juillet 1999, le Congrès adopte une loi constitutionnelle « relative à l'égalité entre les femmes et les hommes ».

Premier secrétaire du Parti socialiste, Lionel Jospin avait été très actif pour favoriser les candidatures féminines au sein du PS. Au congrès national du 21 septembre 1996, il obtient une victoire décisive en faisant voter par les militants la réservation de 165 circonscriptions (133 à l'arrivée) pour les femmes. La lutte ne fut pas facile car bon nombre d'éléphants affirmaient que cette mesure allait mener le parti à sa perte

En 1998, 63 femmes sont devenues députées (dont 42 socialistes), soit 10,9 % d'élues au second tour des législatives. Malgré cela, la France reste à la traîne de l'Union européenne : il n'y a guère que la Grèce pour faire pire en matière de représentation des femmes au Parlement. L'Europe du Nord a plusieurs coudées d'avance : au Danemark, le nombre de femmes représente 34 % des membres du Parlement. Beaucoup à gauche ont vu dans le déterminisme de Jospin l'ombre d'une femme, la sienne. La philosophe Sylviane Agacinski, militante féministe, a toujours défendu le principe de la parité. C'est pourtant une autre féministe, Geneviève Fraisse, qui entre au gouvernement à l'issue de ces élections historiques pour les femmes. « Lorsqu'on m'a appelée pour devenir déléguée ministérielle aux droits des femmes, j'ai d'abord dit non, raconte la chercheuse, puis j'ai accepté parce que ma fille m'y a incitée[5]. » L'expérience a été de courte durée. Une interview au journal *Le Monde* en 1998, titrée « Une femme en colère » car on ne lui donnait pas l'argent nécessaire au financement d'une étude sur les violences faites aux femmes, a donné le signal du départ. En 1999, Geneviève Fraisse s'est engagée comme numéro deux sur la liste du Parti communiste conduite par Robert Hue. « Nous préparions la loi sur la parité, se souvient-elle, j'ai toujours pensé que cette idée était fausse en théorie et vraie en pratique. La biologie ne fait rien à l'affaire. Angela Merkel ou Margaret Thatcher n'auraient pas gouverné autrement si elles avaient été des hommes. En revanche, la faiblesse des femmes dans l'hémicycle nous obligeait à compter. Maintenant je compte tout le temps. À l'époque, je me retrouvais au Conseil d'État ou dans le bureau du sous-directeur du bureau de la parité et j'étais la seule femme. Alors oui, la parité a eu des vertus et je ne la regrette pas. Il y avait des débats houleux entre féministes à l'époque. Ils rejoignent ceux d'aujourd'hui. Élisabeth Badinter par exemple voulait qu'on laisse faire les choses d'elles-mêmes… »

En 2002, Marie-Jo Zimmermann hérite de la présidence de la délégation parlementaire aux droits des femmes, poste qu'elle occupe pendant dix ans. Elle acquiert à ce moment-là la conviction que l'émancipation passe par l'indépendance économique. Sous la présidence Sarkozy, à l'occasion de la réforme constitutionnelle de 2007, l'article 1 est modifié et devient : « La loi favorise l'égal accès des femmes et des hommes aux mandats électoraux et fonctions électives, ainsi qu'aux responsabilités professionnelles. »

La parité a produit ses effets, mais de manière assez poussive. Ce n'est qu'en 2017 avec l'arrivée d'un mouvement créé ex nihilo par Emmanuel Macron, sans (trop) de barons déjà dans la place, que la barre des 40 % a été frôlée. L'Histoire semble bégayer. En 2022, le pourcentage a baissé : « Les femmes ont désormais des parcours solides en politique, tempère Valérie Pécresse. Avant, beaucoup d'entre elles étaient des colosses aux pieds d'argile. Elles étaient nommées, pas élues. La politique est une vocation mais aussi un métier qui s'apprend sur le terrain. »

Rama Yade a fait une brève incursion dans la vie publique entre 2007 et 2015, commençant sa carrière au ministère des Affaires étrangères, secrétaire d'État chargée des Droits de l'homme, avant d'être élue conseillère régionale entre 2010 et 2015. Originaire du Sénégal, élevée à Colombes par sa mère, de culture musulmane, elle faisait partie, avec Rachida Dati et Fadela Amara, des visages issus de la diversité voulus par Nicolas Sarkozy, nouvellement élu en 2007 à la présidence de la République. « Nous étions des Ovnis, se souvient Rama Yade. Nous étions des femmes nommées pour elles-mêmes ou pour ce qu'elles représentaient. Jusqu'alors beaucoup n'étaient là que parce qu'elles étaient les filles, les épouses ou les maîtresses d'un homme puissant dans le parti. Elles avaient la dent particulièrement dure avec nous[6]. »

Faire ses armes localement avant de briguer un mandat national ou d'entrer dans un gouvernement pour imposer son style et ses idées peut toutefois s'apparenter à une longue marche. Le sexisme des territoires, hors des projecteurs, a la vie dure.

20.

Le sexisme en campagne

L'information est spectaculaire. Selon une enquête du réseau Élues locales auprès de 1 000 élues publiée en décembre 2021, 74 % des femmes disent avoir subi un jour « injures, harcèlement, violences verbales et parfois physiques » venant d'autres élus. Une femme sur trois a déjà pensé à abandonner la politique à la suite de comportements sexistes. Laurence Rossignol, vice-présidente (PS) du Sénat, ex-ministre des Droits des femmes (février 2016-mai 2017), féministe engagée depuis les années 70, confirme : « Le cœur du réacteur, ça reste le pouvoir de cooptation qui est toujours tenu par les hommes. Les femmes restent au niveau n – 3[1]. » La sénatrice, marraine du mouvement elue-locale.fr, garde un souvenir cuisant du moment où elle a défendu le projet de loi sur la parité aux élections cantonales en 2013. Lorsqu'elle s'est levée, son intervention a été saluée par un tonitruant : « C'est qui cette nana ? » La vidéo où l'on voit l'indélicat sénateur, Bruno Sido (UMP), interpeller son homologue féminine a été vue des dizaines de milliers de fois : « Cela faisait quarante-huit heures que je subissais leur bêtise, leur résistance antiféministe, leur entre-soi masculin. Bruno Sido a été… gêné par cette notoriété imprévisible. Le sexisme en politique n'est pas que “sexuel” mais il consiste aussi en l'invisibilisation des femmes par les collègues masculins. » Ce projet de loi a été finalement rejeté par les sénateurs.

Les exemples de sexisme ordinaire dans les « territoires » sont légion. À Berric (Morbihan), deux mille habitants, Solenne Le Monnier, nommée adjointe en 2020, a jeté l'éponge après avoir été victime, selon elle, de harcèlement et d'outrage sexiste. Contre toute attente, le 14 janvier 2022, dans un article paru dans *Le Télégramme*, six élues de Berric « prennent la parole » pour proclamer qu'il n'y a pas de « sexisme » au conseil municipal : « Travailler en collaboration ne fait pas de nous des femmes sous influence », soulignent-elles. Sans la citer nommément, Solène Le Monnier est qualifiée de « mégalomane, égocentrée, narcissique, sans limites ». Une claque pour l'ex-adjointe : « C'est une sorte de meurtre social. Ils avaient besoin de mes voix pour passer, parce que je suis une personne visible, appréciée. Je suis toujours conseillère municipale mais je ne mets plus un pied à l'Hôtel de Ville[2]. » Malgré les dénégations de la mairie, Solène Le Monnier n'en démord pas : « Les faits de violences sexistes en politique sont de plus en plus dénoncés. Seulement, nous, petites élues des petites communes, n'intéressons pas le "haut". Nombreuses sont celles qui, faute de soutien, faute de recours, fuient. D'autres aussi fuient dès qu'elles constatent qu'elles ne sont que des femmes "quotas" et qu'elles n'auront d'autre rôle que celui de "déco". C'est aussi une violence, invisible, silencieuse, soit mais réelle. »

Le 26 avril 2021, une autre scène sidérante se déroule lors du conseil municipal de Paimpol (Côtes-d'Armor). La maire, Fanny Chappé, nouvellement élue, est interpellée par un conseiller de l'opposition : « Je te parle comme je veux, ma cocotte [...] oui maîtresse, non maîtresse. » Interrogé le lendemain, l'auteur de cette saillie de basse-cour, Jean-Yves de Chaisemartin, ancien maire (UDI) de la commune, ne semble pas voir de problème : « Je ne suis ni misogyne ni sexiste. J'ai eu une réaction épidermique et méprisante, j'en conviens, mais lors des débats Mme Chappé m'a coupé la parole et le micro à plusieurs reprises. [...] Je regrette donc mes propos mais j'assume sur le fond[3]. » Le 10 décembre 2021, ce même élu a été mis en examen pour un « viol aggravé » suite à la plainte d'un homme d'une quarantaine d'années qui assure avoir absorbé à son insu de la MDM, dite drogue de l'amour. Ses avocats contestent les faits.

Si beaucoup de ces échanges ne sont jamais rendus publics, la retransmission filmée des conseils municipaux des grandes villes change la donne. Elle permet de garder une trace de témoignages sexistes puis de les faire circuler sur les réseaux sociaux. Le 6 mai 2022, Harmonie Lecerf Meunier, adjointe chargée de l'égalité aux droits et des solidarités à Bordeaux, publie une vidéo sur Twitter dans laquelle elle dénonce les comportements sexistes de certains élus masculins[4], notamment des « remarques, ricanements et psychophobie[5] ». Son intervention faisait suite à une déclaration de la première adjointe, qui demandait le silence dans les rangs de l'opposition ; certains élus auraient « mimé des bruits de fouet[6] ». Deux semaines plus tard, telle l'arroseuse arrosée, elle est la cible de messages sur Facebook (« grosse gouine », « cerveau malade ») qui l'incitent à déposer plainte pour outrage sexuel, injure sexiste et homophobe. Ces scènes de sexisme ordinaire, relayées par les collectifs féministes, deviennent rapidement virales. Comme celle de l'écologiste Claire Desmares, publiée sur Instagram en juillet 2022. Dans une vidéo enregistrée lors d'une prise de parole au conseil régional de Bretagne, elle fait état d'une « agression de la part d'un vice-président », de « propos déplacés, de menace, d'attitude viriliste ». La scène se serait passée à la sortie de l'hémicycle une heure plus tôt, après la présentation d'un rapport houleux sur les algues vertes : « C'était devant des témoins, en public, extrêmement violent, tous les gens qui étaient là étaient absolument sidérés par ce qu'il se passait, explique-t-elle de retour en séance publique. Ce genre de violences n'a absolument rien à faire dans cette institution. Je suis extrêmement choquée par ce que je viens de vivre[7]. » Puis en s'adressant au président de l'assemblée, elle demande que l'hémicycle devienne une « *safe place*, un endroit où les femmes n'ont pas à craindre d'être seules ». Le conseil régional de Bretagne, zone de danger pour les femmes ? Silence dans la salle. Aucune réaction du président. L'homme visé, qui n'est pas cité, est le vice-président chargé de l'agriculture, Arnaud Lécuyer, qui s'est ensuite excusé, reconnaissant qu'il s'était emporté[8]. Une autre élue écologiste, témoin de la scène, n'aurait pas fait la même lecture : « Cette altercation n'avait rien de viriliste. » « Il y a des discours féministes qui desservent le féminisme[9] », auraient glissé d'autres femmes. Plusieurs semaines après cet incident, Claire Desmares n'en démord pas : « Le vice-président s'est comporté comme un cow-boy, en remontant son pantalon, ouvrant sa veste, tapant sur la table et disant : "Vous allez avoir des problèmes." Il s'agit d'un acte grave, d'une attitude viriliste, de menaces et d'intimidation passibles de six mois de prison et 40 000 euros d'amende[10]. » Rien que ça ! Après avoir mûrement réfléchi, l'élue a décidé... de porter plainte auprès du procureur de la République. « Ébranlée par l'incident, Claire Desmares assure avoir eu le soutien de son parti et de Julien Bayou, secrétaire national (avant qu'il ne soit visé par des accusations de violences psychologiques) et des membres de l'Observatoire des violences sexistes et sexuelles : « J'ai eu la chance d'avoir des réseaux sociaux pour relayer ce qu'il s'est passé, notamment Instagram car Twitter est un réseau de *haters* viriliste. Mais dans les collectivités locales, il y a moins de structures d'entraide qu'au niveau national, beaucoup moins de femmes connues qui se sont bagarrées. On se sent beaucoup plus seule d'où l'importance des réseaux qui permettent d'abolir les frontières de la solidarité. Beaucoup de femmes m'ont contactée que je ne connaissais pas. Je me suis dit alors qu'il n'y avait pas que moi, qu'il y avait d'autres hommes qui agissent de la sorte, que le problème ce n'est pas moi, mais eux. » La radicalité militante n'est pas l'apanage des écoféministes parisiennes.

Le réseau Élues locales qui a pour objectif de « soutenir et valoriser les femmes en politique » a été reçu en septembre 2022 à Matignon par trois membres du cabinet d'Élisabeth Borne. Parmi la délégation, Solène Le Monnier. Cette dernière se dit satisfaite de cette rencontre : « J'ai témoigné et ai été félicitée pour mon courage. Nous avons proposé des solutions. Certaines ont été qualifiées de pertinentes. » La marge de progression est colossale. Selon les données récentes du Haut Conseil à l'égalité entre les femmes et les hommes, organisme qui dépend du Premier ministre, la parité est loin d'être atteinte au niveau communal : seul un maire sur cinq est une femme, un président d'intercommunalité sur dix est une femme, moins d'une commune sur trois est concernée par les règles sur la parité[11]. Les petites communes de moins de 1 000 habitants n'obéissent elles à aucune loi sur la parité, un « angle mort ». Tout comme les communautés de communes, « zones blanches » de la parité au sein des collectivités territoriales où là non plus aucune règle de parité ne s'applique. Malgré quelques progrès arithmétiques (1 000 communes supplémentaires sont dirigées par des femmes depuis 2020), le HCE dénonce la « persistance d'un sexisme systémique en politique » et l'existence de « pratiques propres à l'exercice des mandats locaux qui empêchent l'accès réel des femmes aux postes de pouvoir ». À Paris, mais encore plus à Paimpol ou à Laon, les femmes souffriraient de « codes implicitement socialement construits comme masculins » : « Les réseaux constitués de longue date favorisent un phénomène de "copinage" masculin dans l'attribution des postes, les successions de mandats, la constitution des listes électorales. » La sociologue Françoise Gaspard a même mis un nom sur cette forme de solidarité « entre mecs », le « fratriarcat » : « L'enjeu de cette exclusion des femmes de la politique est bien de permettre aux hommes de ne pas remettre en question le système qu'ils ont bâti. Ce fratriarcat préserve l'idée de la supériorité masculine[12]. » Le fait pour les femmes de consacrer 1 heure et 26 minutes par jour de plus que les hommes aux tâches domestiques et parentales serait aussi un sérieux frein à la construction d'une carrière politique. Enfin, les missions des élues locales restent « marquées par une répartition fortement genrée des différentes commissions entre les adjoint(e)s au sein des conseils municipaux et intercommunaux ». Les places qui leur sont réservées continuent à être stéréotypées, liées à des thématiques dites « féminines » : pour elles, les affaires scolaires, la petite enfance et la famille ; pour eux, la circulation, les travaux et la sécurité.

Pas moins de neuf lois sur la parité ont été votées depuis le 8 juillet 1999[13], dont une sur l'égalité « réelle » entre les femmes et les hommes. Annie Genevard, députée (LR), vice-présidente de l'Assemblée nationale, qui s'est formée à la politique dans la commune de Morteau (Doubs), fait entendre une voix différente. D'abord adjointe (aux affaires culturelles), elle a succédé au maire en 2002 : « J'ai acquis ma légitimité par le travail.

Je n'ai jamais été victime de réflexion sexiste. Lorsque j'étais adjointe, je savais de quoi je parlais. Mes collaborateurs m'appelaient "la patronne". Je disais les choses clairement. La fonction contribue à asseoir la légitimité. » Dans la famille, on est députée de mère en fille. Annie Genevard, fille d'Irène Tharin, députée UMP (2002-2007), dit avoir été élevée dans cette « quête d'indépendance et d'autonomie ». Elle se dit attachée aux « droits des femmes » et avoir transmis à ses deux filles ces mêmes valeurs : « Soyez indépendantes ! »

21.

Les mots ont un sexe

La scène se déroule au Sénat le 20 novembre 2018. Brune Poirson, secrétaire d'État auprès de Nicolas Hulot, ministre à la Transition écologique, participe à un débat sur la diplomatie de la France à l'aune de la COP24. L'hémicycle n'est guère rempli pour cette séance publique d'après-midi. Gérard Longuet se lève, et avant de prendre la parole, salue « madame LE ministre ». Ancien ministre de la Défense, il est un parlementaire aguerri qui connaît tous les usages du palais du Luxembourg. Il y a fait son entrée en 2001. Après un exposé sur les vertus du nucléaire, le Mosellan pose enfin une question et gratifie à nouveau Brune Poirson d'un « madame le ministre ». « Monsieur le sénateur, je veux bien croire que votre langue a fourché, mais on dit "madame LA ministre" », rétorque en grimaçant légèrement la jeune femme. « Je l'ai fait à dessein : le masculin est générique en français ! » reprend tranquillement Longuet, calé négligemment dans son fauteuil tapissé de velours vert. Soucieux de donner l'ambiance de la séance, les greffiers du Sénat qui consignent scrupuleusement les échanges entre parlementaires précisent en italique et entre parenthèses : (*sourires sur la travée du groupe Les Républicains*). Riposte de l'oratrice. « Vous voulez qu'on rentre dans ce débat-là ? Je suis absolument désolée, mais je vous demande de m'appeler madame la ministre, c'est comme ça. » Placide, le sénateur lance un : « Je vous appellerai "chère amie" ! » qui met Brune Poirson hors d'elle. « Je ne veux pas que vous m'appeliez chère amie, je veux que vous m'appeliez madame la ministre. » Longuet : « Je ne le ferai pas tant que l'Académie française n'aura pas changé la règle ! » Avec fermeté, la secrétaire d'État clôt le débat : « Une aspiration des Français, c'est l'égalité femmes-hommes, monsieur le sénateur ! [...] Je vous demande de m'appeler madame la ministre. C'est comme ça et c'est pas autrement ! »

Les deux assemblées sont coutumières de ces joutes. L'hémicycle est un théâtre où l'on prend des postures, surjouant son personnage pour déstabiliser l'adversaire ou tout simplement pour le plaisir du verbe et du duel. Quatre ans après l'incident[1], Brune Poirson qui a quitté la politique pour retourner dans le privé se souvient très bien de l'altercation. « Tout cela n'était au final pas très grave mais le monde politique est d'une telle violence pour les femmes que j'avais décidé de ne rien laisser passer, raconte-t-elle. Le sexisme et la provocation sont permanents. Quand on souligne ostensiblement que la fonction que vous occupez est celle d'un homme, c'est une façon de vous disqualifier. Quand vous vous êtes levée à 4 heures du matin pour un déplacement et qu'à 17 heures en arrivant à une réunion, la première chose dont on se préoccupe, c'est de savoir si les talons que vous avez aux pieds vont vous permettre d'accéder à l'estrade, c'est insupportable. Mais le pire ce sont les ragots. On m'a prêté des aventures avec tous mes collègues. Chaque fois que je rencontrais un homme, c'était mon amant. Juste avant de quitter le gouvernement j'ai déjeuné dans un lieu public avec mon cousin. Le lendemain, se répandait la rumeur que j'avais une nouvelle liaison. » La jeune femme explique qu'elle s'est progressivement « blindée ». « J'ai bénéficié du soutien de certaines femmes dont Élisabeth Borne, Muriel Pénicaud ou Agnès Buzyn. L'argument selon lequel les femmes seraient impitoyables entre elles, voilà encore un cliché très sexiste… On ne sait sans doute pas créer les mêmes réseaux que les hommes car il y a toujours un moment dans la vie d'une femme, surtout quand elle a des enfants, où elle doit rentrer à la maison pour s'en occuper. De toute façon, il n'était guère envisageable pour moi d'aller prendre un verre entre “collègues” dans un bar à 2 heures du matin après une séquence de travail sans que la machine à ragots ne se mette à tourner à plein régime. »

Gérard Longuet n'est pas le seul parlementaire de droite à avoir du mal avec la féminisation des noms de fonctions. Julien Aubert, député LR, est un récidiviste. En 2014, l'élu du Vaucluse, qui siégeait alors sous l'étiquette UMP, s'était obstiné à s'adresser à la socialiste Sandrine Mazetier par la formule « madame le président ». Rappelé à l'ordre, il avait refusé d'obtempérer avant d'écoper d'une amende et de se voir retirer quelque 1 378 euros de son indemnité mensuelle. En refusant de féminiser la fonction, il avait enfreint l'article 19 de l'instruction générale du bureau de l'Assemblée nationale stipulant que les « fonctions exercées au sein de l'Assemblée nationale sont mentionnées avec la marque du genre commandé par la personne concernée ». Lors du même débat sur la transition énergétique, Julien Aubert s'était vengé et avait donné pendant toute la séance du « madame le ministre » à Ségolène Royal. Les personnes extérieures, dont les membres du gouvernement, n'étant pas couverts par le règlement, il ne s'exposait ainsi à aucune pénalité. En 2021, le parlementaire réitérait sa provocation en appliquant le masculin en s'adressant à Barbara Pompili, elle aussi chargée de la transition énergétique. Agacée, l'ancienne militante écologiste passée en Macronie décide alors d'adopter un principe de réciprocité en le taxant de « monsieur la rapporteure ». Annie Genevard qui présidait la séance s'amuse encore de l'épisode. « Je n'ai donné raison ni à l'un ni à l'autre, remarque-t-elle, j'ai repris Barbara Pompili car l'Académie valide madame le ministre pour une femme et non monsieur la rapporteure lorsque l'on s'adresse à un homme. Je ne vois aucun inconvénient à ce que l'on m'appelle madame la présidente ou madame la députée. Je préfère madame le maire à madame la maire car cela introduit une homophonie troublante. La vérité, c'est que je n'ai pas l'obsession du genre qu'ont certaines féministes. Il me semble que le combat des femmes, c'est celui du voile chez nous ou en Iran, l'accession au savoir des Afghanes… Je suis plus Élisabeth Badinter que Sandrine Rousseau en résumé. » Dont acte.

On l'aura compris, la féminisation est un combat éminemment politique. Tel un serpent de mer, il ressurgit fréquemment dans le débat comme en 2017 autour du thème sur l'écriture inclusive. Pourtant, depuis 1984 et la création par Laurent Fabius d'une commission de féminisation des noms de métiers et de fonctions confiée à la féministe Benoîte Groult, aucun gouvernement n'est revenu sur la circulaire de 1986 qui recommande aux administrations publiques d'accompagner l'accès des femmes à de nombreux métiers dans le vocabulaire. En 1998, Lionel Jospin, Premier ministre, signe un nouveau texte incitant à poursuivre le mouvement. Enfin en 2019, l'Académie française, dont il est un euphémisme que de constater qu'elle n'a pas devancé l'appel, adopte un rapport concluant qu'il n'existe aucun obstacle de principe à la féminisation des noms de métiers et de professions.

Au Parlement, il n'y a pas que les hommes qui sont opposés à la féminisation des titres. Une poignée de résistantes tiennent au masculin. Du côté du Sénat, la bataille est d'autant plus vive qu'elle est visible. Il suffit de consulter le site de l'institution pour s'en apercevoir. Une petite trentaine d'élues sur 121 tiennent à être appelées sénateurs et non sénatrices. Elles sont toutes de droite et majoritairement – à plus de 70 % – enrôlées chez Les Républicains. À tel point que l'administration a parfois tendance à commettre des impairs. « Ils m'ont affublée d'un titre de sénateur dans les listings car dans ma famille politique elles y sont toutes attachées, se plaint Joëlle Garriaud Maylam, élue des Français de l'étranger, alors que moi je tiens au féminin. » Marie Mercier, sénateur – donc – de Saône-et-Loire, considère qu'il s'agit d'un grade et non d'un genre. « Je place mon féminisme ailleurs, avance-t-elle, lorsque je visite une école et que le petit garçon de CM2 refuse de me serrer la main par exemple. Mais rassurez-vous le "madame" me va très bien, je ne tiens pas au monsieur... » Non sans humour, ce médecin de profession fait l'inventaire de ses luttes pour s'imposer en politique. « On ne fait aucun cadeau aux femmes, je me souviens que je m'apprêtais à conduire la liste des sénatoriales pour la deuxième fois car j'étais sortante et que les hommes tournaient autour de moi pour rafler la place. L'un d'eux a eu le toupet de m'expliquer qu'il serait meilleur au motif que j'aurais du mal à me faire entendre pendant la campagne à cause... de ma voix d'hôtesse de l'air. » Une autre avance un argument un rien suranné. « Pour moi la sénatrice, c'est la femme du sénateur comme la pharmacienne est celle du pharmacien et la générale du général... » L'Académie a fait le ménage dans le dictionnaire depuis 1930. Depuis, la pharmacienne et consorts sont titulaires d'un diplôme et non d'un acte de mariage. Nathalie Goulet, sénateur de l'Orne du groupe Union centriste, balaye la question avec une pointe d'ironie. « Je déteste le corporatisme. Est-ce vraiment une question ? » interroge-t-elle. Particulièrement engagée dans les questions internationales, elle répond – comme la plupart de ses homologues – que le statut des femmes en Iran est tout de même autrement plus important. « Dans mon canton, j'ai une commune qui s'appelle Le Pin-au-Haras. Vous voulez que je fasse comme le maire socialiste de Pantin et que j'ajoute un *e* à la fin pour défendre la cause des femmes ? » Dominique Vérien, sénatrice de l'Yonne, centriste, membre de la commission des lois, vice-présidente à la délégation des femmes et à l'égalité des chances entre les hommes et les femmes, revendique le titre de sénatrice. Lorsqu'on lui pose la question, elle a une réponse toute prête. « Cela ne vous dérange pas de féminiser pour greffière, factrice, secrétaire ou directrice d'école alors pourquoi pas sénatrice[2] ? » Par sa remarque, elle veut souligner une réalité sexiste. Plus les fonctions sont importantes donc majoritairement occupées par les hommes, et plus le masculin paraît incontournable. Ce que la philosophe féministe Sylviane Agacinski conceptualise clairement. « Le masculin dit générique ou neutre, capable de dire tantôt le masculin, tantôt les deux sexes (comme notre mot "homme"), garde la trace des origines philosophiques et théologiques de notre culture. L'homme mâle a incarné depuis toujours, dans notre civilisation et ailleurs, le genre humain par excellence[3]. » La marque du féminin n'est pas toutefois un paratonnerre au sexisme. « À la commission des lois, j'ai un collègue avec lequel je m'entends très bien mais qui me donne du "madame" à chaque phrase et s'entête à me vouvoyer alors qu'il tutoie tous les autres membres. C'est pour lui une marque de courtoisie, mais c'est aussi une mise à distance. Je n'appartiens pas au club », s'amuse Dominique Vérien. Entrée en politique en 2008, cette ancienne cheffe d'entreprise dans le secteur du bâtiment et des travaux publics ne s'en est jamais laissé conter. « En politique, ce sont des petits joueurs à côté du BTP, raconte-t-elle, ils mettent les formes mais pour les places il faut se battre. Je suis entrée en politique car mon mari voulait devenir conseiller départemental. Je voulais me faire un réseau pour lui. On m'avait mise en quatrième position, non éligible, sur la liste des régionales car il fallait une femme. Le troisième a démissionné. J'ai pris sa place, mon mari a vite compris que la politique ce n'était pas pour lui mais moi j'ai fait mon trou. Sur un malentendu. »

22.

Chair collaboratrice

Dans les jardins du Palais-Bourbon, sous un soleil radieux, la mise en scène est soignée. Le 26 juillet 2022, une dizaine de députées de La France insoumise (LFI) s'avancent d'un pas décidé vers les micros et caméras. Façon commando. En tête, Clémentine Autain arbore un sourire satisfait et une cravate verte. Autour d'elle, ses collègues féminines ont fait le même choix : une cravate rouge à droite, une blanche à gauche, une jaune au fond. Effet garanti : « C'est énorme, c'est génial », s'extasie une journaliste dans le brouhaha. Clémentine Autain lance en forme de boutade : « Vous n'avez pas de cravates ? » Dans la torpeur de l'été, la députée a convoqué la presse pour réagir à une lettre d'Éric Ciotti (LR) envoyée cinq jours plus tôt à la présidente de l'Assemblée nationale qui a jeté un froid dans les rangs des féministes, dont beaucoup viennent d'entrer au Parlement. Cette missive concerne « un sujet d'importance[1] ». De quoi s'agit-il ? « Une forme de relâchement vestimentaire et comportemental d'un nombre de plus en plus important de députés, notamment de LFI », précise le questeur de l'Assemblée nationale[2], qui poursuit : « Certains, au mépris de l'honneur qu'ils ont de représenter nos institutions, dont l'Histoire les dépasse largement, se permettent de porter en hémicycle des tenues de plus en plus relâchées [...]. Le port du costume et de la cravate pour les hommes [...] permet d'unifier visuellement la représentation nationale et de recentrer les débats sur ce qui importe vraiment : les arguments des uns et des autres. » Et de conclure sur une demande du port obligatoire de la cravate pour les hommes. Au-delà de l'accessoire, Clémentine Autain et ses collègues s'insurgent du côté « réactionnaire » de cette requête : « C'est un accessoire de mode masculin, et je crois que dans le monde, l'univers mental de M. Ciotti, au fond l'Assemblée nationale, est un univers profondément masculin », explique-t-elle devant les caméras.

« Sur le ton de l'humour, on a voulu réagir à cette proposition ridicule, se remémore Clémentine Autain. Avec nos collaborateurs, on est allés acheter une trentaine de cravates. Ça nous a permis d'interpeller l'opinion, de faire parler de nous[3]. » L'art de l'agit-prop. Trois mois plus tard, le 9 novembre 2022, le bureau de l'Assemblée nationale donne partiellement raison... à Éric Ciotti : « La tenue vestimentaire adoptée par les députés dans l'hémicycle doit être neutre et en adéquation avec la solennité des lieux et à ce titre, elle doit rester convenable et non détendue [...]. Pour les hommes, le port de la veste est obligatoire, celui de la cravate est recommandé. » Quelques jours plus tôt, Damien Maudet, député LFI, qui intervenait dans l'hémicycle en bras de chemise, s'était fait rabrouer par Thibault Bazin (Les Républicains) : « La cravate et la veste, ce sont tout de même un minimum ! » Clémentine Autain conclut : « La police sexiste du vêtement a encore frappé. L'obligation de la veste et la recommandation de la cravate "pour les hommes" peuvent faire sourire mais elles symbolisent un mouvement de fond de normalisation[4]. » Cinq ans plus tôt, lorsque les premiers député(e)s « insoumis(es) » avaient été élu(e)s, s'était ensuivie une révolution des codes vestimentaires. Un style plus cool, relâché, beaucoup ne portant ni veste ni cravate. Le bureau de l'Assemblée nationale s'était déjà officiellement penché sur la question. Sur le rapport du président (alors Richard Ferrand), il avait relevé qu'« aucune disposition réglementaire ne fixait la tenue vestimentaire des députés » et qu'il n'y avait « pas lieu d'obliger les hommes au port d'une veste ou d'une cravate dans l'hémicycle ». Le même bureau a donc finalement fait marche arrière. Si l'habit ne fait pas le député, fait-il sens dans une lutte féministe ? « Les député(e)s représentent les citoyens, ça nous vise, assure Clémentine Autain. C'est quoi une bonne tenue ? C'est subjectif[5]. » Au sein même des rangs féministes, l'opération est accueillie avec scepticisme : « C'est une manière de chercher un énième buzz, commente une militante. Je ne vois pas en quoi cela répond aux préoccupations des Françaises que les députées LFI prétendent représenter. »

Au-delà du détail vestimentaire, cette passe d'armes illustre une fracture idéologique et générationnelle. Lors de sa sortie en cravate verte, Clémentine Autain s'émeut de l'atmosphère qui régnerait sur les bancs de l'Assemblée nationale depuis la nouvelle législature. Petites phrases, regards lourds, gestes déplacés… Tout a changé, rien n'a changé. « Encore hier, on se faisait la remarque, reprend Clémentine Autain, des femmes simplement en parlant, en prenant le micro, en disant ce qu'elles ont à dire, sont houspillées fortement, on leur demande de se taire ; elles n'arrivent pas à parler autrement que dans un chahut infernal, tout simplement parce qu'elles sont des femmes, parce qu'elles ont des voix de femmes, et que la question des voix de femmes dans l'art oratoire est un vrai sujet politique. » Une voix trop haute, un accent mal maîtrisé, une parole lâchée trop vite peut qualifier ou disqualifier en quelques secondes.

À ce jeu de la joute verbale, la femme n'est pas l'égale de l'homme. Valérie Pécresse en a fait les frais lors de la campagne pour l'élection présidentielle 2022. Son premier grand meeting dans la salle du Zénith s'est transformé en fiasco en raison de sa prestation scénique. Tailleur strict bleu sombre, tee-shirt blanc, la candidate Les Républicains déroule le 13 février 2022 son programme de la « nouvelle France » devant une salle remplie et chauffée à bloc (7 500 personnes), principalement par des militant(e)s voué(e)s à sa cause qui encouragent l'oratrice : « Valérie présidente ! » Plus d'une heure de meeting filmé et diffusé en direct sur les chaînes d'information pendant lequel Valérie Pécresse se laisse emporter par ces soutiens inconditionnels et force l'emphase. Gestuelle empruntée, discours mécanique, voix grave. Rapidement, une impression de malaise se dégage.

L'exercice est un échec. Surjoué et artificiel. Quelques jours plus tard, Valérie Pécresse reconnaît une erreur de stratégie : « J'ai fait un premier meeting où j'ai essayé de faire un discours d'homme, bon ça a été raté[6]. » Elle met également en avant un « problème de son qui fait que ça ne rendait pas bien à la télé, donc pas de bol ». Sept mois plus tard, installée sur la terrasse du siège du conseil régional d'Île-de-France qu'elle préside depuis 2015, Valérie Pécresse n'a pas oublié cet épisode qui, selon elle, lui a coûté très cher : « Il y avait un problème de retour son, ça donnait le sentiment que je hurlais. Cela m'a poursuivie, ça m'a déprésidentialisée[7]. » À l'en croire, sa défaite à l'élection présidentielle (4,78 % des voix, cinquième position) s'est en partie jouée au pupitre du Zénith. « Quelques jours plus tard, j'étais devant 3 000 personnes à Calais avec un micromain, ça a très bien marché, personne n'en a parlé... », regrette-t-elle. Valérie Pécresse confirme que la voix est un « gros souci » en politique pour les femmes. François Mitterrand, Nicolas Sarkozy, Philippe Séguin, plus récemment Jean-Luc Mélenchon... ont excellé dans l'art de dominer la foule, d'exercer une forme de séduction, favorisée par la puissance naturelle de leur organe vocal.

Pour Arnaud Benedetti, spécialiste de la communication politique, une dimension historique entretient une forme de stéréotype : « Les premiers à inventer cette rencontre physique du leader s'adressant face au peuple sont ces précurseurs romains des populistes que furent les Gracques. Notre lecture de la prestation des meetings est donc consciemment ou inconsciemment également imprégnée d'une lecture fortement masculinisée. Ce qui ne signifie pas que les femmes ne soient pas en mesure de galvaniser une foule, mais le format, du fait de sa généalogie historique, leur rend l'exercice sans doute plus difficile, en raison d'un certain nombre de stéréotypes qui induisent le regard porté sur les pratiques oratoires[8]. » Selon Valérie Pécresse, le Palais-Bourbon est le théâtre d'un drôle de « bizutage » réservé aux femmes : « Cela consiste à couvrir la voix de celle qui parle. » Sandrine Rousseau, députée écoféministe élue en 2022, assure le vivre à chacune de ses interventions : « Dès que je parle, il y a un brouhaha. Je suis obligée de crier. Les micros sont unidirectionnels, donc on n'entend que ma voix. Cela donne un effet crécelle. Les micros sont réglés pour des voix d'hommes, cela augmente les aigus[9]. » Clémentine Autain : « Cette agitation est encore plus marquée pour Sandrine Rousseau car elle est clivante. Mais elle existe en fait pour beaucoup de femmes[10]. » Ce que confirme Mathilde Viot, ancienne assistante parlementaire : « Les micros, à l'Assemblée nationale, sont réglés pour des fréquences masculines. Les femmes aux voix les plus aiguës peinent à embarquer dans leurs récits l'auditoire, parfois clairsemé et rarement attentif, installé sur les bancs de velours rouge[11]. » Selon Sandrine Rousseau, la vie politique s'organise autour du « tribun » : « C'est une fonction qui n'est pas reconnue aux femmes. La seule qui échappe à cette règle est Christiane Taubira. En même temps que Valérie Pécresse, Yannick Jadot (candidat écologiste) a raté son meeting à Laon, tout comme Fabien Roussel (candidat communiste). Cela n'a pas du tout suscité les mêmes commentaires. » Annie Genevard, députée (LR), vice-présidente de l'Assemblée nationale, fait, elle, le pari d'utiliser sa voix naturelle : « Les sujets les plus importants peuvent être portés avec calme. J'ai une voix douce et tranquille… qui permet de décocher des flèches sans qu'il n'y paraisse. Dans les meetings, c'est un obstacle. Mais quand je suis au perchoir, cela me donne une forme d'autorité. Il est vrai que l'hémicycle est un chaudron impitoyable pour les hommes et pour les femmes. On entend souvent : "Il ou elle est nul(le)[12] !" »

Pour éviter les incidents, les humiliations publiques, les femmes politiques se protègent et assurent soigner le fond autant que la forme. Aude Bono-Vandorme, députée de l'Aisne (LREM) de 2017 à 2021, se souvient d'avoir toujours préparé ses interventions avec un soin extrême pour ne donner aucune prise aux critiques : « Lorsqu'une femme parle quelques minutes pour ne rien dire, elle est taxée d'idiote et de cruche. Ce n'est pas le cas d'un homme. Il faut savoir être douce et autoritaire. » Claire Desmares, élue écologiste au conseil régional de Bretagne : « Nous sommes souvent coupées. Il se trouve que je suis plutôt à l'aise à l'oral, mais certaines de mes collègues sont interrompues régulièrement. On se sent moins légitimes. Depuis l'enfance, les garçons parlent à la place des filles… Nous n'avons pas le droit à l'erreur. Lors de mes interventions en séance plénière, je fais valider mon texte par tous les élus. Je ne suis pas sûr qu'il y ait beaucoup d'hommes qui fassent la même chose. »

La prise de parole des femmes est aussi un sujet au sens arithmétique. Théo Delemazure, étudiant de l'École normale supérieure (ENS) en informatique, s'est pris de passion pour les comptes rendus des débats de l'Assemblée nationale dont il publie les meilleures répliques sur son compte Twitter[13]. Il s'est aussi penché sur la division du temps de parole entre les hommes et les femmes. Sur son blog, l'étudiant publie les résultats qui sont assez… parlants : entre juillet et décembre 2022, un député homme a prononcé en moyenne « 40 % de mots de plus qu'une députée femme ». Une exception : le groupe écologiste qui est le seul où « les femmes parlent en moyenne plus que les hommes ». C'est aussi le groupe où il y a plus de femmes que d'hommes (le doctorant a néanmoins pris soin de prendre en compte le nombre moyen de mots par députés hommes et femmes). Les Verts seraient-ils plus respectueux de la parole des femmes ? Les plus zélées vont jusqu'à chronométrer les temps d'intervention pour respecter une parité chronologique parfaite. Autre constat : « Parmi les vingt députés les plus bavards, seules trois sont des femmes. » L'étudiant a pu observer que la prise de parole dans l'hémicycle semblait obéir à des règles genrées : les hommes « dominent les discussions liées à des projets de loi en lien avec les questions d'économie et de finances », les femmes « interviennent plus sur les sujets de société et liés à l'environnement ». Dans la droite ligne de cette domination verbale, les hommes seraient aussi ceux qui interrompent le plus les interventions de leurs collègues (hommes et femmes) : le nombre moyen d'interruptions (cela peut être positif « bravo ! » ou négatif « caricature ! ») est deux fois plus élevé pour les hommes que pour les femmes. Certains élus ont mis la barre du sexisme assez haut. Comme l'imitation des caquètements d'une poule (« cot cot cot codec ! ») par le député Philippe Le Ray (UMP) en 2013 alors que sa collègue Véronique Massonneau, écologiste (Vienne), prenait la parole (il a été sanctionné par une amende, un quart de son indemnité parlementaire pendant un mois). L'hebdomadaire *Politis* s'est intéressé aux interruptions des temps de parole des députées pendant les neuf jours du débat sur les retraites en mars 2023. Selon son comptage, elles ont été coupées 77 % du temps par des hommes. Les débats ont été virils… au sens propre.

La tenue des femmes reste également un sujet de moquerie qui ne fait pas honneur à la classe politique. Clémentine Autain : « Il y a des remarques en permanence sur les tenues d'un certain nombre d'entre nous, voire des vidéos qui circulent, imaginées par des porcs, je n'ai pas d'autres mots, et qui ont une drôle de manière de regarder les députées que nous sommes. […] Ce serait bien que l'on soit regardées un peu autrement que pour notre corps. » On se rappelle les sifflets qui ont accompagné l'intervention en robe à fleurs de Cécile Duflot, ministre du Logement et de l'Aménagement du territoire, au Palais-Bourbon. C'était il y a dix ans, en juillet 2012. « Un lynchage sexiste », souligne le Haut Conseil à l'égalité entre les femmes et les hommes (HCE) : « La disqualification des femmes du jeu politique se retrouve dans l'utilisation stratégique des qualités dites féminines. Certains attributs perçus comme féminins sont si disqualifiants en politique qu'ils sont utilisés contre les hommes. En effet, l'arrivée des femmes dans les sphères du pouvoir semble avoir, plus que jamais, réactivé la virilité traditionnelle en tant que qualité incontournable de l'exercice politique. La féminité devient une ressource pour certains élus pour disqualifier les autres. » Selon le HCE, ces soubresauts sexistes auraient une portée politique… inattendue : « Les discours sur la "mollesse", la "rondeur" – caractéristiques éminemment féminines – de François Hollande sont autant de propos qui le délégitiment [*sic*] en tant que président[14]. »

Selon de nombreuses élues, le sexisme s'exerce au quotidien, au détour de simples séances de travail : « Lors des réunions des chefs où il n'y a que des hommes qui ne vous regardent pas, cela crée un rapport de domination, de mise à l'écart[15] », témoigne Clémentine Autain. Emmanuelle Pierre-Marie, maire du XIIe arrondissement parisien (140 000 habitants) : « Lors des réunions, je suis souvent la seule femme autour de la table. Pendant un quart d'heure, il y a un sentiment perceptible de "elle ne va rien comprendre", un procès en légitimité que même mes interlocuteurs ne perçoivent pas. J'ai intégré qu'il y a ce passage obligé, cette mise à nu, cette mise sur le gril[16]. » Annie Genevard, députée (LR) : « Lorsqu'une femme prend la parole, les hommes en profitent pour regarder leur téléphone portable. C'est très déstabilisant. Il y a des signaux faibles qui sont des messages forts. »

Au-delà des petites phrases, il y a les comportements qui attestent que *Sexus politicus* n'a pas (toujours) compris que l'on avait changé d'époque. Hiver 2021, la vingtaine de députés membres de la commission de la défense nationale et des forces armées à l'Assemblée se réunissent dans la salle dédiée. Un petit salon, sorte d'antichambre, permet d'accéder à cette pièce de travail. L'un des parlementaires présents assiste alors à une scène torride : « Je sors de la réunion et là je vois l'un de nos membres qui avait tombé la veste, la chemise… et aussi son maillot de corps. Il avait visiblement trop chaud. » Un strip-tease en plein Palais-Bourbon. L'homme qui prend ainsi ses aises : Jean Lassalle, député des Pyrénées-Atlantiques, quatre mandats législatifs au compteur, candidat (malheureux) à la présidence de la République en 2022 (il l'avait été aussi en 2017) : « Je suis très sensible aux changements de température, j'ai facilement chaud, se justifie-t-il. Alors, je dois changer de tee-shirt. Je m'excuse auprès de ce collègue si cela l'a choqué[17]. » « S'il n'y avait eu que cette scène, cela ne m'aurait pas choqué, relate le député. Mais il y a aussi ses propos. Je l'ai entendu dire à des collègues féminines dans l'hémicycle : "Viens t'asseoir sur mes genoux. Tu verras mieux." » L'homme a, il est vrai, le verbe facile. Interrogé lors du « pot du cochon » au Salon de l'agriculture en 2012, il avait répondu spontanément : « J'ai une cochonne à la maison, c'est ma femme. » Jean Lassalle assure que ses propos ont été déformés. L'élu occitan, qui a finalement renoncé à se présenter aux dernières législatives en 2022, aurait eu aussi la main baladeuse. Une attachée parlementaire, Julia Castanier, l'accuse de lui avoir mis une main aux fesses en allant vers l'hémicycle alors qu'elle avait 25 ans (tweet de 2017) : « Je ne me souviens pas de quoi que ce soit », a répondu Jean Lassalle à *La République des Pyrénées*. Une journaliste l'accuse de harcèlement, mais aucune plainte n'a été déposée. Diane Jeanblanc, consultante dans une agence spécialisée en affaires publiques, publie pour sa part le 15 novembre 2021 sur son compte Twitter – lors du lancement du #MeTooPolitique – une anecdote où elle ne cite pas le député mais où il est facilement reconnaissable : « Un soir, lors d'une réunion tardive, avec une collègue et deux clientes, un candidat régulier à la présidentielle, connu pour son accent du terroir, interrompt la réunion. Il a tenu à faire la bise aux quatre femmes présentes en nous mettant la main sur les reins. » Diane Jeanblanc se souvient : « Notre patron est arrivé avec Jean Lassalle à qui il faisait visiter les locaux. Nous avions toutes entre 30 et 40 ans. Je lui ai tendu la main. Il a dit quelque chose du genre “Pas de ça chez nous.” Il m'a fait la bise, en passant la main dans le bas des reins, pas loin des fesses. Il a fait la même chose avec les trois autres femmes en disant : “Restons un peu, il y a des jolies femmes, c'est bien plus amusant.” Lorsque j'en ai parlé à mon PDG, il avait l'air de trouver cela normal, me disant que Jean Lassalle ne m'avait rien fait de mal[18]. » Mathilde Viot, ancienne collaboratrice parlementaire, évoque également les turpitudes de Jean Lassalle. Dans un livre, sans le citer, elle parle d'un député « prenant un malin plaisir à remonter des douches jusqu'à son bureau la serviette nouée autour de la taille, comme à la maison. Le même d'ailleurs qui une fois, alors que j'attendais un ascenseur, m'avait glissé : “J'ai bien regardé vos fesses, à n'en pas douter elles entrent dans une seule de mes mains” ». Jean Lassalle assure ne se souvenir d'aucune de ces deux scènes. Son rapport aux femmes a suscité de nombreux commentaires. À l'évocation de ces accusations – qu'il récuse –, le ton de l'homme qui roule les *r* avec gourmandise se fait plus grave : « Tout ça est un coup monté. Mon combat politique faisait peur, il fallait m'abattre. Il est facile de manipuler des gamines. Tout ça m'a coûté très cher. L'opprobre qu'on a lâché sur moi a été très lourd pour ma famille. » Pour sa défense, il met en avant sa liberté de ton : « Je ne me suis jamais abstenu de faire une vanne, dès lors que ça ne dévalorise pas une femme. Mais je n'ai jamais manqué de respect à l'une d'entre elles. Ce n'est pas parce qu'il y a une terreur qui s'est installée autour de ça que je vais changer. C'est dans mon ADN. Ce monde est misérable. On ne peut plus rien dire ! » Il cite aussi cette anecdote de cette députée de la majorité à qui il a tenu la porte à l'Assemblée nationale et qui lui aurait rétorqué : « Pas la peine, je peux le faire moi-même. » Un monde d'incompréhension.

Fin 2016, Mathilde Viot (elle a alors 29 ans) a fondé avec d'autres collaboratrices d'élu(e)s le collectif Chair collaboratrice. L'affaire Denis Baupin qui démarre la même année, au lieu de déclencher une prise de conscience, aurait selon elle amplifié le phénomène : « C'était du genre "ça va, ce n'est pas grand-chose". Les victimes étaient moquées. C'étaient des sorcières qui avaient monté une cabale. » Les témoignages sont recueillis anonymement : « On avait peur d'être identifiées, ça ne se faisait pas, il fallait respecter l'onction sacrée du député, la famille politique[19] », relate Mathilde Viot. Le site Internet de Chair collaboratrice, aujourd'hui fermé, recèle quelques perles de ces scènes vécues. L'ascenseur semble être un lieu à haut risque de l'Assemblée nationale. Un député lâche entre deux étages que sa collaboratrice écrit bien « pour une fille », un autre déshabille une assistante du regard « quinze fois » avec des regards salaces comme si elle était de la « chair fraîche ». Celui-là salue l'assemblée féminine dans la cabine en disant « bonjour mes petites filles ». Les ascenseurs du Sénat ne semblent pas plus sûrs. Une sénatrice révèle une agression en bonne et due forme : « Je me suis retrouvée dans un ascenseur avec un de mes collègues de la commission des lois et il m'a sauté dessus en me susurrant des propos salaces à l'oreille. J'ai mis trois mois à digérer. Chaque fois que je le croisais, j'avais la boule au ventre. J'étais tétanisée. J'avais toujours dit à mes filles : "Si vous êtes agressée, il faudra hurler et donner des coups de pied dans l'entrejambe." J'ai compris à ce moment-là que c'étaient des consignes stupides car je me suis trouvée dans un état de sidération alors que j'ai fait des études de médecine et que j'avais largement dépassé la cinquantaine. Au bout de plusieurs semaines, je suis allée voir le président de la commission des lois pour lui raconter. Il voulait que je dépose plainte ou que je fasse un signalement à la présidence. Je reconnais que j'ai renoncé. Je n'en avais pas parlé à mon mari. » Une autre fois, toujours au palais du Luxembourg, un sénateur interpelle dans leur dos des collaboratrices à la sortie d'une réunion : « Alors les petites garces, vous nous faites un spectacle de pom-pom girls ? » L'une d'elles a le réflexe de répondre : « Y a Internet pour ça. » Le plaisantin est un ancien ministre socialiste.

Au total, le collectif assure avoir reçu une centaine de témoignages entre 2016 et 2017, allant de « simples » remarques grivoises à des agressions sexuelles. Entendues le 9 novembre 2017 à l'Assemblée nationale par le groupe d'étude sur les conditions de travail des assistantes parlementaires, Mathilde Viot et Assia Hebbache, autre membre du collectif, dénoncent un climat d'omerta : « Il est difficile pour une femme de parler, encore plus dans le monde politique, où il est très mal vu d'être une victime. Il peut y avoir en retour des intimidations, des menaces. » Les séances de nuit tardives, le rapport hiérarchique entre l'élu et la collaboratrice, la promiscuité des bureaux favoriseraient le « fléau » du sexisme. En première ligne, les petites mains, les collaboratrices qui n'ont pas les moyens de se défendre. Face à cela, une solidarité de corps, entre hommes, « afin de ne pas donner une image négative de la politique ». Mathilde Viot et Assia Hebbache obtiendront une maigre victoire : l'affichage des dispositions relatives au harcèlement public dans les lieux communs, notamment dans les ascenseurs (!). Une initiative qui n'a pas plu à Annie Genevard, vice-présidente (Les Républicains) de l'Assemblée nationale : « Quand j'ai vu dans l'ascenseur des affiches sur le harcèlement sexuel, j'ai pensé “Tous les hommes de cette institution sont des harceleurs en puissance", j'ai trouvé ça déplaisant[20]. » Un nombre non négligeable de femmes, majoritairement de droite, estiment s'être construites seules, dans l'adversité masculine, sans avoir à se mettre sous l'étendard féministe. Annie Genevard assure ne pas se reconnaître dans le combat des collectifs : « C'est un féminisme excluant qui mélange tous les combats. Chair collaboratrice voyait du sexisme partout, de manière outrancière. Cela ne correspond pas à la réalité. Mon âge et mon tempérament m'ont certes mis à l'abri du sexisme, mais je n'ai pas observé de harcèlement alors qu'elles prétendaient que cela était monnaie courante. Lorsqu'on me dit que je suis élégante, je prends cela positivement, les féministes y voient une attitude attentatoire[21] ! » Pour la députée, il reste un « combat à mener plutôt qu'une guerre » : « Nous devons encore conquérir notre légitimité. Lorsqu'il faut trouver des femmes pour se présenter aux législatives, beaucoup me disent : "Est-ce que j'en serai capable ?" Jamais un homme ne m'a dit cela. » Elle relève que le combat est d'autant plus ardu lorsqu'il s'agit de monter dans la hiérarchie : « Plus vous allez haut, plus c'est compliqué. Plus les femmes doivent se cuirasser, avoir des stratégies et une volonté de fer. » Elle-même a songé à se présenter à la présidence des Républicains en 2022 avant d'y renoncer : « Quelle place aurais-je pu me tailler entre Éric Ciotti, Bruno Retailleau et Aurélien Pradié ? »

Si Jean Lassalle comme d'autres incarnent la vieille garde, qu'en est-il du nouveau monde, des députés de la Macronie ? Sont-ils plus vertueux, moins machistes, « déconstruits » ? Le 2 février 2021, le jeune député LREM (Vendée) Pierre Henriet, 29 ans, manque de tact féministe en accueillant d'un tonitruant « Ah la poissonnière ! » Mathilde Panot, députée de La France insoumise (LFI) qui s'apprête à prendre la parole. Le jeune élu s'est excusé du bout des lèvres estimant qu'il était « excédé » et que son propos n'était pas « une injure, encore moins une injure sexiste ». Il a tenu à préciser qu'il était « fils d'une employée charcutière » et qu'il n'avait pas de « mépris de classe » dans son expression. Mathilde Viot : « Sitôt installés dans leurs postures d'élus, les jeunes enfilent tout l'apanage du pouvoir, sexisme compris. J'ai même perçu chez eux une certaine délectation. » Un sondage, le seul réalisé à ce jour, deux ans après la vague macroniste, conclut qu'une collaboratrice sur deux rapporte avoir été victime de blagues sexistes sur son apparence ou sa vie personnelle, une sur trois dit avoir été victime d'injures sexistes ou de comportements gênants (regards déplacés ou mime d'actes sexuels), une sur cinq affirme avoir été victime d'une agression sexuelle. Une cellule d'écoute et d'accompagnement a bien été mise en place six mois plus tard par Richard Ferrand, président de l'Assemblée nationale. Mais elle ne peut pas saisir le procureur de la République. Depuis 2021, une trentaine de cas de harcèlement sexuel et moral ont été signalés. Yaël Braun-Pivet, présidente de l'Assemblée nationale, a annoncé la mise en place d'une « formation en management » pour les parlementaires qui pourront aussi bénéficier de l'aide d'un coach[22]. Mais rien de spécifique pour les violences sexistes. Une initiative timide au regard du Parlement européen qui a voté en 2021 une résolution pour rendre obligatoire la formation des députés à la prévention du harcèlement.

23.

« Dominique a été arrêté... »

« Et vous, le complot, vous y croyez ? Moi j'avoue que je me pose encore la question. D'ailleurs j'aurais voté pour lui si... » Plus d'une décennie après le crash Dominique Strauss-Kahn au Sofitel de New York, de nombreux Français demeurent persuadés que Nafissatou Diallo, la femme de chambre guinéenne qui l'a accusé de viol, l'avait piégé à la demande de son principal rival, Nicolas Sarkozy. En 2011, six ans avant l'apparition du hashtag #BalanceTonPorc et l'affaire Weinstein, la parole des femmes n'est pas encore sacrée. Celle d'une Africaine entrée illégalement sur le sol américain ne pèse pas lourd contre l'offensive façon Grosse Bertha de l'équipe de communication de DSK mais aussi et surtout face au déni collectif. Qui voulait croire et même imaginer que le brillant socialiste pouvait avoir agressé une femme de chambre guinéenne ? Les alertes avaient pourtant été nombreuses. En 2006 déjà, *Sexus politicus* consacrait un chapitre complet à « l'affaire DSK » dans lequel étaient évoquées les notes blanches du ministère de l'Intérieur. À l'époque, la place Beauvau recevait des synthèses sur les frasques des personnalités. C'est Nicolas Sarkozy qui y a mis fin en 2006 en lisant celle, très gênante, visant le député Dominique Strauss-Kahn. Les auteurs du premier *Sexus* racontaient également une soirée libertine aux Chandelles où il avait fait sensation et publiaient le témoignage anonyme d'une très jeune femme affirmant avoir été victime d'une tentative de viol de la part de celui qui était à l'époque ministre de l'Économie. Il s'agissait de Tristane Banon, la fille d'une élue socialiste, qui depuis est sortie de l'anonymat.

Sans la seconde affaire sexuelle, dite du Carlton, révélée quelques mois après le scandale new-yorkais, l'homme politique aurait même pu espérer se présenter à nouveau devant les électeurs en... 2017. Le procès en 2015 de ce réseau de prostitution belgo-lillois a ruiné ses derniers espoirs. Il a certes obtenu une relaxe mais un président de la République ne pouvait pas – même avant #MeToo – avoir été le client des filles du truculent Dodo-la-Saumure. Après son divorce avec Anne Sinclair, il s'est en partie réfugié au Maroc, le pays de son enfance, tout en dispensant ses analyses économiques dans des conférences internationales ou auprès de différents gouvernements.

À tort, la mise hors jeu de Dominique Strauss-Kahn est considérée comme le point de départ de la revanche des femmes, le combat d'une employée d'étage noire d'un grand hôtel new-yorkais contre l'un des hommes les plus connus et les plus puissants de la planète, le patron du Fonds monétaire international. L'argument est séduisant. Mais ses déboires judiciaires à Manhattan illustrent au contraire la résistance d'un pouvoir politique masculin bien installé.

Dominique Strauss-Kahn a bénéficié d'une bienveillance que d'aucuns jugeraient désormais indécente de la part de ses pairs et de la presse. Bien sûr, les prises de parole en sa faveur se sont faites de plus en plus discrètes mais, dès son arrestation, des voix se sont élevées pour le défendre. Ils sont nombreux à avoir défilé devant les micros au son de « Ce n'est pas l'homme que je connais ». Ivan Levaï, ancien mari d'Anne Sinclair et père de ses enfants, a même fait un livre pour défendre son ami, au titre évocateur, *Chronique d'une exécution*[1], revendiquant une forme de parti pris. Moins péremptoire mais tout aussi audacieux, Jack Lang, éternel ancien ministre de la Culture qui espérait sans doute le redevenir avec l'accession de DSK au pouvoir, s'est autorisé un : « Il y a comme une sorte de lynchage [...] je note les contradictions de la justice. Ne pas libérer quelqu'un qui verse une caution importante alors qu'il n'y a pas mort d'homme, cela ne se fait pratiquement jamais. » Jean-François Kahn, fondateur de *L'Événement du jeudi* et de *Marianne*, ami assumé de DSK, a évoqué « un troussage de domestique ». D'autres belles plumes et journalistes réputés ont pris sa défense. Parmi eux, Hervé Gattegno, alors rédacteur en chef à l'hebdomadaire *Le Point* et éditorialiste sur RMC. Spécialiste de l'investigation, il a commis de nombreux articles en faveur de DSK. Le 24 août 2011, la justice américaine vient d'abandonner les charges qui pèsent contre ce dernier, il publie un plaidoyer dont le titre résume la substantifique moelle : « DSK n'est pas coupable mais victime ». Son billet explique que l'ancien patron du FMI est triplement victime, de lui-même – ce qui peut s'entendre –, des mensonges de Nafissatou Diallo et enfin de la violence de la justice américaine. Il sera le seul journaliste de presse écrite à recueillir les confidences de Dominique Strauss-Kahn à son retour en France.

En 2008, alors qu'éclatait au FMI une première affaire sexuelle gênante pour Dominique Strauss-Kahn, c'est le journaliste Claude Askolovitch qui avait volé à son secours en traitant avec dérision sa liaison avec l'économiste hongroise Piroska Nagy : « Au moment de son arrivée à Washington, certains ironisaient sur la rencontre périlleuse entre DSK, à la réputation de grand séducteur, et une Amérique friande de "transparence". [...] Dans la tempête financière, le trop heureux

Dominique fait figure de pôle de stabilité. C'est son meilleur atout – comme toujours : son talent, jusqu'ici, l'a toujours sauvé de ses défauts[2]. » La rencontre périlleuse entre DSK, à la réputation de grand séducteur, et une Amérique friande de « transparence », il fallait oser résumer ainsi la dénonciation d'une femme. À la demande du mari de cette dernière, une enquête avait été conduite à l'intérieur du FMI à Washington pour savoir si la liaison entre un directeur entreprenant et l'une de ses collaboratrices avait été consentie ou non. Le rapport avait conclu que non, mais l'économiste hongroise affirmait le contraire. Qui pourrait imaginer aujourd'hui une telle indulgence pour les « séducteurs » ? Le terme semble avoir disparu du vocabulaire journalistique au profit d'un lexique bien différent dans lequel on trouve plus volontiers les termes prédateurs ou encore agresseurs.

Vilipendé pour sa proximité avec DSK à la veille de la chute de ce dernier, Claude Askolovitch a fait son mea culpa dans la revue *La Règle du jeu*, fondée par Bernard-Henri Lévy, en racontant l'emprise du socialiste sur les journalistes. Il détaille sans détour le mélange des genres entre eux, l'anniversaire de ses 60 ans où étaient invités la plupart des rédacteurs en chef parisiens, les mêmes qui n'ont pas hésité à prendre fait et cause pour lui, les repas entre copains, les visites à Washington avec enfants… Plus qu'un mea culpa, la description d'une époque. Une génération de journalistes et de militants politiques, nourris des mêmes idéaux sur les bancs de la fac, arrivés au pouvoir en même temps. De vieilles amitiés confortables et encombrantes à la fois. Les affaires de sexe de DSK avaient bien peu d'importance au regard de ses ambitions. « Les putes, je ne savais pas. Si j'avais su, m'en serais-je foutu ? » avoue avec une rare franchise le journaliste dans *La Règle du jeu*. On comprend la fascination exercée par DSK, joueur d'échecs supérieurement intelligent, mystérieux et complexe, qui représentait un espoir de retour au pouvoir pour la gauche. L'élimination de Lionel Jospin en 2002 avait laissé sur le carreau toute une génération de brillants esprits prêts à gouverner.

Claude Askolovitch devait écrire la biographie du futur président de la République. Projet avorté en raison de l'affaire du Sofitel. Cet ouvrage était conçu par les équipes du candidat comme un outil de communication. Le journaliste sera remplacé par un autre plumitif, moins talentueux mais plus compréhensif.

Aujourd'hui, plus personne n'a de doute sur la sexualité débordante et dérangeante de DSK, pourtant la thèse du complot orchestré par Nicolas Sarkozy contre Dominique Strauss-Kahn, qui a servi d'écran de fumée à l'affaire du Sofitel, continue de circuler. Son ancienne épouse, Anne Sinclair, restée stoïque à ses côtés lors de la crise, l'a définitivement écartée à deux reprises. Dès le 22 avril 2014, dans l'émission « Un jour, un destin » sur France 2, elle déclarait : « Il n'y a pas eu de complot, je pense qu'il y a eu une volonté d'amplifier beaucoup les choses auprès des autorités new-yorkaises. » En 2021, dans son livre *Passé composé*, elle est plus directe encore : « Je n'ai jamais cru à l'affaire du complot. »

La persistance de cette croyance repose sur l'efficacité des deux conseillers stars de Dominique Strauss-Kahn, Stéphane Fouks, vice-président de Havas, et Ramzi Khiroun, homme lige de DSK pendant de nombreuses années, conseiller spécial d'Arnaud Lagardère et membre influent du groupe de médias jusqu'à l'été 2022. Un duo efficace et puissant. Ils n'ignoraient rien des dangereux penchants de leur champion. Dans le dossier judiciaire du Carlton, on apprend dans l'un des procès-verbaux que c'est Ramzi Khiroun qui réglait en liquide les loyers de la garçonnière parisienne de DSK dans le XVIe arrondissement, non loin des Champs-Élysées. Elle lui servait lors de ses escales parisiennes alors qu'il vivait à Georgetown, la banlieue élégante de Washington, avec Anne Sinclair, depuis sa nomination à la tête du FMI. Ce cadre important du groupe Lagardère avait mis ses pas dans ceux de l'ancien maire de Sarcelles quand il n'était que jeune militant politique au PS. En 2006, il avait rencontré l'un des coauteurs de ce livre, qui menait à l'époque une enquête avec Christophe Deloire pour *Sexus politicus* afin de savoir s'il y avait quelque chose de « judiciaire » concernant DSK.

Il y a un autre élément important qui a permis de soutenir la thèse du complot : la personnalité de Nafissatou Diallo. Un témoin fragile pour le procureur de New York Cyril Vance Jr. Une femme au destin cabossé et aux mauvaises fréquentations, que son comportement exemplaire depuis les trois ans qu'elle travaillait au Sofitel n'a pas fait oublier. Elle avait entretenu une liaison avec un homme incarcéré dans une prison de l'Arizona pour trafic de sacs et détention de stupéfiants d'une valeur inférieure à 40 dollars. Le délinquant sans envergure avait fait transiter de l'argent sur le compte de Nafissatou Diallo. Les temps ont décidément bien changé. Qui oserait aujourd'hui remettre en cause les déclarations d'une femme pour cette unique raison ? Ces outrances expliquent l'effet de balancier tout aussi excessif selon lequel une femme ne ment jamais. Pendant des années, on a eu tendance à disqualifier les plaignantes ou les victimes en raison de leur propre tempérament ou de leur comportement. L'un des premiers féminicides français, celui de Marie Trintignant morte sous les coups du chanteur de Noir Désir, Bertrand Cantat, n'a-t-il pas été minoré en raison de la personnalité hors norme de la comédienne ?

Le 10 décembre 2012, le juge McKeon a réglé l'accord amiable entre les avocats de Nafissatou Diallo et ceux de Dominique Strauss-Kahn. DSK a versé la somme de un million de dollars pour que la femme de chambre abandonne ses poursuites. En retirant sa plainte, elle épargnait à l'accusé de subir un long et humiliant interrogatoire sous serment… Il n'a jamais donné sa version précise des faits. La plaignante a également obtenu quelque 300 000 dollars de la part du *New York Post* qui l'avait traitée de *hooker* (putain) en une du tabloïd détenu par le groupe Murdoch. Les avocats de Nafissatou Diallo avaient en effet attaqué le quotidien, l'un des plus populaires de Manhattan, qui avait mené campagne pour que la femme de chambre guinéenne soit « chassée » des États-Unis car elle avait menti pour obtenir son titre de demandeur d'asile.

L'importance de ces deux transactions permet de déduire que la défense de l'homme politique français avait bien peu à opposer aux conseils de la femme de chambre pour faire un chèque d'un tel montant. Pourtant, les consultants de DSK avaient envoyé des enquêteurs jusqu'en Guinée-Conakry pour trouver des preuves contre la réfugiée peuhle. Si elle s'était adonnée à la prostitution, le tabloïd new-yorkais n'aurait pas non plus accepté de payer une somme aussi conséquente. Les recherches de la défense de DSK sont restées vaines. Car il y avait au fond peu à dire sur Nafissatou Diallo.

Épilogue

La décision est rare : un préfet en poste dans un service rattaché au cabinet du ministre de l'Intérieur a été suspendu en mars 2023. Depuis plusieurs mois, des témoignages de collaborateurs(trices) attestant de comportements inappropriés visaient l'un des responsables de la sécurité des Jeux olympiques et paralympiques 2024. Une enquête a été confiée à l'Inspection générale de l'administration (IGA). L'affaire embarrasse. L'esprit de corps est solidement ancré au sein de la préfectorale, un climat peu propice à la libération de la parole. Plusieurs incidents auraient émaillé la vie de celui qui était promis à un avenir brillant : « Son comportement avec les femmes ne lui a pas permis d'avoir la progression qu'il aurait dû avoir », avance un bon connaisseur du milieu préfectoral. Né au Moyen-Orient, énarque, le haut fonctionnaire a exercé comme préfet. Lors d'un déplacement en Grande-Bretagne en décembre 2021, il aurait eu un comportement inapproprié avec l'une des cheffes de la police londonienne. D'autres femmes de la délégation britannique se seraient plaintes de son attitude entreprenante. Une cadre du service a fait également état de propos déplacés qui auraient été tenus au cours d'un entretien professionnel. Particulièrement choquée, elle n'a plus remis les pieds dans le service après cet échange. Le cas de ce haut fonctionnaire est emblématique de la frontière ténue entre « drague lourde », propos et attitudes qui incommodent et dérapages à caractère sexuel. Sa fonction, dans un poste stratégique, pose une autre question : celle de sa vulnérabilité sur le plan personnel. Son compte Twitter (privé) comporte nombre de photos érotiques (rubrique « like ») mêlées à la publication d'actualités plus institutionnelles. Ce compte n'est désormais plus accessible qu'à ses abonnés.

Au-delà du sexisme ordinaire présumé, ce préfet semble avoir la capacité d'user ses collaborateurs à grande vitesse : plusieurs commissaires généraux, le plus haut grade de la police, ont quitté son service en moins de deux ans. Son management cassant semble s'accorder à son rapport de domination avec les femmes. Le haut fonctionnaire réfute en bloc : « Je suis à un poste exposé. Il peut y avoir des médisances. Je suis d'un caractère assez direct, je n'utilise pas un langage compassé. Mais j'ai toujours bien travaillé avec tout le monde[1]. » Le déplacement à Londres ? « Il ne s'est rien passé. Aucun incident. Ce sont des *fake news*. » Sa réputation de dragueur incontrôlable ? « J'avais plusieurs sous-préfètes sous ma direction. Je suis sensible à la valorisation des parcours féminins. » La haute fonction publique est-elle armée pour traiter ce genre de cas ?

Au ministère de l'Intérieur, on assure être impitoyable avec tout fonctionnaire qui serait mis en cause pour des violences de nature sexuelle. « Il y a eu des purges considérables, des policiers exclus », assure un conseiller. Dans le corps préfectoral, les poursuites judiciaires restent rares. Il y a cependant le cas de cet ancien préfet en poste en Corse, visé par une information judiciaire pour harcèlement moral et sexuel. Il est soupçonné d'avoir donné des surnoms sexistes à ses interlocutrices, multiplié les remarques déplacées et proposé à une sous-préfète à plusieurs reprises de dormir à la préfecture*. En 2019, il a pourtant été nommé directeur de la sécurité civile au ministère de l'Intérieur. Dans l'administration comme dans l'Église, il semble que l'on déplace le problème plutôt que de le résoudre. L'affaire illustre cette révolution féministe en marche que décrit *Sexus diabolicus* : une grande lessiveuse qui secoue, dérange, indispose.

Aussi immuable que la rotation des planètes, un mouvement anti-féministe se profilerait. Une revanche (masculine) de la revanche (féministe), une réaction à la réaction. « Rien n'est jamais acquis, la vigilance s'impose, écrit l'historienne Michelle Perrot. Un retour en arrière ou backlash est toujours possible, voire prévisible[2]. » *Backlash,* qui signifie littéralement « contrecoup », est un concept théorisé il y a trente ans dans un livre paru aux États-Unis : *Backlash. The undeclared war against american women* de Susan Faludi[3]. L'écrivaine féministe y décrit (déjà) la confrontation entre néoconservateurs et néoféministes. L'idée se répand alors aux États-Unis que la conquête de la liberté des femmes l'a été pour leur « plus grand malheur ». Depuis qu'elles ont acquis des droits (au divorce notamment), elles vivent seules, ont moins d'enfants, gagnent moins d'argent, dépriment, etc. L'ennemi des femmes serait… le mouvement des femmes. Susan Faludi : « Les hommes, surtout lorsqu'ils sont menacés dans leur bien-être économique et social, interprètent toujours cet effort comme une atteinte à leurs prérogatives. »

Autre temps, même mécanisme ? Assiste-t-on aujourd'hui après le mouvement #MeToo au même mouve-

---

* Le préfet conteste vigoureusement ces accusations et a déposé plainte pour « dénonciation calomnieuse ».

ment ? Sur le plan international, les droits des femmes paraissent en régression. La décision de la Cour suprême des États-Unis qui remet en cause le droit à l'avortement constitue un spectaculaire retour de bâton : « Elle est l'une des conséquences de la présidence réactionnaire de Donald Trump », souligne un rapport de la Fondation Jean-Jaurès. Mais on est toujours puni par où l'on pèche. En mars 2023, alors qu'il se préparait à concourir pour un nouveau mandat, la justice américaine l'a inculpé dans l'affaire Stormy Daniels, une actrice porno dont il aurait acheté le silence. Le recul conservateur est également marqué en Pologne (notamment sur le droit à l'avortement), en Hongrie (sur la conception de la famille) ou en Italie (sur le droit à l'avortement). Les réseaux (bien maîtrisés par les néoféministes) sont aussi des lieux où s'organisent des contre-offensives. Des « raids » masculinistes se multiplient pour « réduire les femmes au silence ou les discréditer[4] ». Une riposte… à la riposte.

Une autre musique se fait entendre : les ultra-féministes en « font trop », « desservent la cause »… Selon le sociologue Emmanuel Todd, cette vague « anti-masculine » ne peut « avoir d'effets positifs pour toutes les femmes » : sur le plan de la méthode, certains s'inquiètent de l'instauration d'une société non pas de « dénonciation » mais de « délation ». Sabine Prokhoris, psychanalyste : « C'est une révolution en peau de lapin qui emmène le féminisme dans le mur. Depuis cinq ans, je vois dans mon cabinet l'imprégnation de cette propagande dans la vie psychique des gens. Il y a une forme de paranoïa sexuelle qui s'installe. Les femmes ne se voient plus comme des personnes mais comme des victimes systémiques[5]. »

Certains signaux semblent également indiquer l'émergence de mouvements « masculinistes ». Éric

Zemmour n'a pas attendu #MeToo pour occuper cet espace. Dans *Le Premier Sexe*, publié en 2006, il regrette la féminisation de la société, déplore que « l'homme idéal soit une vraie femme » (ce qui chez lui n'est pas un compliment !) et annonce une « révolte qui gronde » : « Les hommes ont une identité à reprendre. Une nouvelle place à conquérir. » Quinze ans plus tard, la révolte n'a pas eu lieu mais Éric Zemmour ne change pas une virgule à son discours misogyne. À propos de l'affaire DSK, il écrit que « les femmes sont le but et butin de tout homme doué qui aspire à grimper dans la société[6] ». À l'occasion d'un hommage à Sean Connery, il exprime sa nostalgie d'un temps révolu : « Une époque où la virilité n'était pas dénigrée, ostracisée, vilipendée, voire diabolisée, pénalisée. Une époque où un séducteur, "un homme qui aimait les femmes", n'était pas considéré comme un violeur en puissance. » Arroseur arrosé ? Le président de Reconquête est aussi accusé de comportements sexistes envers plusieurs femmes. Aucune plainte n'a été déposée contre lui.

Historiquement, le mouvement féministe suscite des débats (y compris en interne), parfois virulents, sur les méthodes, les modes d'action, le niveau de radicalité. Il dispose aujourd'hui d'une tribune médiatique sans précédent. Oui, c'est une lutte, y compris à penser contre soi-même. Oui, la bêtise misogyne n'a pas disparu. Oui, la violence s'exprime encore dramatiquement à l'intérieur des couples. Oui, un grand nombre de femmes sont victimes d'hommes sans que la société parvienne à les protéger. Le mouvement féministe ne peut progresser ni dans la haine, ni dans la confrontation permanente. Ni dans une victimisation systématique, ni en marge de la justice. Il est urgent de sortir d'une vision binaire du sujet (oppresseurs contre opprimés, hommes contre femmes, droite contre gauche). Nul(le) ne peut dire que ce sujet n'a pas envahi l'espace public et politique. Rien ne sera plus comme avant. *Sexus politicus* est condamné.

Notes

I. LA REVANCHE

1. Un tribunal pas comme les autres

1. Entretien avec les auteurs, le 22 février 2022.
2. France Info, 17 février 2018.
3. Entretien avec l'un des auteurs, le 6 mars 2023.

2. Chasse à l'homme !

1. Entretien avec l'un des auteurs, le 25 mai 2022.
2. Madeline da Silva, maire-adjointe des Lilas (Seine-Saint-Denis), Hélène Goutany, journaliste, et Mathilde Viot sont également à l'origine de la création de cet Observatoire.
3. Mathilde Viot, *L'homme politique, moi, j'en fais du compost*, Stock, 2022.
4. Emmanuel Todd, *Où en sont-elles ? Une esquisse de l'histoire des femmes*, Seuil, 2023.
5. *Parité politique : la nécessité d'un acte II*, Rapport du Haut Conseil à l'égalité entre les hommes et les femmes.
6. Entretien avec l'un des auteurs, le 9 février 2023.

3. Règlement de comptes à l'Hôtel de Ville

1. « Un écrivain pédophile – et l'élite française – sur le banc des accusés », *The New York Times*, 11 février 2020.
2. Entretien avec les auteurs, le 6 décembre 2022.
3. Entretien avec l'un des auteurs, le 24 janvier 2023

4. Condamnés au soupçon

1. Dépêche relative au traitement des infractions sexuelles, susceptibles d'être prescrites, Direction des affaires criminelles et des grâces, 26 février 2021.
2. Marie Dosé, *Éloge de la prescription*, Éditions de l'Observatoire, 2021.
3. Entretien avec les auteurs, le 9 décembre 2022.
4. *Le Monde*, 28 janvier 2022.
5. *Le Monde*, 12 septembre 2022.
6. Communiqué de presse du procureur de la République, 14 juin 2021.
7. France Inter, interview d'Élisabeth Badinter, invitée de 7 h 50, 28 septembre 2022.
8. « #MeToo : "La justice doit avoir le monopole de la sanction, elle n'a pas celui de la vérité" », *Le Monde*, 16 octobre 2022.
9. Entretien avec les auteurs, le 16 décembre 2023.

5. Le tweet, arme fatale

1. Sandra Muller, *Balance ton porc. La peur doit changer de camp*, Flammarion, 2018.
2. *Ibid.*
3. Entretien avec les auteurs, le 6 février 2023.
4. Entretien avec l'un des auteurs, le 16 décembre 2021.
5. Entretien avec les auteurs, le 16 décembre 2022.
6. https://www.itinera-magica.com/moi-aussi/
7. https://www.lexpress.fr/politique/la-fille-d-eric-besson-accuse-l-ex-ministre-pierre-joxe-d-agression-sexuelle_1954086.html
8. Entretien avec les auteurs, le 20 février 2023.

6. « Nous sommes en guerre les filles, et on va la gagner »

1. Entretien avec les auteurs, le 6 décembre 2022.
2. Entretien avec les auteurs, le 5 janvier 2023.

7. « Femme, je te crois ! »

1. Entretien avec l'un des auteurs, le 6 octobre 2022.
2. Entretien avec l'un des auteurs, le 6 octobre 2022.
3. Ce mouvement se caractérise par une rupture des traditions : oser penser par soi-même et se libérer des vérités imposées de l'extérieur.
4. Le philosophe français a été la figure de proue de ce mouvement.
5. Entretien avec les auteurs, le 6 décembre 2023.
6. Entretien avec les auteurs, le 23 janvier 2023.
7. Entretien avec l'un des auteurs, le 6 octobre 2022.
8. Entretien avec l'un des auteurs, le 25 janvier 2023.
9. Tweet de #Relève Féministe publié le 13 décembre 2022.
10. Tweet de #Relève Féministe publié le 20 septembre 2022.
11. Entretien avec les auteurs le 4 janvier 2023.
12. Tweet des jeunes insoumis de Valenciennes le 13 décembre 2022.
13. Entretien avec l'un des auteurs, le 6 janvier.
14. Entretien avec les auteurs, le 19 janvier 2023.
15. Entretien avec les auteurs, le 9 décembre 2023.
16. Entretien avec l'un des auteurs, le 17 janvier 2023.
17. Tweet de #NousToutes, « Que dire à une femme victime de violences qui vient vous voir ? », 7 mai 2020.

II. LES RÉSISTANCES DU VIEUX MONDE

8. Les Chandelles, liaisons dangereuses ?

1. Entretien avec l'un des auteurs, le 31 mars 2023.
2. Entretien avec l'un des auteurs, le 15 mars 2023.

3. *Lumières libertines. Le* XVIII*e siècle libertin. De Marivaux à Sade,* publié sous la direction de Michel Delon, Citadelles, 2021.
4. Valérie Hervo, *Les Dessous des Chandelles. Une femme en quête de liberté,* Le Cherche-Midi éditeur, 2021.
5. *Ibid.*
6. *Ibid.*

9. Kompromat à la française

1. Entretien avec l'un des auteurs, le 1er mars 2023.
2. Mediapart, « Sexe, chantage et vidéo, l'odieux complot », 26 août 2022.

10. Ministres sous (hautes) pressions

1. Sondage Odoxa-Backbone Consulting pour *Le Figaro,* 21 décembre 2022.
2. *Gérald Darmanin, le baron noir du Président,* de Laurent Valdiguié et François Vignolle, Robert Laffont, 2022.
3. Interview au magazine *GQ,* janvier 2019.
4. Twitter, collectif Ibiza, 24 septembre 2022.
5. « Nous, femmes journalistes politiques et victimes de sexisme », *Libération,* 4 mai 2015.
6. Gérald Darmanin, « Je n'ai pas peur d'exploser en plein vol », *Charles,* 18 juillet 2020.
7. « En regardant Gérald Darmanin sur BFMTV, j'ai vu un homme qui semblait prendre plaisir à rabaisser son interlocutrice », *Le Monde,* 10 février 2022.
8. Commission d'enquête sur le Covid-19, Sénat, le 17 septembre 2020.
9. Popol Le Podcast, « Les VSS en politique », 14 février 2022.
10. Entretien avec les auteurs, 2 mars 2022.
11. « Le cas Darmanin vu de droite », *Le Point,* 23 juillet 2020.
12. Entretien avec l'un des auteurs, le 6 juillet 2023.
13. Entretien avec l'un des auteurs, le 24 février 2022.
14. Ordonnance de non-lieu, 8 juillet 2022.
15. Entretien avec l'un des auteurs, le 27 janvier 2023.
16. Nom d'emprunt choisi par la plaignante lors d'un entre-

tien qu'elle a accordé à Mediapart et que nous avons choisi de conserver.

17. Entretien avec l'un des auteurs, le 13 mars 2023.
18. Entretien avec l'un des auteurs, le 17 janvier 2023.
19. Mediapart, le 14 juin 2022.
20. Prénom d'emprunt.
21. Prénom d'emprunt.
22. Twitter, 21 mai 2022.
23. Europe 1, 24 mai 2022.
24. France Inter, 24 mai 2022.
25. Entretien avec l'un des auteurs, le 13 décembre 2022.

11. La gifle

1. Du nom du leader de l'Organisation communiste internationale Pierre Broussel, dit Lambert.
2. Entretien avec l'un des auteurs le 14 février 2023.
3. Entretien avec l'un des auteurs, le 4 mars 2023.
4. Entretien avec l'un des auteurs, le 21 mars 2023.
5. Il s'agit des sommes d'argent dont les députés peuvent se servir pour financer les associations de leur territoire.

12. Les derniers des machos

1. Prénom d'emprunt.
2. Entretien avec les auteurs, le 22 février 2023.

13. Très cher connard

1. Prénom d'emprunt.
2. Entretien avec l'un des auteurs, le 18 novembre 2022.
3. Entretien avec les auteurs, le 19 janvier 2023.
4. Entretien avec l'un des auteurs, le 5 janvier 2023.
5. Entretien avec les auteurs, le 21 décembre 2022.
6. Entretien avec les auteurs, le 6 décembre 2022.
7. *Le Monde,* 4 octobre 2022.
8. Entretien avec les auteurs, le 5 janvier 2023.

9. Entretien avec les auteurs, le 17 février 2023.
10. Entretien avec l'un des auteurs, le 6 mars 2023.

14. Cinquante nuances de Vert

1. Entretien avec l'un des auteurs, le 21 décembre 2022.
2. Recueillis par l'un des auteurs, le 22 février 2022.
3. Entretien téléphonique le 24 février 2022.
4. Entretien téléphonique le 23 mars 2023.
5. Vanessa Jérôme, « Les liaisons (in)fructueuses. Effets différenciés des conjugalités et des sexualités sur la professionnalisation politique des militants verts », *Politix*, 2014.
6. Entretien avec l'un des auteurs, le 19 mars 2023.
7. Entretien avec l'un des auteurs, le 6 janvier 2022.

15. Les bavures de la police des mœurs

1. Entretien avec les auteurs, le 17 février 2023.
2. Entretien avec les auteurs, le 4 janvier 2023.

III. DON JUAN EST FATIGUÉ

16. Le gay pouvoir

1. Entretien avec l'un des auteurs, le 10 avril 2023.
2. Voir Raphaëlle Bacqué, *Richie*, Grasset, 2015.
3. Entretien avec l'un des auteurs, le 21 mars 2023.
4. Entretien avec l'un des auteurs, le 21 février 2023.
5. Entretien avec l'un des auteurs, le 17 février 2023.

17. Vaudevilles à l'Élysée

1. Cité par Christophe Deloire et Christophe Dubois, *Sexus politicus*, Albin Michel, 2006.
2. André Germain, *Les Grandes Favorites, 1815-1940*, Sun, 1948.

3. Valéry Giscard d'Estaing, *Le Pouvoir et la Vie*, Compagnie 12, 1988, 1991, 2 vol.
4. Solenn de Royer, *Le Dernier Secret*, Gallimard, 2021.
5. Christophe Deloire et Christophe Dubois, *Sexus politicus*, *op. cit.*
6. Jean-François Probst, *Chirac, mon ami de trente ans*, Denoël Impacts, 2007.
7. Bernadette Chirac, *Conversation*, entretiens avec Patrick de Carolis, Plon, 2001.
8. Entretien avec les auteurs, le 11 décembre 2020.
9. Victoria Murano, « Corrompue et corruptrice, Marie-Antoinette dans les libelles révolutionnaires », wordpress.com / 2020.
10. *L'Est républicain*, 19 octobre 2007.
11. *Elle*, 22 octobre 2007.
12. *Madame Figaro*, 15 février 2007.
13. Antonin André et Karim Rissouli, *Conversations privées avec le président*, Albin Michel, 2016.
14. Valérie Trierweiler, *Merci pour ce moment*, Les Arènes, 2014.
15. *Ibid.*

18. La pygmalionne

1. Entretien avec l'un des auteurs, le 25 février 2023.
2. Cité par Gaël Tchakaloff, *Tant qu'on est heureux tous les deux*, J'ai Lu, 2022.
3. Journal télévisé de TF1, le 9 janvier 2023
4. Gaël Tchakaloff, *Tant qu'on est heureux tous les deux*, *op. cit.*
5. *Rolling Stone*, « Trump s'est vanté d'avoir des "renseignements" sur la vie sexuelle de Macron », 29 août 2022.
6. Discours du président de la République devant le Parlement réuni en congrès à Versailles, 9 juillet 2018.
7. Entretien avec les auteurs, le 6 décembre 2022.
8. Gaël Tchakaloff, *Tant qu'on est heureux tous les deux*, *op. cit.*

19. Où sont les femmes ?

1. Entretien avec l'un des auteurs, le 12 janvier 2023.
2. Entretien avec les auteurs, le 11 janvier 2023.

3. *Elle*, « Chassez le sexisme des politiques, il revient au galop, 2012.
4. Entretien avec l'un des auteurs, le 17 janvier 2023.
5. Entretien avec l'un des auteurs, le 3 janvier 2023.
6. Entretien avec l'un des auteurs, le 26 octobre 2022.

20. Le sexisme en campagne

1. Entretien avec l'un des auteurs, le 4 février 2022.
2. Entretien avec l'un des auteurs, le 26 juillet 2022.
3. France 3 Bretagne, 18 avril 2021.
4. Twitter, compte d'Harmonie Lecerf-Meunier, 6 mai 2022.
5. La psychophobie est une forme de discrimination envers les individus atteints de troubles psychologiques ou maladies mentales.
6. *Sud Ouest*, 6 mai 2022.
7. Claire Desmares, Instagram, 1er juillet 2022.
8. *Ouest France*, 1er juillet 2022.
9. *Ibid.*
10. Entretien avec l'un des auteurs, le 24 août 2022.
11. Haut Conseil à l'égalité entre les femmes et les hommes, « Comment obtenir la parité au sein des communes et intercommunalités : freins et leviers », février 2022.
12. Haut Conseil à l'égalité entre les femmes et les hommes, « Rapport annuel sur l'état des lieux du sexisme en France », 2019.
13. Loi constitutionnelle n° 99-569 du 8 juillet 1999 relative à l'égalité entre les femmes et les hommes.

21. Les mots ont un sexe

1. Entretien avec l'un des auteurs.
2. Entretien avec l'un des auteurs, le 9 janvier 2023.
3. Sylviane Agacinski, « L'indifférenciation des sexes est une rupture avec le féminisme », entretien paru dans *Le Figaro*, 8 mars 2019.

22. Chair collaboratrice

1. Sur le compte Twitter d'Éric Ciotti, 3 462 messages plutôt hostiles sur le thème « Vous n'avez que ça à faire », 2 033 RT, 4 755 J'aime le 21 juillet 2022.

2. Éric Ciotti a été élu président du parti Les Républicains le 11 décembre 2022.

3. Entretien avec les auteurs, le 4 janvier 2023.

4. Compte Twitter de Clémentine Autain, 9 novembre 2022.

5. Entretien avec les auteurs, le 4 janvier 2023.

6. Rencontre avec des chefs d'entreprise à Marcq-en-Barœul (Nord), le 29 mars 2022.

7. Entretien avec les auteurs, le 14 septembre 2022.

8. *Marianne,* 14 février 2022.

9. Entretien avec les auteurs, le 21 décembre 2022.

10. Entretien avec les auteurs, le 4 janvier 2023.

11. Mathilde Viot, *L'homme politique, moi j'en fais du compost,* Éditions Stock, 2022.

12. Entretien avec les auteurs, le 11 janvier 2023.

13. @outofcontext_AN

14. Haut Conseil à l'égalité entre les femmes et les hommes, « Comment obtenir la parité au sein des communes et des intercommunalités, freins et leviers », février 2022.

15. Entretien avec les auteurs, le 4 janvier 2023.

16. Entretien avec les auteurs, le 5 janvier 2023.

17. Entretien avec l'un des auteurs, le 30 mars 2023.

18. Entretien avec l'un des auteurs, le 29 décembre 2022.

19. Entretien avec les auteurs, le 11 février 2022.

20. Auditions du groupe de travail sur le statut des collaborateurs, Assemblée nationale, 9 novembre 2017.

21. Entretien avec les auteurs, le 11 janvier 2023.

22. Interview dans *Le Parisien-Aujourd'hui en France,* le 25 septembre 2022.

23. « Dominique a été arrêté... »

1. Ivan Levaï, *Chronique d'une exécution,* Le Cherche Midi, 2011.

2. *Le Journal du dimanche,* 19 octobre 2008.

Épilogue

1. Entretien avec l'un des auteurs, le 6 mars 2023.
2. Michelle Perrot avec Eduardo Castillo, *Le Temps des féminismes,* Grasset.
3. Publié en français sous le titre *Backlash. La guerre froide contre les femmes,* Éditions des Femmes, 1993.
4. Fondation Jean-Jaurès, « Droit des femmes, combattre le backlash », 13 février 2023.
5. Sabine Prokhoris, *Le Mirage #MeToo,* Le Cherche Midi, 2021.
6. Éric Zemmour, *La France n'a pas dit son dernier mot,* Rubempré, 2021.

Remerciements

Un livre tel que celui-ci est une aventure collective. Il ne serait pas entre vos mains sans la détermination, la fantaisie et la patience de notre éditeur Alexandre Wickham. Il doit aussi beaucoup à la confiance et au soutien de Gilles Haéri, le président des éditions Albin Michel, au calme et à la rigueur de Marie-Pierre Coste-Billon, à l'enthousiasme d'Agnès Olivo et aux bons conseils d'Emma et de Cécile, jeunes femmes sensibles au monde qui les entoure. Un grand merci à chacun d'eux ainsi qu'à Christophe Deloire, fidèle compagnon de route.

Notre reconnaissance s'adresse également à tous nos interlocuteurs au cours des deux dernières années, nombreux et passionnants. Même lorsqu'ils furent difficiles à convaincre.

DES MÊMES AUTEURS

L'argent des politiques, Albin Michel, 2009.

Paris-Alger, une histoire passionnelle, Stock, 2015.

Descente aux enfers, vie et mort de la SNCF, Fayard, 2019.

Christophe Dubois

L'enquête sabotée, Albin Michel 2003 avec Christophe Deloire.

Les islamistes sont déjà là, Albin Michel, 2004, avec Christophe Deloire.

Sexus politicus, Albin Michel, 2006, avec Christophe Deloire.

Circus politicus, Albin Michel, 2012, avec Christophe Deloire.

Où sont passés nos espions ?, 2017, Albin Michel, avec Éric Pelletier.

L'affaire Alexia Daval, la vraie histoire, 2022, Michel Lafon avec Laurent Briot.

Marie-Christine Tabet

EDF, un scandale français, Robert Laffont, 2004 avec Laurence de Charrette.

L'État voyou, Albin-Michel, 2014, avec Caroline Brun.

Grâce à Dieu, c'est prescrit, 2017, Robert Laffont.

Composition : Nord Compo
Impression : Imprimerie Floch, avril 2023
Éditions Albin Michel
22, rue Huyghens, 75014 Paris
www.albin-michel.fr
ISBN : 978-2-226-45049-4
N° d'édition 23966/01 – N° d'impression : 102588
Dépôt légal : mai 2023
Imprimé en France